KB253038

삶의 智慧와 話頭의 至尊

新 故事成語

머 리 말

　　가까운 어느 이웃나라의 일이다. 하루는 총리대신이 의원들을 상대로 국정을 보고하면서 근엄한 목소리로 "최근의 국내 동향을 살펴 보건대……" 하고 서두를 꺼내자마자 야당석(野黨席)에서 질문이 나왔다.

　　"총리! 그 한쪽 눈만 가지고도 잘 보이십니까?"

　　외눈 총리의 기를 꺾어 기선(機先)을 잡겠다는 야유였다. 그러자 총리대신은 능청스럽게 이렇게 대꾸했다.

　　"예, 일목요연(一目瞭然)하게 잘 보이니, 걱정 마십시오!"

　　이는 한눈에 들어오도록 잘 보인다는 '一目瞭然'이란 성어(成語)를 제대로 잘 사용해 질문한 자의 코를 납작하게 한 좋은 경우라 하겠다.

　　또 고려 문종(文宗) 때 요(遼)나라가 압록강 동쪽을 자국의 국경으로 삼으려 하자 박인량(朴寅亮)이 '온 하늘 아래가 이미 천자의 땅이요 천자의 신하인데 한 치 남짓한 땅을 욕심내어 반드시 내 땅이니 내가 다스려야 한다고 하시면 되겠습니까? [普天之下 莫非王土王臣 尺地之餘 何必曰我 疆我理]'라는 진정표(陳情表)를 지어 올리니, 요나라 황제가 그 문장과 이론에 탄복하여 압록강으로 경계를 삼도록 했다고 한다.

　　이 내용은 사실 《시경(詩經)》 〈소아(小雅) 북산(北山)〉에 나오는 '넓은 하늘 아래가 왕의 땅이 아닌 곳이 없으며 땅 끝까지 사해 안이 왕의 신하 아닌 자가 없다[普天之下 莫非王土 率土之濱 莫非王臣]'란 대목을 조금 변형시킨 것이다.

　이처럼 고사(故事)와 성어(成語)를 문장이나 연설에서 적절히 잘 쓰면 지루한 수천 마디 말보다 폐부(肺腑)를 찌르는 촌철살인(寸鐵殺人)의 무서운 힘을 지니게 된다. 또한 고사성어에 나타난 흥미진진한 역사를 통하여 선현들의 지혜를 살려 현대를 살아가는 삶을 보다 풍요롭게 할 수 있을 것이다.

　그동안 고전(古典)을 공부하면서 기억에 남고 유용한 고사성어(故事成語)를 모아 보았는데 뜻한 만큼 성에 차지는 않으나 나름대로 다시 한 번 원전(原典)을 살펴보면서 잘 알려지지 않은 새로운 고사와 성어들을 많이 찾아낸 것은 이번 작업을 하면서 얻은 보람이라 할 수 있겠다. 다만 가급적 원문을 부기(附記)하여 한문을 공부하는 분에게 도움을 주려고 했으나 지면의 제약으로 생략한 경우가 많다. 하지만 출전(出典)을 자세히 밝혀 찾아보기 편리하도록 했다.

　끝으로 어려운 출판 여건에도 불구하고 기꺼이 출판을 맡아 주신 일신서적 남용(南溶) 사장님과 편집에 애쓰신 여러분께 고마운 말씀을 전한다.

편저자 씀

ㅈ

가계야치
家鷄野雉

집가　닭계　들야　꿩치

【뜻풀이】 집 안에서 기르는 닭과 들의 꿩이란 뜻으로, 자기 집의 것은 하찮게 여기고 남의 집 것만 좋게 여긴다는 비유. 유의어 가계야무(家鷄野鶩).

【고사】 진(晉)나라의 유익(庾翼)은 서법(書法)에서 당대의 명필 왕희지(王羲之)와 버금가는 인물이었다. 그런데 유익의 자식들이 자신의 서법은 배울 생각을 하지 않고 모두 당시 유행하던 왕희지의 서법을 배우자, 유익이 어떤 지인(知人)에게 보낸 편지에서 이렇게 말하였다.

"우리 집 아이들이 집안의 닭은 천하게 여기고 들판의 꿩만 사랑하여 모두 왕희지의 서법만 배우니, 이는 나를 그만 못하게 여기기 때문이오."

【원문】 〈庾翼〉書 少時與右軍齊名 右軍後進 庾猶不分 在荊州與都下人 書云 小兒輩賤家鷄愛野雉 皆學逸少書 須吾下當比之

【출전】 《태평어람(太平御覽) 918권》

假 途 滅 虢

가 도 멸 괵

【뜻풀이】 우(虞)나라의 길을 빌려 괵나라를 멸망시킨다는 뜻으로, 상대방에게 거짓 명분을 내세워 이용한 후 나중에는 자신의 실리(實利)만을 챙긴다는 비유.

【고사】 춘추시대 우(虞)나라와 괵나라는 모두 소국(小國)이었다. 대국(大國)인 진(晉)나라 임금이 우나라에게 '괵나라를 치려 하니, 잠시 길을 빌려 달라'고 하였다. 그러자 궁지기(宮之奇)란 신하가 '입술이 없어지면 이가 시리게 된다[脣亡齒寒]'라는 속담을 들며 절대로 길을 빌려 주지 말라고 간하였으나, 우나라 임금은 궁지기의 충고를 듣지 않은 채 이렇게 말했다.

"진나라는 우리 종주국(宗主國)인데, 어찌 우리를 해치겠는가?"

그러나 진나라는 괵나라를 쳐서 멸망시키고 돌아오는 길에 결국 우나라까지 멸망시켰다.

【원문】 晉侯復假道於虞 以伐虢 宮之奇諫曰 虢虞之表也 虢亡虞必從之 晉不可啓 寇不可翫 ……諺所謂輔車相依 脣亡齒寒者 其虞虢之謂也 公曰 晉吾宗也 豈害我哉……冬十二月丙子朔 晉滅虢 虢公醜 奔京師 師還館于虞 遂襲虞滅之

【출전】 《춘추좌씨전(春秋左氏傳) 희공(僖公) 5년》

가빈사현처 국란사양상
家貧思賢妻　國亂思良相

집가 가난빈 생각할사 어질현 아내처　　나라국 어지러울란 생각할사 어질량 재상상

【뜻풀이】 집이 가난하면 어진 아내를 생각하게 되고, 나라가 어지러우면 훌륭한 재상을 생각하게 된다.

【고사】 전국시대 위문후(魏文侯)가 이극(李克)에게 이렇게 말했다. "집이 가난하면 어진 아내를 생각하게 되고, 나라가 어지러우면 훌륭한 재상을 생각하게 된다[家貧思賢妻　國亂思良相]라고 하는데 위성(魏成)과 책황(翟璜) 두 사람 가운데 누구를 재상으로 삼으면 좋겠습니까?" 문후가 이극의 충고를 따라 위성을 재상으로 삼자 책황이 화를 내며 이극에게 따졌다.

"내가 오기(吳起) 같은 여러 뛰어난 장수와 선생처럼 훌륭한 인재를 임금께 천거하여 나라를 평안하게 했는데 위성만 못할게 무엇입니까?"

이극이 말했다. "위성이 천거한 자하(子夏)·전자방(田子方)·단간목(段干木) 세 사람은 모두 임금이 스승으로 받드는 분들이지만 그대가 천거한 다섯 사람은 모두 임금이 신하로 삼은 자들이니 그대가 어찌 위성만 하겠는가?"

그러자 책황이 절을 올리면서 말했다.

"제가 실언하였으니 용서하시고, 제자로 삼아 주십시오."

【출전】《사기(史記) 위문후세가(魏文侯世家)》

苛政猛於虎

가정맹어호

가혹할가 정사정 사나울맹 어조사어 범호

【뜻풀이】 가혹한 정치는 호랑이보다 더 무섭다는 뜻으로, 과중한 세금 부과와 강제 노역으로 백성들을 착취하는 것은 호랑이보다 더 무서운 해독을 끼침을 비유한 말이다.

【고사】 하루는 공자가 수레를 타고 제자들과 태산 기슭을 지나가고 있을 때 어떤 부인이 무덤 앞에서 울고 있었다. 공자가 제자 자로(子路)에게 부인이 울고 있는 이유를 알아오게 했다. 자로가 부인에게 울고 있는 이유를 묻자, 부인은 깜짝 놀라 고개를 들더니 이렇게 대답했다.

"이곳은 아주 무서운 곳이랍니다. 몇 년 전에 저희 시아버님께서 호환(虎患)을 당하셨는데, 작년에는 남편이 그리고 이번에는 자식까지 호랑이한테 잡혀 먹혔답니다."

"그러면 왜 이곳을 떠나지 않으시오?"

"여기서 살면 세금을 지나치게 내거나 못된 벼슬아치에게 재물을 빼앗기는 일이 없기 때문입니다."

자로에게 이런 말을 전해들은 공자는 제자들에게 이렇게 말했다.

"잘 알아 두어라! 가혹한 정치는 호랑이보다 더 무섭다[苛政猛於虎]는 것을 말이다."

【원문】 孔子過泰山　側有婦人哭於墓者哀　夫子式而聽之　使子路問之曰……曰　然　昔者　吾舅死於虎　吾夫又死焉　今吾子又死焉　夫子曰　何爲不去也　曰無苛政　夫子曰　小子識之　苛政猛於虎也

【출전】 《예기(禮記) 단궁하(檀弓下)》

개 자 추 불 언 록
介 子 推 不 言 祿

성씨개 아들자 밀추 아닐불 말씀언 녹봉록

【뜻풀이】 개자추란 사람이 공(功)을 세우고도 녹봉을 받지 않았다는 말로 자신의 공로를 자랑하여 교만하지 않음을 비유한 말이다.

【고사】 개자추는 춘추시대 진(晉)나라 공자(公子) 중이(重耳)가 다른 나라로 망명하여 떠돌 때 여러 해 동안 따라다니며 갖은 고생을 하며 모셨으며, 심지어 자신의 허벅지 살을 베어 국을 끓여 올린 일까지 있었다.

그 후 중이가 귀국하여 헌공(獻公)의 뒤를 이어 즉위하니 이가 진문공(晉文公)이다. 문공이 즉위하여 논공행상(論功行賞)을 하자 그 동안 따라다녔던 다른 사람들은 다투어 자신의 공로를 내세우며 높은 자리를 탐내었으나 개자추는 옆에서 구경만 할 뿐 한 마디도 자신의 공로를 내세우지 않아 결국 아무런 상이나 벼슬도 받지 못했다. 집으로 돌아온 개자추가 어머니에게 말했다.

"헌공에게 모두 아들 아홉이 있었는데 중이 이외에는 모두 죽고 없어서 중이가 즉위하는 것은 너무 당연한 일입니다. 그런데 모든 사람이 마치 자신들의 공로로 옹립한 것처럼 자랑합니다. 남의 하찮은 물건 하나를 훔쳐도 도둑이라고 하는데 더군다나 임금을 옹립했다는 공로를 도둑질해서야 되겠습니까?"

"너도 임금에게 그 동안의 공로를 말해 보지 그랬느냐?"

"자신의 공로를 드러내어 자랑하는 부끄러운 일을 제가 어찌 본받겠습니까? 차라리 깊은 산속으로 들어가 세상과 인연을 끊고 살겠습니다."

그리고는 면산(綿山) 깊은 산속으로 들어가 숨어 살았다.

나중에야 개자추를 등용하지 않은 자신의 실수를 깨달은 문공은 여러 차례 사람을 보내 세상에 나와 자신을 도와줄 것을 권했으나 개자추는 끝내 응하지 않다가 얼마 후 죽고 말았다.

속설(俗說)에 의하면 개자추가 끝까지 산속에서 나오지 않자 산 주위에 불을 질러 나오게 하려다 결국 불타 죽게 되었고, 이후 그를 기리기 위해 개자추가 죽은 날은 불을 지피지 않고 찬밥을 먹게 되었는데 이것이 바로 '한식(寒食)'의 유래가 되었다고 한다.

【출전】《춘추좌씨전(春秋左氏傳)》

각 주 구 검
刻 舟 求 劍

【뜻풀이】 배를 타고 가면서 뱃전에 칼을 빠뜨린 장소를 표시해 두 었다가 나중에 찾으려 한다는 뜻으로, 세상 물정에 어둡 거나 어리석은 행동을 비유한다.

【고사】 전국시대 어떤 초(楚)나라 사람이 양자강(揚子江)을 건너다가 강 한복판에 이르러 실수로 들고 있던 칼을 강물 속으로 빠뜨리고 말았 다.

한동안 어쩔 줄 모르고 있던 그 사람은 단검을 빼어들더니 움직이는 뱃전에다 표시를 하면서 이렇게 말했다.

"이곳이 내가 칼을 빠뜨린 곳이다."

그러고는 배가 강가에 닿자 표시된 뱃전 아래 물 속으로 뛰어들어 칼을 찾았으나 거기에 칼이 있을 리 없었다.

【원문】 楚人有涉江者 其劍自舟中墜於水 遽刻其舟曰 是吾劍之所從墜 舟止 從其所刻者入水求之 舟已行矣 而劍不行 求劍若此 不亦惑乎

【출전】 《여씨춘추(呂氏春秋) 찰금(察今)》

渴 不 飲 盜 泉 水

목마를갈 아닐불 마실음 도둑도 우물천 물수

【뜻풀이】 아무리 갈증이 나더라도 이름이 도둑의 샘이란 뜻의 도천(盜泉) 물은 마시지 않는다는 뜻이다.

【고사】 증자(曾子)가 여행 중 어떤 곳을 지나다가 마을 이름이 어머니를 이긴다는 뜻의 '승모(勝母)'라는 말을 듣고 그곳으로 지나가지 않고 피해 지나갔으며, 공자(孔子)는 도천(盜泉)이란 이름이 바르지 않다 하여 갈증을 참고 마시지 않았다고 한다.

　도천은 지금의 산동성 사수현(泗水縣) 동북쪽에 있던 샘물이다.

【원문】〈孔子〉過於盜泉 渴矣不飲 《시자(尸子) 권하(卷下)》 曾子立廉 不飲盜泉 《회남자(淮南子) 설림훈(說林訓)》 邑名勝母 曾子不入 水名盜泉 孔子不飲 醜其聲也

【출전】《설원(說苑) 담총(談叢)》

坎 井 之 蛙

구덩이감 우물정 어조사지 개구리와

【뜻풀이】 '우물 안 개구리'라는 뜻으로, 식견이 좁은 것을 비유한 말이다. 유의어는 정중지와(井中之蛙)

【고사】 묵은 우물 안에 살고 있는 개구리가 동해(東海)에 사는 자라에게 자랑 삼아 이렇게 말했다.

"나의 생활은 즐겁다네. 심심하면 뛰어올라 우물 난간에서 놀고 안에 들어가면 깨어진 돌 틈 사이에서 쉰다네. 자네도 가끔 우물 속에 들어와 보는 것이 어떻겠나!"

그 말을 들은 자라가 시험 삼아 우물 안으로 들어가 보려 했지만 무릎이 끼어 들어가지 못하고 자기가 사는 바다 속 이야기를 들려주었다. 그러자 개구리는 그 이야기를 듣고 깜짝 놀라 얼이 빠져버렸다.

【원문】 子不獨不聞坎井之蛙乎　謂東海之蛙曰　吾樂與　吾跳梁乎井幹之上　入休乎缺甃之崖……夫子奚不時來入觀乎

【출전】 《장자(莊子) 추수(秋水)》

減竈之計
감조지계

줄일감 아궁이조 어조사지 꾀계

【뜻풀이】 야영(野營)하는 군사의 취사(炊事) 아궁이 숫자를 줄여 적군으로 하여금 아군의 병력을 잘못 판단하게 하는 계략이라는 뜻이다.

【고사】 전국시대 위(魏)나라의 침공을 받은 한(韓)나라가 제(齊)나라에 구원을 청하자 제왕은 전기(田忌)를 장군으로, 손빈(孫臏)을 군사(軍師)로 삼아 위나라의 도성인 대량(大梁)을 공격하게 하였다. 뒤늦게 도성이 제나라 군사의 공격을 받고 있는 사실을 안 위나라 장수 방연(龐涓)은 부랴부랴 군사를 돌려 구원에 나섰다.

그런데 손빈과 방연 사이에는 씻을 수 없는 묵은 감정이 있었다. 본래 방연과 손빈은 함께 같은 스승에게서 병법(兵法)을 배운 동문(同門) 사이였다. 방연은 운이 좋아 일찍 위혜왕(魏惠王)의 신임을 받아 장군으로 중용되었는데 스스로 자신의 병법이 손빈만 못함을 인정하고 있었다. 손빈만 없으면 자기를 능가할 자가 없다고 생각한 방연은 손빈을 위나라로 불러 벼슬을 준 후 모함해서 손빈의 양쪽 다리를 자르는 형벌을 받게 했던 것이다.

방연이 군사를 철수해 온다는 보고를 받은 손빈이 전기에게 다음과 같은 계책을 올렸다.

"위나라 군사는 평소 용감하고 싸움에 능하니 계략을 쓰지 않으면 이기기가 어렵습니다. 적군이 우리 병력을 얕잡아 보도록 하는 계략을 써야 합니다. 그러려면 오늘은 군사들의 밥 짓는 아궁이를 10만 개 남기고, 내일은 5만 개, 그 다음 날은 3만 개로 점점 줄이십시오. 그렇게 하면 위나라 군사들이 아군의 탈주병이 많아 날마다 그 숫자가 줄어든 것으로 여겨 경솔히 덤빌 것입니다.”

“좋은 계책이오. 그렇게 합시다.”

역시 손빈의 계략은 맞아떨어졌다. 위의 장수 방연은 제나라 군사의 야영지에 있는 아궁이 숫자가 날로 줄어든 것을 보고 뛸 듯이 기뻐하며 말했다.

“과연 듣던 대로 제나라 군사들은 겁이 많구나! 우리 국경에 들어온 지 3일 만에 절반의 군사가 도주하다니!”

그러고는 주력부대를 버리고 약간의 기병(騎兵)만 거느리고 추격에 나섰다. 한참 뒤쫓아 마릉(馬陵)이란 곳에 이르니 골짜기가 좁고 깊어 말 한 필씩이 간신히 지날 수 있는데다가 넘어진 나무들이 이리저리 막고 있어서 더 이상 행군을 할 수가 없었다. 사방을 살피며 조심조심 나아가던 방연 앞에 큰 나무 한 그루가 가로막는데 깎인 한 면에 무엇이라고 쓴 큰 글씨가 보였다. 불을 밝혀 보니 ‘방연이 이곳에서 죽을 것이다.’라고 쓰여 있는 게 아닌가? 주춤하며 뒤로 물러서려고 하는 찰나 사방에 매복해 있던 제나라 군사가 쏘아대는 화살에 위나라 군사는 맥없이 무너져 패하고 말았으며, 방연 자신은 목을 찔러 자결하고 말았다.

【출전】 《사기(史記) 손자오기열전(孫子吳起列傳)》

강랑재진
江 郎 才 盡

성씨강 젊은이랑 재주재 다할진

【뜻풀이】 문장을 잘하기로 유명한 강엄(江淹)의 재주가 다되었다
는 뜻으로, 문장력이나 재기(才氣)가 예전만 못함을 일컫
는 말이다.

【고사】 강엄은 남조(南朝) 때 송(宋)·제(齊)·양(梁) 3대에 걸쳐 벼슬
한 문인으로 금자광록대부(金紫光祿大夫) 예후(醴侯)에 봉해진 인물인
데, 그가 문장을 잘하게 된 데에 대해 다음과 이야기가 전해온다. 강엄
의 집은 매우 가난했는데 13세 때부터 재명(才名)을 날리게 되었다. 어
느 저녁 꿈에 어떤 사람이 나타나 오색(五色)으로 된 붓 한 자루를 주기
에 받았는데 이튿날부터 문장이 샘물처럼 솟아나고 아름다운 시구(詩
句)가 용솟음쳐 사람들이 그의 작품을 돌려가며 읽을 정도로 명성이 멀
리까지 전해졌다.

  그가 선성태수(宣城太守)를 끝으로 오랜 벼슬 생활에서 물러나 귀향하
는 길에 강변(江邊) 선령사(禪靈寺)란 절에서 자게 되었는데 그날 밤 꿈
에 한 노인이 나타나 이렇게 말했다.

  "나는 장경양(張景陽)이다. 전번에 내가 비단 한 필을 네게 주었으니
이제 돌려 다오."

  강엄이 손을 뻗쳐 품에서 비단을 꺼내 노인에게 건네자 노인이 화를
냈다. "벌써 다 사용하고 겨우 이것만 남았느냐?"

  이때부터 강엄의 문장력이 이전만 못하게 되었다고 한다.

【출전】《남사(南史) 강엄전(江淹傳)》

강 항 령
强 項 令

【뜻풀이】 목이 뻣뻣하여 굽힐 줄을 모르는 강직(强直)한 수령(守令)이란 뜻.

【고사】 후한(後漢) 때 사람 동선(董宣)은 강직하기로 유명했다. 그가 낙양령(洛陽令)으로 있을 때, 광무제(光武帝)의 누나인 호양공주(湖陽公主)의 하인이 살인을 하고는 공주의 집으로 숨어 버렸다.

동선은 공주의 집 앞에서 며칠을 기다리다가 그 하인이 공주의 수레에 함께 타고 나오는 것을 보고, 수레를 멈추고 하인을 붙잡아 내려 그 자리에서 죽였을뿐만 아니라, 만류하는 공주에게도 큰 소리로 잘못을 꾸짖었다.

이에 크게 노한 광무제가 동선을 불러 매를 때려죽이려고 하였다.

"폐하께서 성덕(聖德)으로 나라를 중흥(中興)하셨는데, 이제 하인을 풀어 살인까지 하시니, 장차 천하를 어떻게 다스리겠습니까?"

동선은 이렇게 말하고는 스스로 기둥에다 머리를 부딪쳐 죽으려 하였다.

그러자 광무제가 내관(內官)을 시켜 급히 말리고는 공주에게 사과하라고 명했다.

동선은 내관이 자신의 목을 억지로 굽혀 사죄하는 시늉을 내게 하려고 하니, 두 팔로 버티면서 끝내 목을 굽히지 않았다.

동선의 고집을 꺾을 수 없음을 안 광무제가 이렇게 명령했다.
"강항령(强項令)은 그만 물러가거라!"

【원문】 時湖陽公主蒼頭白日殺人 因匿主家 吏不能得 及主出行 而奴驂乘 宣於夏門亭候之 乃駐車叩馬 以刀畫地 大言數主之失 叱奴下車 因格殺之 主卽還宮訴帝 帝大怒 召宣欲箠殺之……宣曰 陛下聖德中興 而縱奴殺人 將何以理天下乎 臣不須箠 請得自殺 ……帝令小黃門持之 使宣叩頭謝主 宣不從 彊使頓之 宣兩手據地 終不肯俯 主曰 文叔爲白衣時 臧亡匿死 吏不敢至門 今爲天子 威不能行一令乎 帝笑曰 天子 不與白衣同 因勅彊項令出

【출전】 《후한서(後漢書) 혹리전(酷吏傳)》

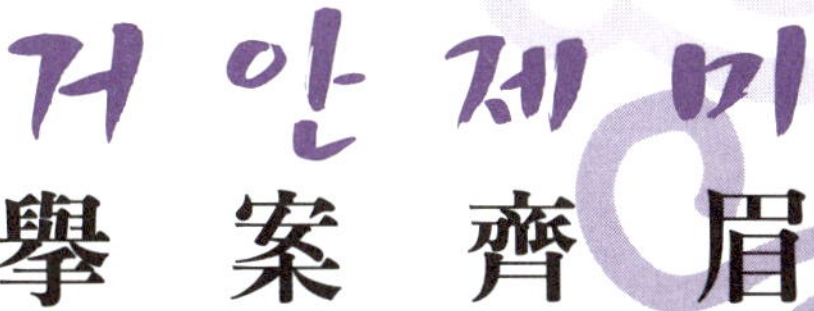

【뜻풀이】 밥상을 눈썹 높이까지 들어올린다는 뜻으로 아내가 남편을 지극히 공경한다는 비유이다.

【고사】 후한(後漢) 사람 양홍(梁鴻)은 어진 선비였으나 집이 몹시 가난하였다. 같은 고을 맹씨(孟氏) 집안에 얼굴이 못생기고 돌절구를 들어올릴 정도로 힘이 센 맹광(孟光)이란 딸이 있었는데 30세가 되도록 시집을 가지 않고 있었다. 부모가 시집을 가라고 채근하자 그녀가 말했다.

"저는 양홍처럼 어진 선비가 아니면 시집을 가지 않겠습니다."

이런 소문을 들은 양홍이 그녀를 아내로 맞이하였다. 첫날 밤 신부가 곱게 단장을 하고 비단옷 차림으로 신방에 들어갔는데, 양홍은 신부를 거들떠보지도 않는 것이었다. 이런 밤이 7일이나 계속되자 답답해진 신부가 까닭을 물으니 양홍은 이렇게 대답했다.

"내가 바라는 신부는 화장을 하고 비단 옷을 입는 그런 여자가 아니라 누더기를 입고 산 속에 들어가 살 수 있는 그런 여자요."

이에 신부는 그날부터 비단 옷을 벗어 버리고 패릉(覇陵) 산 속으로 들어가 농사를 짓고 길쌈을 하며 살았다. 그 후 양홍이 지은 시(詩)가 장제(章帝)를 비방한 내용이라 하여 죄를 입게 되자 이름을 바꾸고 사방으로 떠돌며 도망쳐 다니다가 오(吳)나라 고백통(皐伯通)이란 사람의 집에서 고용살이를 하며 살게 되었다. 양홍이 일을 마치고 집으로 돌아오면 맹씨는 밥상을 차려 두었다가 감히 남편을 마주 바라보지 못하고 상을 눈썹 위까지 공손히 들어올려 바쳤다고 한다.

【원문】 梁鴻字伯鸞 扶風平陵人也……勢家慕其高節 多欲女之 鴻竝不娶 同縣孟氏有女 狀肥醜而黑 力擧石臼 擇對不嫁 至年三十 父母問其故 女曰 欲得賢如梁伯鸞者 鴻聞而娉之 女求作布衣麻屨 織作筐緝績之具 及嫁 始以裝飾入門 七日而鴻不答 妻乃跪牀下請曰 竊聞夫子高義 簡斥數婦 妾亦偃蹇數夫矣 今而見擇 敢不請罪 鴻曰 吾欲裘褐之人 可與俱隱深山者爾 今乃衣綺縞 傅粉墨 豈鴻所願哉 妻曰 以觀夫子之志耳 妾自有隱居之服 乃更爲椎髻 著布衣 操作而前 鴻大喜曰 此眞梁鴻妻也 能奉我矣……遂至吳 依大家皐伯通居廡下 爲人賃舂 每歸 妻爲具食 不敢於鴻前仰視 擧案齊眉

【출전】 《후한서(後漢書) 양홍전(梁鴻傳)》

거 질 막 여 진
去 疾 莫 如 盡
없앨거 병질 말막 같을여 다할진

【뜻풀이】 병은 뿌리가 뽑힐 때까지 치료해야 한다는 뜻으로, 악(惡)은 고식적(姑息的)으로 제거하지 말고 철저하게 제거해야 함을 비유한 말이다.

【고사】 춘추시대 오(吳)나라와 월(越)나라는 서로를 용납하지 못할 원수 사이였다. 한번은 오왕 부차(夫差)가 부초(夫椒) 땅에서 월나라 대군을 크게 격파하고 내친 김에 월나라 깊숙이 쳐들어갔다. 그러자 월왕 구천(句踐)이 정병 5천 명을 이끌고 물러나 회계산(會稽山)을 지켰다. 오나라 군사에게 포위 당한 구천은 어쩔 수 없어 대부(大夫) 문종(文種)을 부차에게 보내 강화(講和)를 청했다.

"대왕께서 만일 저희 청을 들어 강화를 허락하시면 산 위에 있는 우리 5천 명의 군사가 대왕의 명령을 받들겠지만 만약 들어 주지 않으신다면 있는 힘을 다해 끝까지 싸워 군사 한 사람당 오나라 군사 한 명씩을 죽이고 말겠습니다. 5천 명의 월나라 군사를 얻는 것과 5천 명의 오나라 군사를 죽이는 것 중 어느 것을 택하시겠습니까?"

이에 부차가 강화를 허락하려고 하자 옆에 있던 신하 오자서(伍子胥)가 반대했다.

"허락하지 마십시오. 지금 그들의 포위를 풀어 주면 저들은 국력을 회복해서 언젠가는 다시 우리나라의 화근(禍根)이 될 것입니다. 듣건대 '덕은 널리 베풀어야 하고 병은 뿌리까지 제거해야 한다.[樹德莫如滋

去疾莫如盡]'라고 했습니다. 지금 우리 두 나라는 대대로 원수 사이여서 오나라가 월나라를 멸망시키지 못하거나 월나라가 오나라를 멸망시키지 못하고 공존할 수 없는 형세입니다."

오왕이 그 말을 듣지 않고 강화를 허락하자 오자서가 탄식하며 말했다.

"아, 이제 월나라는 한숨 돌려 앞으로 10년 동안 힘을 모으고 10년 동안 역량을 키우면 20년 후에 우리 오나라가 그들 손에 망할 것이다."

오자서의 예언대로 그 후 오나라는 월나라에게 멸망당했다.

【출전】 《춘추좌씨전(春秋左氏傳) 양공(襄公) 원년》

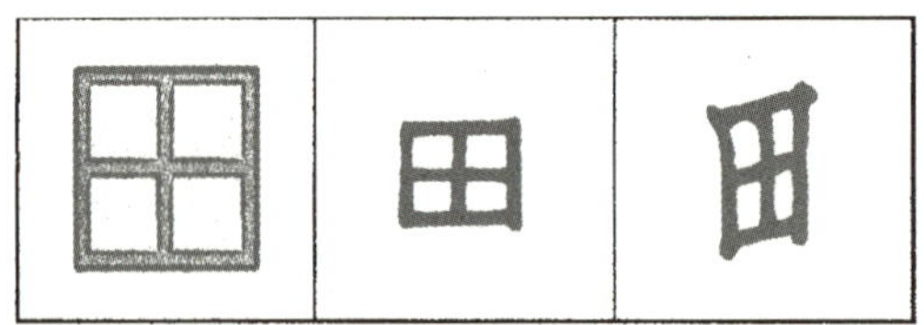

건 곤 일 척
乾　坤　一　擲

【뜻풀이】 하늘과 땅을 걸고 흥망(興亡)의 성패를 겨룬다. 즉 나라의 운명을 걸고 죽기 살기 한 판 승부를 벌인다는 뜻으로 사용된다.

【고사】 당나라의 문장가인 한유(韓愈)의 '과홍구(過鴻溝)'라는 시에서 나온 말이다.

龍疲虎困割川原	용은 지치고 범은 괴로워 강과 들을 나누었으니
億萬蒼生性命存	수많은 백성들이 성품과 운명을 보존하였는데
誰勸君王回馬首	누가 군왕에게 말머리를 돌리도록 권하여
眞成一擲賭乾坤	진정으로 하늘과 땅을 걸고 한 판 승부를 하도록 했는가!

　진나라 시황제(始皇帝)가 죽자 항우와 유방은 각기 천하를 걸고 싸웠는데, 홍구(鴻溝)라는 강을 경계로 하여 동쪽은 항우의 초나라, 서쪽은 유방의 한나라가 차지하고 있었다. 그러다 잠시 두 나라가 전쟁을 쉬게 되어 백성들은 숨을 돌리는 듯했다. 그런데 유방은 서쪽에 있는 촉으로 들어가면서 모든 다리를 불살라 버림으로써 다시는 동쪽으로 나올 뜻이 없음을 보였다. 그리고는 가만히 군사를 옛길로 돌려 동쪽으로 나와 옹(雍)을 공격해 동진(東進)의 발판으로 삼고, 훗날 항우를 멸망시킬 수 있었다.

桀犬吠堯

걸견폐요

桀犬吠堯

화걸 개견 짖을폐 임금이름요

【뜻풀이】 폭군 걸왕(桀王)의 개가 요(堯)처럼 어진 임금을 보고 짖는다는 뜻으로, 자기가 섬기는 사람이 비록 어질지 못하더라도 그를 위해 충성을 다한다는 비유이다.

【고사】 추양(鄒陽)은 전국시대 제(齊)나라 출신인데 자주 양(梁) 지방을 돌아다니며 장기(莊忌)·매생(枚生) 등과 사귀었는데 양승(羊勝)과 공손궤(公孫詭)의 일에 끼어들어 양효왕(梁孝王)에게 글을 올렸다가 도리어 모함을 받아 옥에 갇히게 되었다. 그때 추양이 옥중에서 양효왕에게 다음과 같이 글을 올렸다.

"하(夏)나라 걸왕(桀王) 같은 폭군이라도 기르는 개를 시켜 요(堯) 임금 같은 성군(聖君)을 보고 짖게 할 수 있으며, 도척(盜跖) 같은 도적도 식객을 시켜 허유(許由) 같은 성인을 찌르게 할 수 있습니다. 하물며 만승의 권세와 성왕의 바탕을 지닌 분의 명을 누가 응하지 않겠습니까? 그런데 오늘날 임금들은 천하의 지사들을 무거운 권세로 휘어잡아 얼굴빛을 부드럽게 하여 행실을 더럽혀 아첨배들을 섬기게 하고 좌우에 가까이 두려고 하므로 선비들은 바위굴에 엎드려 죽을 뿐이니 어찌 충성과 믿음을 다해 임금이 계신 대궐 아래로 달려올 선비가 있겠습니까?"

이 글을 읽은 양효왕은 사람을 보내 추양을 풀어 주고 상객(上客)으로 맞이했다고 한다.

【출전】 《사기(史記) 노중련(魯仲連) 추양열전(鄒陽列傳)》

걸해골
乞骸骨

【뜻풀이】 해골이라도 고향으로 돌아가 묻히기를 바란다는 뜻으로, 옛날 관리들이 노년에 사직을 청하는 말이다.

【고사】 유방(劉邦)과 항우(項羽)가 한창 싸울 때였다. 군량이 부족한 유방이 항우에게 강화(講和)를 청했는데, 항우 진영의 범증(范增)이 강화를 반대하였다. 이에 유방의 부하 진평(陳平)은 범증이 몰래 자신들과 내통하고 있다고 이간책을 썼다. 그러자 격분한 항우는 범증 몰래 사신을 유방에게 보내 강화를 맺게 하였다. 항우의 사신을 맞은 진평은 짐짓 범증의 안부부터 물었다.

"아부(亞父 : 范增)께서는 안녕하시겠지요?"

"우리는 아부의 명을 받고 온 게 아니오."

"아, 나는 또 아부께서 보낸 사신인 줄로 착각했구려!"

그러고는 진평은 사람을 시켜 잔뜩 푸짐하게 차려 놓았던 잔칫상을 치우게 하고는 초라한 상으로 바꾸어 내오게 하였다. 범증이 보낸 사신이 아니니 박대하겠다는 뜻을 노골적으로 보인 것이다. 사신은 돌아오자마자 항우에게 그 사실을 보고했다.

"범증이 한(漢)나라와 내통한 것이 분명합니다."

항우는 더 이상 범증을 믿지 못하고 권한을 박탈하였다. 이에 크게 노한 범증이 사직을 청하였다.

"천하의 대세는 이미 결판이 났으니, 왕께서 잘 알아서 하시오. 원컨대 저는 해골(骸骨)이나 고향으로 돌아가게 해 주십시오."

범증은 돌아가는 길에 팽성(彭誠)에 못 미쳐 등창이 나서 죽고 말았다.

【출전】 《사기(史記) 항우본기(項羽本紀)》

검려기궁

黔驢技窮

검을검 나귀려 기술기 다할궁

【뜻풀이】 검은 당나귀의 기술이 다했다는 뜻으로, 겉으로는 강대(强大)한 듯하지만 실제는 보잘것없이 허약하다는 비유이다.

【고사】 당송팔대가(唐宋八大家)의 한 사람인 유종원(柳宗元)이 지은 우화집(寓話集) 《삼계(三戒)》에 이런 이야기가 실려 있다.

옛날 귀주(貴州)에는 당나귀가 산출되지 않았는데 어떤 호사자(好事者)가 다른 곳에서 배로 당나귀를 싣고 왔으나 어디에 사용하는 짐승인지를 몰라 산기슭에다 매어 놓고 길렀다. 그런데 그 산에 살고 있던 늙은 호랑이 한 마리 역시 처음 보는 당나귀를 이상한 짐승으로 여겨 산에서 내려와 한나절 동안 당나귀가 하는 동작을 유심히 살펴보게 되었다. 그런데 덩치도 자기보다 클 뿐 아니라 갑자기 머리를 치켜들고 큰 소리로 울부짖는 것이 마치 자기를 잡아먹으려고 덤비는 듯한 형세에 겁을 집어먹었다.

"이크, 잘못하다가는 잡혀 먹히겠다. 어서 도망치자!"

호랑이는 걸음아 날 살려라 하고 멀리 줄행랑을 놓은 후 며칠 동안 겁이 나서 감히 산에서 내려오지 못했다. 며칠이 지나자 궁금증이 더해진 호랑이가 조심조심 산을 내려와 다시 당나귀가 하는 짓을 살피기 시작했다. 며칠 동안 계속 살펴보고서야 호랑이는 당나귀에게 별다른 특기가 없는 것을 알았으며 울부짖는 소리도 거듭 들으니 그다지 별게 아니

라는 것을 알게 되었다. 겁이 없어진 호랑이가 하루는 살금살금 당나귀
에게 접근해서 살짝 건드렸더니 뒷발질을 하는데 별로 힘이 없었다.
 "무서울 것이 없는데 그동안 공연히 무서워했구나!"
 당나귀의 힘을 알고 난 호랑이는 거침없이 당나귀를 공격해 잡아먹은
후 유유히 산으로 들어갔다.

【출전】 《삼계(三戒)》

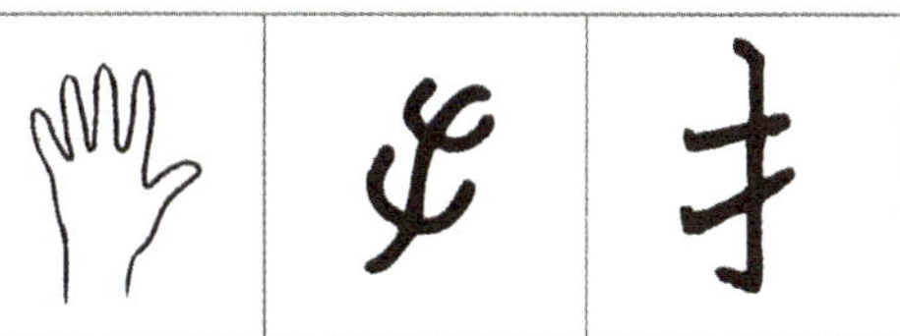

결신자호 潔身自好

깨끗할결 몸신 스스로자 좋을호

【뜻풀이】 스스로 몸가짐을 깨끗이 하여 환경의 영향을 받지 않음의 비유이다.

【고사】 전국시대 때 초(楚)나라 사람 굴원(屈原)은 성품이 지나칠 정도로 개결(介潔)하였다. 초회왕(楚懷王) 때 벼슬하여 삼려대부(三閭大夫)가 되었는데 다른 신하의 미움을 받아 벼슬에서 쫓겨난 후 사방을 방랑하다 상강(湘江) 일대에 이르렀다. 오랜 방랑으로 초췌했지만 그의 모습을 본 한 어부(漁夫)가 물었다.

"혹시 삼려대부가 아니시오? 어쩌다 이 지경에 이르셨소?"

그러자 굴원이 대답했다.

"온 세상이 모두 흐린데 나만 홀로 깨끗하고, 온 세상은 모두 취해 있는데 나만 홀로 깨어 있어 그 때문에 쫓겨난 신세가 되었다오."

굴원의 말을 들은 어부가 말했다.

"세상이 모두 흐리거든 어찌 진흙을 휘저어 흙탕물을 일으키지 않으며, 모든 사람이 취해 있으면 어찌하여 술지게미를 먹고 박주(薄酒)를 마시어 함께 취하지 않고 혼자만 고상하게 굴다가 추방을 당한단 말이오?"

굴원이 대꾸했다.

"듣건대 새로 머리를 감은 자는 반드시 갓의 먼지를 털어서 쓰고 갓

목욕을 한 자는 옷을 털어서 입는다고 하였으니 어찌 깨끗한 몸으로 남
의 더러움을 받아들인단 말이오. 차라리 소상강(瀟湘江) 물에 빠져 물고
기 밥이 되는 한이 있더라도 어찌 세속의 먼지를 뒤집어쓰겠소?"
　굴원의 말을 들은 어부는 빙그레 웃고는 돛대를 저어 떠나면서 다음과
같은 노래를 불렀다.
　"창강의 물 맑으면 내 갓끈을 씻고 창랑의 물 흐리면 내 발을 씻으리
라.[滄浪之水淸兮 可以濯吾纓 滄浪之水濁兮 可以濯吾足]"

【출전】《초사(楚辭) 어부(漁父)》

결초보은
結草報恩

맺을결 풀초 갚을보 은혜은

【뜻풀이】 풀을 묶어 은혜를 갚는다는 뜻으로, 후한 은혜에 대해서 죽어서라도 갚는다는 비유이다.

【고사】 춘추시대 때 위무자(魏武子)에게 사랑하는 첩이 있었다. 무자가 병이 들자 아들에게 이렇게 부탁했다.

"내가 죽거든 그녀를 반드시 개가(改嫁)시키거라."

그런데 막상 임종할 때에는 그 첩을 자신과 함께 순장(殉葬)시키라고 말을 바꾸었다. 하지만 아들 과(顆)는 첩을 아버지와 함께 순장하지 않고 개가시키면서 말했다.

"아버지께서 임종 때 하신 유언은 정신이 없을 때 하신 것이니, 나는 처음의 말을 따르겠다."

그 후 보씨(輔氏)의 난리에 과(顆)가 두회(杜回)란 적장과 싸우다 위급하게 되었다. 그때 어떤 노인이 나타나 길에 난 풀을 묶어 매듭을 짓는 바람에 두회가 거기에 말발굽이 걸려 넘어져 사로잡을 수 있었다. 그날 밤 꿈에 그 노인이 나타나 이렇게 말하였다.

"나는 그대가 개가시켜 준 그 여인의 아비인데 그대가 아버지의 명을 잘 판단한 데 대한 보답을 오늘 했습니다."

【원문】 魏武子有嬖妾 武子疾 命顆曰 必嫁是 疾病則曰 必以爲殉 及卒 顆嫁之曰 疾病則亂 吾從其治也 及輔氏之役 顆見老人結草以亢杜回 杜回躓而顚 故獲之 夜夢之曰余 而所嫁婦人之父也 爾用先人之治命 余是以報

【출전】 《춘추좌씨전(春秋左氏傳) 선공(宣公) 15년》

경국지색
傾國之色

【뜻풀이】 나라를 기울게 할 만한 미색(美色)이란 뜻으로, 매우 아름다운 여자를 일컫는 말이다. 유의어는 경성경국(傾城傾國), 경국(傾國).

【고사】 한무제(漢武帝) 때 명창(名唱) 이연년(李延年)이 무제 앞에서 다음과 같은 노래를 불렀다.

북쪽에 어여쁜 사람 있으니	(北方有佳人)
세상에 뛰어난 오직 한 사람이네	(絕世而獨立)
한 번 돌아보면 성(城)을 기울게 하고	(一顧傾人城)
두 번 돌아보면 나라를 기울게 하리	(再顧傾人國)
성과 나라 기울어질지 모르지만	(寧不知傾城與傾國)
이런 미인은 다시 얻기 어렵다네	(佳人難再得)

노래를 듣고 난 무제가 이연년에게 물었다.

"이 세상에 그런 미색을 갖춘 여인이 있단 말인가?"

무제의 물음에 옆에 있던 무제의 누이동생 평양공주(平陽公主)가 거들고 나섰다.

"바로 이연년의 누이동생이 그런 미인이랍니다."

이에 무제는 그 여인을 불러들였는데, 과연 보기 드문 미인이었으니, 그 여인을 이부인(李夫人)이라 불렀다.

【원문】 延年侍上起舞 歌曰 北方有佳人 絕世而獨立 一顧傾人城 再顧傾人國 寧不知傾城與傾國 佳人難再得

【출전】 《한서(漢書) 외척전상(外戚傳上) 이연년(李延年) 조》

계 구 우 후
鷄 口 牛 後

닭계　입구　소우　뒷구멍후

【뜻풀이】 소의 항문(肛門)이 되느니보다 닭의 부리가 되는 것이 낫다는 뜻으로, 큰 조직에서 하위(下位)에 처하는 것보다 작은 조직이라도 우두머리가 되는 것이 낫다는 비유이다.

【고사】 전국시대 육국(六國)이 연합하여 진(秦)나라에 대항해야 한다고 주장하던 소진(蘇秦)이 한선왕(韓宣王)에게 합종책(合從策)의 유리한 점을 강조하면서 이렇게 유세(遊說)했다.

"신이 듣건대 속담에 '닭의 부리는 될지언정 소의 항문은 되지 말라[寧爲鷄口 無爲牛後]'라고 하였습니다. 지금 대왕께서 서쪽으로 향하여 신하의 예(禮)로 진(秦)나라를 섬기는 것은 소의 항문이 되는 것과 무엇이 다릅니까? 저는 대왕을 위해 부끄럽게 여깁니다."

【출전】《사기(史記) 소진열전(蘇秦列傳)》

계 군 일 학
鷄 群 一 鶴

【뜻풀이】 닭의 무리 가운데 한 마리의 학이라는 뜻으로, 평범한 여러 사람들 속에 뛰어난 한 사람이 섞여 있는 모습을 비유한 말이다. 유의어는 군계일학(群鷄一鶴).

【고사】 위진(魏晉) 시대, 어지러운 세속을 피해 숲 속으로 들어가 도가(道家)의 허무사상을 바탕으로 한 고담준론(古談峻論)을 즐기던 사람 가운데 유명한 이들을 죽림칠현(竹林七賢)이라 하니, 곧 완적(阮籍), 완함(阮咸) 혜강(嵇康), 산도(山濤), 왕융(王戎), 유령(劉伶), 상수(向壽)가 그들이다.

그런데 이들 죽림칠현 중 위나라에서 중산대부(中散大夫)로 있던 혜강이 무고하게 죄를 입어 처형당했는데 그때 그에게는 열 살 먹은 아들 혜소(嵇紹)가 있었다. 혜소가 장성하자 혜강의 친구이며 죽림칠현의 한 사람이었던 산도가 그를 무제에게 이렇게 천거했다.

"폐하, 《서경(書經) 〈강고(康誥)〉》편에, '부자간의 죄는 서로 연좌(連坐)시키지 않는다고 하였습니다. 혜소는 혜강의 아들이긴 하지만 슬기롭기가 춘추시대 진(晉)나라의 현명한 대부 극결(郤缺)에게 결코 뒤지지 않습니다. 부디 그를 비서랑(秘書郎)으로 기용하옵소서!"

무제는 흔쾌히 이를 승낙하며 이렇게 말하였다.

"경(卿)이 천거하는 사람이라면 승(丞) 자리를 주어도 감당할 수 있을 것이오."

이리하여 혜소는 비서랑보다 한 계급 위인 비서승에 임명되었다. 혜소가 입궐하던 날, 한 사람이 자못 감격하여 왕융에게 이렇게 말했다.

"어제 구름처럼 많이 모인 사람들 틈에서 입궐하는 혜소를 보았는데, 그 늠름한 모습이 마치 여러 마리 닭 무리 속에 우뚝 서 있는 한 마리의 학 같았습니다."

여기서 계군일학(鷄群一鶴)이란 말이 나왔다. 그 말에 왕융은 이렇게 대답했다.

"자네는 애당초 그의 부친을 본 적이 없기 때문에 그런 말을 하는 것일세."

이처럼 뛰어난 풍모를 지녔던 혜소는 조정에서 직간(直諫)을 잘하는 것으로 유명했다.

【출전】《진서(晉書) 혜소전(稀紹傳)》

鷄 肋
계 륵

닭 계　　　갈비뼈 륵

> **【뜻풀이】** 닭의 갈빗대처럼 먹기는 귀찮고 버리기는 아깝다는 뜻으로, 큰 의미(意味)는 없으나 차마 쉽게 포기하지 못하는 사물이나 경우를 비유한다.

【고사】 촉한(蜀漢)의 유비(劉備)가 한중(漢中)을 먼저 점령하니 위(魏)의 조조(曹操)가 반격해 왔다. 그러나 조조군은 몇 달 동안 계속 된 싸움에서 군량이 떨어지고 도망병이 속출하게 되어 퇴군하고자 했으나 결단을 내리지 못하고 망설이고 있었다. 그러던 어느 날 조조가 밥상에 올라온 닭국을 보고는 무심코 '계륵(鷄肋)'이라고 중얼거렸다. 참모들은 조조가 한 말이 무슨 뜻인지 몰라 어리둥절하고 있는데, 밖으로 나온 주부(主簿) 양수(楊脩)가 군장(軍裝)을 꾸리기 시작하였다. 동료들이 왜 그러느냐고 묻으니, 양수가 대답했다.

"닭의 갈비는 먹으려 해도 먹을 것이 없고, 버리자니 아까운 것이다. 왕께서 한중을 닭갈비에 비유한 것은 곧 퇴군하겠다는 뜻이 아니겠소?"

양수의 해설을 들은 장수들은 각자 부대에 철군 준비를 서두르게 했다. 자신이 명령을 내리기 전에 온 군중이 짐을 꾸려 철군 준비를 서두르는 것을 본 조조는 그 까닭을 알고 양수를 벤 후 결국 군사를 물리고 말았다.

【원문】 時王欲還 出令曰 鷄肋 官屬不知所謂 主簿楊脩便自嚴裝 人驚問脩 何以知之 脩曰 夫鷄肋 棄之如可惜 食之無所得 以比漢中 知王欲還也

【출전】 《삼국지(三國志) 위지(魏志) 무제기(武帝記) 주(註)》

계명구도
鷄 鳴 狗 盜

【뜻풀이】 닭 울음소리를 잘 내는 사람과 도둑질을 잘하는 사람이란 뜻으로, 하찮은 기능이나 기술을 가진 사람을 비유하는 말이다.

【고사】 진(秦)나라 소왕(昭王)이 제(齊)나라의 맹상군(孟嘗君)을 가두어 죽이려고 하였다. 이에 맹상군은 사람을 시켜 소왕의 애희(愛姬)가 원하는 흰 여우털 갖옷〔狐白裘〕을 뇌물로 주어 빠져나갈 궁리를 하게 되었다. 그러나 한 벌밖에 없는 호백구를 이미 소왕에게 바친 후여서 더는 구할 방법이 없어 망설이고 있는데, 식객(食客) 중 제일 낮은 자리에 있는 한 사람이 나서서 왕께 바쳤던 호백구를 감쪽같이 훔쳐내어 그 애희에게 주고 석방될 수 있었다.

맹상군 일행이 몰래 도망쳐 함곡관(函谷關)에 이르렀다. 진나라 군사가 바짝 추격해 오는데 관문이 굳게 닫혀 있었다. 그곳 관문의 규칙은 새벽닭이 울어야 열린다는 말을 듣고 다시 어떤 식객이 닭 울음소리를 내니, 근처의 닭들이 새벽인 줄 알고 따라 울어 관문이 열려 무사히 통과할 수 있었다고 한다.

【원문】 秦昭王囚孟嘗君 謀欲殺之 孟嘗君使人抵昭王幸姬求解 幸姬曰 妾願得君狐白裘 此時孟嘗君有一狐白裘 入秦獻之昭王 更無他衣 孟嘗君患之 偏問客 莫能對 最下坐有能爲狗盜者曰 臣能得狐白裘乃夜爲狗 以入秦宮藏中 取所獻狐白裘至 以獻幸姬 幸姬爲言昭王 昭王釋孟嘗君 出至函谷關 關法鷄鳴出客 客有爲鷄鳴者 鷄悉鳴 於是開關出之

【출전】 《사기(史記) 맹상군열전(孟嘗君列傳)》

계 찰 괘 검
季 札 掛 劍
막내계 편지찰 걸괘 칼검

【뜻풀이】 계찰이란 사람이 남에게 주기로 약속한 검을 상대가 죽은 후에 묘에 있는 나무에 걸어 주었다는 뜻으로 신용을 중시하여 한번 약속한 일은 끝까지 지킨다는 비유이다.

【고사】 춘추시대 오(吳)나라 공자(公子) 계찰(季札)은 평소 신의(信義)와 우정(友情)을 중시한 사람이었다. 그가 진(晉)나라에 사신으로 갈 때 중도에 서(徐)나라를 지나가면서 그 나라 임금을 찾아가 뵈었는데 환담을 나누면서 보니 서나라 임금이 자기가 차고 있는 보검(寶劍)을 탐내는 눈치였다. 이를 눈치 챈 계찰이 먼저 말을 꺼냈다.

"이 검은 우리 오나라의 보배 중 하나입니다. 지금 대왕께 선물하고자 하나 사신의 임무를 띠고 상국에 가는 길이어서 몸에 지니지 않을 수 없으니, 다녀오는 길에 올리겠습니다."

진나라에서 사신의 임무를 마치고 돌아가면서 다시 서나라에 들렀더니 서나라 임금이 이미 죽은 후였다. 계찰이 사왕(嗣王)에게 검을 바치려고 하자 수행하는 사람이 말렸다.

"그 검은 우리나라의 둘도 없는 보배입니다. 주기로 약속한 왕이 죽고 없으니 오히려 잘된 일인데 어찌 기어이 그 아들에게 바치겠습니까?"

"아닐세. 내가 그에게 주기로 약속했는데 지금 그가 죽었다고 해서 약속을 지키지 않는 것은 신의를 저버리는 일로 점잖은 사람의 처사가 아니네."

이에 사군에게 가서 사유를 말하고 검을 주려고 하자 그가 받지 않으면서 이렇게 말했다.

"부왕께서 거기에 대한 유명(遺命)이 계시지 않았는데 제가 어찌 그 귀한 물건을 받겠습니까?"

사왕이 끝까지 사양하자 계찰은 그의 무덤으로 가서 검을 벗어 묘목(墓木)에다 걸어 두고 자기 나라로 돌아갔다. 이런 사실을 안 서나라 백성들이 계찰을 칭찬하는 노래를 지어 불렀다.

"연릉(延陵)의 계자(季子)는 옛 친구를 잊지 않고 천금의 보검을 묘목에 걸었다네."

【출전】 《사기(史記) 오태백세가(吳太伯世家)》

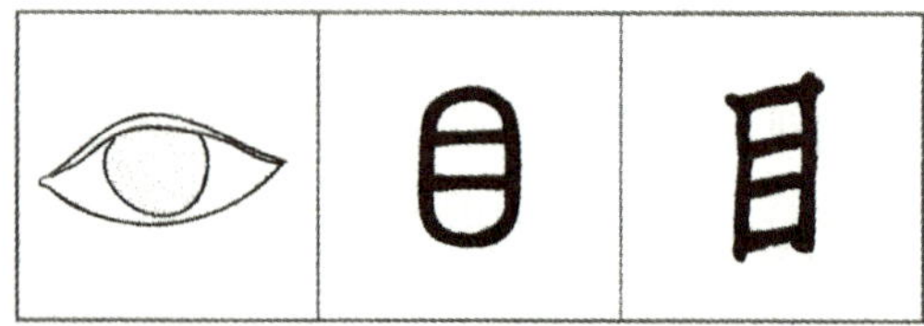

계 포 일 락
季 布 一 諾

【뜻풀이】 계포(季布)가 한 번 약속한 것은 꼭 지킨다는 뜻으로 틀림없는 약속을 말한다.

【고사】 초(楚)나라의 계포는 한번 약속한 일은 무슨 일이 있어도 꼭 지키는 사람이었다. 그는 항우(項羽)와 유방(劉邦)이 싸울 때 초나라의 대장이 되어 유방을 괴롭혔는데, 항우가 전쟁에서 패하자 천금의 현상금(懸賞金)이 걸리게 되었다.

그러나 아무도 그를 고발하지 않았을 뿐 아니라, 적극 변호하여 오히려 벼슬에 오르게 되었다. 그는 조정에서도 의로움을 지키고 잘못을 곧게 지적하여 신망을 받았다.

그 무렵 초나라에 조구(曹丘)라는 변설을 잘하는 사람이 있었는데, 어느 날 조구는 두장군(竇將軍)의 소개장을 받고 계포를 찾아가 이렇게 말했다고 한다.

"지금 초나라에서는 '황금 백 근을 얻는 것이 계포의 승낙을 한 번 얻는 것만 못하다'는 속담이 생기게 되었습니다. 어떻게 하면 그렇게 되는지 비결을 알고 싶습니다."

【출전】 《사기(史記) 계포전(季布傳)》

鷄 皮 鶴 髮

닭계 가죽피 새학 터럭발

【뜻풀이】 '닭살처럼 거친 피부와 학처럼 흰 수염'이란 뜻으로 노쇠함을 형용한 말이다.

【고사】 당나라 현종(玄宗)의 〈괴뢰음(傀儡音)〉에 "나무를 깎아 만든 늙은 인형 놀이를 하는데 피부는 거칠어 닭의 살갗과 같고 터럭은 학의 털과 같이 희다.[刻木牽絲作老翁 鷄皮鶴髮與眞同]"라고 했다.

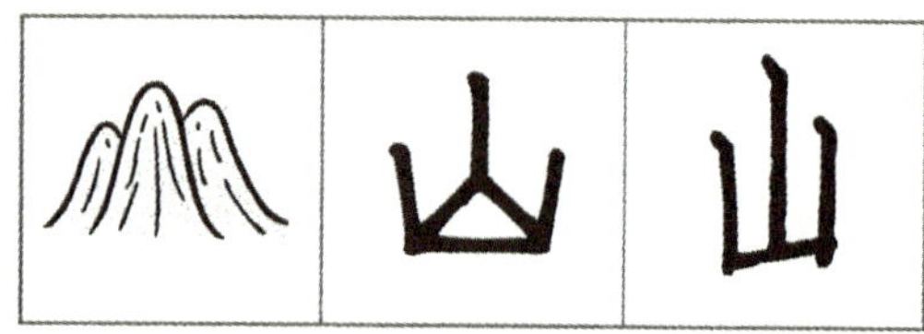

【뜻풀이】 세상을 등지고 숨어 살며 홀로 고아(高雅)한 체하는 것을 명예로 삼는다는 뜻이다.

【고사】 춘추시대(春秋時代) 제(齊)나라의 안영(晏嬰)이 진(秦)나라에 사신으로 파견되었을 때 대부(大夫) 숙향(叔向)이 안영(晏嬰)에게 이렇게 물었다.

"벼슬길에 나아가서 임금을 섬기지도 않고, 물러나서는 자기 가족도 돌보지 않으면서 세상을 업신여기는 것을 즐거운 일로 삼고, 숨어서 은둔(隱遁)하는 것을 명예로 삼으며, 이를 바른 도리인 줄 알고 의심하지 않는 자가 있다면 이런 사람을 정도(正道)를 행하는 사람이라고 할 수 있을까요?"

안영이 대답했다.

"내가 들으니, 옛날에 진정한 도(道)를 실천했던 사람들은 자기가 나서서 세상을 바르게 할 만하면 바르게 했고, 바르게 할 수 없다고 생각되면 몸을 굽혀 스스로를 낮추고 살았습니다. 그 바른 것이란 윗사람과 아랫사람이 사람의 도리를 잃지 않는 것을 말하고, 몸을 굽힌다는 것은 인의(仁義)의 도리를 잃지 않는 것을 말합니다. 자기의 도(道)가 세상에 받아들여지면 세상과 더불어 그것을 즐거움으로 삼았고, 도가 사용되지 않으면 자기 몸이 돌아갈 곳이 있었습니다. 윗사람에게 오만하게 행동하여 세상을 시끄럽게 하지도 않았고, 세상을 업신여기고 은둔하여 숨는 것을 명예로 삼지도 않았습니다. 도(道)란 세상을 바르게 하는 수단으로 생각했고, 몸을 편안히 하는 안식처로 여겼습니다. 진정한 도란 저 멀리 하늘 높은 곳에 있는 것도 아니며, 저 깊은 산 속에 있는 것도 아니요 바로 우리가 사는 일상(日常)의 삶 속에 있는 것이오."

【출전】 《안자춘추(晏子春秋) 문하(問下)》

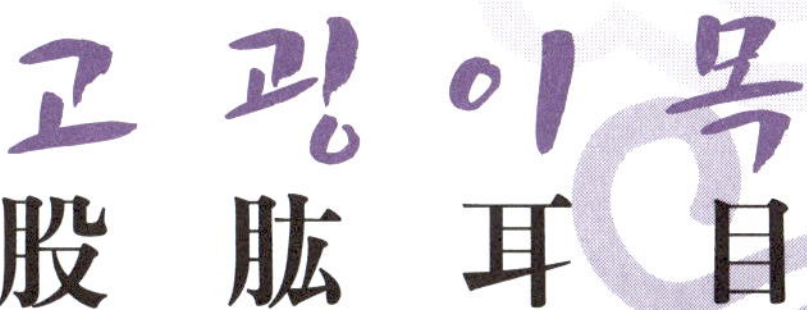

【뜻풀이】 군주(君主)의 손발이나 눈, 귀가 되어 가까이에서 보필하는 신하를 뜻한다.

【고사】 인간의 신체는 모든 부분이 다 소중하지만 특히 팔과 다리, 눈과 귀는 없어서는 안 되는 아주 중요한 기능을 담당하는 신체의 일부이다. 그러므로 없어서는 안 되는 소중한 신하나 아랫사람을 비유하여 흔히 고굉이목(股肱耳目)이라 한다.

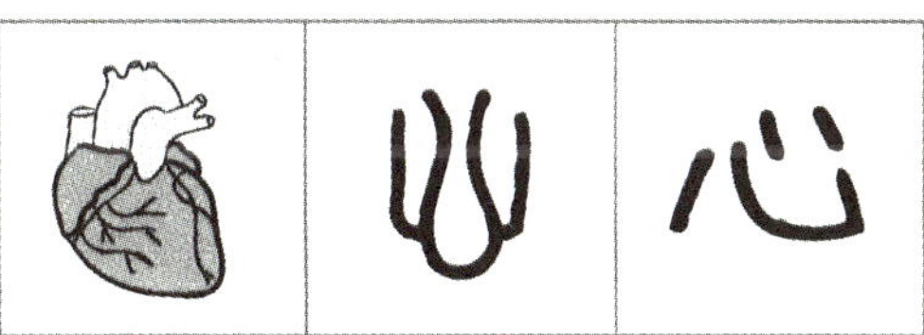

고당몽
高 唐 夢

【뜻풀이】 초회왕(楚懷王)이 고당(高唐)이란 곳에서 꿈에 신녀(神女)를 만나 운우(雲雨)의 즐거움을 나누었다는 고사로, 남녀 간의 정사(情事)를 뜻한다. 유의어는 양대몽(陽臺夢).

【고사】 초양왕(楚襄王)이 송옥(宋玉)이란 시인과 함께 운몽(雲夢)에 놀러갔는데, 고당을 바라보니 그 위에 구름 같은 기운이 감돌고 있었다. 양왕이 무슨 기운이냐고 물으니, 송옥이 대답했다.

"저것이 이른바 조운(朝雲)이라는 것입니다. 선왕(先王 : 楚懷王)께서 일찍이 고당에서 노닐다가 낮잠이 드셨을 때 꿈에 어떤 부인이 나타나 잠자리를 함께 하면서 말하기를, '저는 무산(巫山)의 여자로 이곳 고당의 나그네가 되었습니다. 임금님께서 오신다는 말을 듣고 이렇게 찾아와 모시는 것입니다.' 라고 하였습니다. 그리고 떠날 때에 다시 말하기를 '저는 무산 양지쪽 높은 절벽에 살고 있는데, 아침에는 구름[朝雲]이 되고 저녁에는 비가 됩니다.' 라고 하였습니다. 그래서 그곳에 그녀의 사당을 세우고 조운묘(朝雲廟)라고 하였는데, 지금도 그 기운이 저렇게 감도는 것입니다."

【출전】 《문선(文選) 고당부서(高唐賦序)》

고 복 격 양
鼓 腹 擊 壤

두드릴고   배복   칠격   흙양

【뜻풀이】 세상이 태평하여 백성들이 배불리 먹고 땅을 두드리며 태평성대(太平聖代)를 노래한다는 뜻. 유의어는 함포고복(含哺鼓腹).

【고사】 요(堯) 임금이 백성들이 사는 형편을 보기 위해 거리로 나갔을 때 일이다. 어떤 곳에 이르니 한 노인이 배를 내놓고 두드리고 땅을 치면서 노래를 부르고 있었다.

"해가 뜨면 일어나 일하고, 해가 지면 들어가 쉬네. 밭을 갈아먹고 우물 파서 마시니, 임금의 힘이 내게 무슨 소용이랴[日出而作 日入而息. 耕田而食 鑿井而飮 帝力何有于我]."

그 후로 이 노래를 격양가(擊壤歌)라고 한다.

【출전】 《십팔사략(十八史略)》

고분지통
鼓 盆 之 痛

두드릴고 동이분 어조사지 슬플통

【뜻풀이】 아내가 죽자 장자(莊子)가 동이를 두드리며 노래를 불렀다는 데서, 상처(喪妻)를 뜻한다. 유의어는 고분지척(鼓盆之慽).

【고사】 장자의 아내가 죽었다는 말을 듣고 혜자(惠子)가 문상(問喪)을 갔더니, 장자는 다리를 뻗고 앉아서 물동이를 두드리며 노래를 부르고 있었다. 혜자가 함께 고생하던 아내가 죽었는데 너무 심한 행동이 아니냐고 따지자 장자는 이렇게 대답했다.

"그렇지 않소. 나라고 어찌 슬픈 마음이 없겠소! 그러나 가만히 생각해 보면 본디 삶이란 없었으며, 형체(形體)란 것도 없고 기(氣)라는 것도 없었소. 그저 흐릿하고 어두운 가운데 섞여 있다가 변해서 기가 생기고 기가 변해서 형체가 생겨 삶이 이어진 것이오. 그러다가 이제 다시 변해서 죽은 것이니, 이는 마치 사계절이 운행하는 것과 같소. 아내는 지금 천지(天地)라는 커다란 방에 편안히 누워 있는 것이오. 그런데도 내가 소리를 내어 곡을 한다면 이는 하늘의 도를 모르는 것이오."

【출전】 《장자(莊子) 지락(至樂)》

고 하 지 욕
袴 下 之 辱

【뜻풀이】 남의 바짓가랑이 밑을 지나가는 모욕을 당한다는 말로, 큰 뜻을 품은 사람은 하찮은 모욕은 참아야 한다는 뜻으로 쓰인다.

【고사】 한고조(漢高祖)를 도와 한(漢)나라를 창업한 회음후(淮陰侯) 한신(韓信)은 소년 시절 불우하게 지냈다. 한번은 고향 회음 저자에서 소년들에게 둘러싸여 모욕을 당했다.

"너는 키가 멀쑥하게 크고, 칼을 차고 다니지만 겁쟁이다. 죽을 용기가 있거든 우리를 찌르고, 그럴 용기가 없거든 우리 바짓가랑이 밑으로 지나가거라."

한신은 한참 동안 노려보다가 그들의 가랑이 밑으로 기어들어 갔다. 이를 본 저자 사람들이 모두 겁쟁이라고 비웃었는데, 후일 크게 성공한 뒤 한신은 그 소년들을 초청하여 잔치를 베풀면서 이렇게 말했다.

"그때 보니, 그대들이야말로 참으로 장사였소."

【출전】 《한서(漢書) 한신전(韓信傳)》

곡고화과
曲 高 和 寡

【뜻풀이】 노래의 곡조(曲調)가 어려워질수록 화답하여 따라 부르는 사람이 적다는 뜻으로, 고상한 인품의 사람이나 작품은 이해하는 사람이 적음을 비유한다.

【고사】 전국시대 때 초(楚)나라에 송옥(宋玉)이란 시인(詩人)이 왕의 지극한 신임을 받아 항상 왕을 측근에서 모시고 왕이 거둥할 때면 그림자처럼 따라다녔다. 어떤 신하가 이런 송옥을 못마땅하게 여겨 왕에게 말했다.

"송옥은 아무 쓸모도 없는 위인인데 문장을 조금 잘 한다는 것 때문에 대왕의 신임을 받고 있습니다. 거기에다 색(色)을 좋아하는 등 행실이 나쁘니 곁에 두지 마시고 내치십시오."

며칠 뒤 초왕이 송옥에게 물었다.

"그대에게 무슨 나쁜 행실이 있기에 사람들이 그처럼 못마땅해 하는가?"

송옥이 대답했다.

"대신들이 모두 저를 좋지 않게 여기는 데는 까닭이 있습니다. 옛날 우리나라 서울에 노래를 잘 부르는 사람이 있었습니다. 그 사람이 당시 유행하던 노래를 부르면 따라서 부르는 사람이 1천 명이나 되었고, 조금 수준이 높은 노래를 부르면 따라 부르는 사람이 1백 명으로 줄어들었습니다. 그러다 참으로 수준이 높고 어려운 '양춘백설(陽春白雪)'이

란 곡을 부르면 따라 부르는 자가 몇 명에 불과했습니다. 왜 그랬을까
요? 그 곡조가 고아(高雅)하고 창법(唱法)이 어렵기 때문에 자연 따라
부르는 자가 적었던 것입니다. 마찬가지로 참으로 고상한 사람이 이 세
상에 나타나면 마치 9천 리 창공을 나는 봉황새나 9만 리를 나는 붕새
[鵬]와 같아서 이해하는 사람이 적게 마련입니다. 이것이 바로 제가 여
러 사람들에게 용납되지 못하는 이유입니다.”

【출전】 《문선(文選) 대초왕문(對楚王問)》

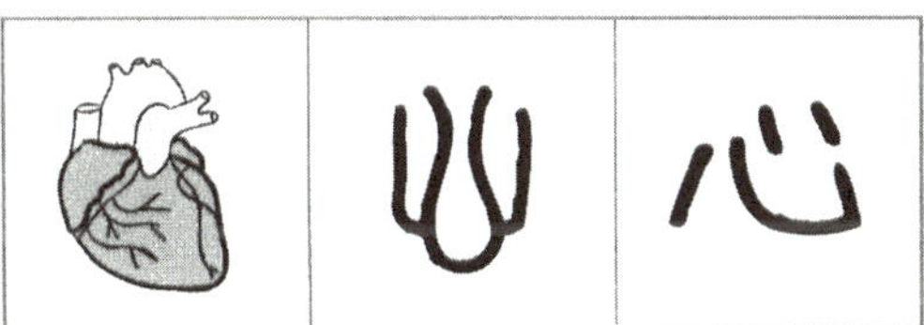

곡학아세
曲學阿世

【뜻풀이】 배운 것을 올바로 펴 볼 생각은 하지 않고 몸을 굽혀 세상에 아부함을 이르는 말이다.

【고사】 원고생(轅固生)은 제(齊)나라 출신으로 《시경(詩經)》에 능통하여 한(漢)나라 경제(景帝) 때 박사(博士)가 되었다. 어느 날 그가 황제 앞에서 황생(黃生)이라는 자와 논쟁을 벌였다.

황생이 말하였다.

"은(殷)나라의 탕왕(湯王)과 주(周)나라의 무왕(武王)은 천명(天命)을 받은 것이 아니라 앞의 임금을 시해(弑害)하고 왕위에 오른 것입니다."

그러자 원고생이 반박했다.

"그렇지 않습니다. 대저 하(夏)나라의 걸왕(桀王)과 은(殷)나라의 주왕(紂王)은 백성을 학대하여 천하의 인심은 모두 탕임금과 무왕에게 돌아갔습니다. 탕임금과 무왕은 모두 민심을 얻어 이로써 걸왕과 주왕을 쳤던 것이며 백성들을 위해 할 수 없이 천자의 자리에 나아갔으니 천명을 받은 것이 아니겠습니까?"

후에 원고생은 경제(景帝)에게 청렴한 선비로 인정받아 청하왕(淸河王)의 태부(太傅)가 되었는데 얼마 후 병이 들어 벼슬을 그만두었다. 새 천자가 즉위하자 다시 부름을 받았으나 원고생을 시기하는 선비들의 모함으로 다시 낙향하게 되었다.

　이때 함께 부름을 받은 설공(薛公) 공손홍(公孫弘) 또한 원고생을 못마땅히 여겨 곁눈으로 흘겨보았다. 그러자 원고생은 공손홍에게 이렇게 쏘아붙이고는 유유히 돌아갔다고 한다.

　"공손홍, 그대는 배운 학문을 실천하기에 힘써야지 배운 학문을 함부로 굽혀 세상에 아부하지 마시오[公孫 子務正學以言, 無曲學以阿世]"

【출전】 《사기(史記) 유림열전(儒林列傳)》

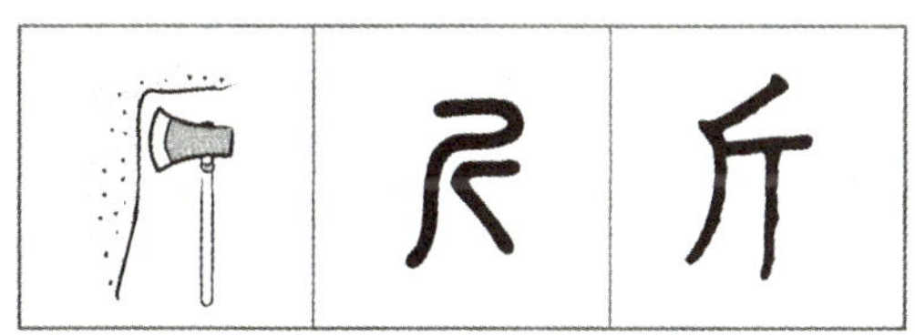

공자천주 孔子穿珠

【뜻풀이】 공자가 구슬을 꿴다는 말로, 자기보다 못한 사람에게 모르는 것을 묻는 것이 부끄러운 일이 아님을 가르쳐 주는 말.

【고사】 공자(孔子)는 배우는 일을 매우 중요시했으며, 배움에 있어서는 나이의 많고 적음이나 신분의 높고 낮음에 관계하지 않았다. 그리하여 일찍이, '세 사람이 길을 가면 반드시 나의 스승이 있다[三人行 必有我師焉]'라고 했던 것이다.

공자가 진(陳)나라를 지나갈 때 어떤 사람에게서 진기한 구슬을 얻었는데, 그 구슬에는 아홉 번이나 구부러진 구멍이 나 있었다. 공자가 그 구멍에 실을 꿰어 보려고 여러 가지 방법을 다 동원했지만 끝내 성공할 수가 없었다.

그래서 바느질을 하는 여인에게 방법을 물었더니 그녀는 나무 아래에서 개미 한 마리를 잡아 그 허리에 실을 매어 한쪽 구멍으로 밀어 넣고, 반대편 구멍에는 달콤한 꿀을 발라 놓았다.

그러자 꿀 냄새를 맡은 개미가 실을 끌고 저쪽 구멍으로 나와 구슬에 실이 꿰어졌다고 한다.

【출전】《조정사원(祖庭事苑)》

【뜻풀이】 짐승도 막다른 곤경에 처하면 덤빈다는 뜻으로, 크게 실패한 자는 사력(死力)을 다해 노력한다는 비유이다.

【고사】 춘추시대 초장왕(楚莊王)이 정(鄭)나라의 도성을 침공하자 정나라는 대항할 수가 없어 동맹국인 진(晉)나라에 구원을 청했다. 진경공(晉景公)이 순임보(旬林父)에게 지원군을 내어 주어 진나라 군사와 초나라 군사는 황하에서 만나 격전을 벌였으나 진나라 군사가 크게 패배했다. 패잔병을 이끌고 귀국한 순임보가 경공에게 다음과 같이 말했다.

"많은 군사를 잃고 패전해 돌아왔으니 저에게 사죄(死罪)를 내리십시오."

화가 잔뜩 난 경공이 명령했다.

"그의 말대로 어서 끌어내어 참수하거라!"

사태가 험하게 되어 가는 것을 본 대부(大夫) 사정자(士貞子)가 급히 경공 앞으로 나아가 아뢰었다.

"승패(勝敗)는 본래 병가(兵家)에 흔히 있는 일이며 이번의 패배는 따로 원인이 있는데 주장(主將)을 극형에 처해서야 되겠습니까? 예전 성복(城濮) 싸움에서 우리나라 군사가 크게 승리했는데도 문공(文公)께서 기뻐하는 기색이 없자 신하들이 까닭을 물으니 '이번 싸움에 패한 초장(楚將) 득신(得臣)이 아직 살아 있기 때문이다. 짐승도 막다른 곤경에 처하면 힘을 다해 덤벼드는 법인데 더군다나 그는 초나라의 재상이 아니냐?' 라고 하셨습니다. 순임보는 폐하께 충성을 다하는 나라의 훌륭한 장수인데 한번의 실패로 죽여서야 되겠습니까?”
 사정자의 조리 있는 말에 경공은 순임보를 석방하고 그의 관직을 회복시켰다.

【출전】《춘추좌씨전(春秋左氏傳) 선공(宣公) 12년》

과 유 불 급
過 猶 不 及

【뜻풀이】 지나침은 미치지 못한 것과 같다는 말이다.

【고사】 공자의 제자인 자공(子貢)이 공자에게, '자장(子張)과 자하(子夏) 둘 중 누가 더 낫습니까?' 하고 물으니, 공자는 '자장은 지나치고[過], 자하는 미치지 못한다[不及]' 라고 하니, 자공은 자장이 더 낫다는 말이냐고 다시 물었다. 그러자 공자는 이렇게 대답했다.
"지나침은 미치지 못함과 같다.[過猶不及]"

【출전】 《논어(論語) 선진(先進)》

과전불납리
瓜田不納履

【뜻풀이】 참외밭에서 신발을 고쳐 매면 참외를 따는 것으로 오해 받기 쉬우니, 하지 말라는 뜻. 이하부정관(李下不整冠), 과전이하(瓜田梨下)도 같은 말.

【고사】 원래의 출전은 《예문유취(藝文類聚)》 41권에서 인용한 조식(曹植)의 〈군자행(君子行)〉 가운데 "군자는 미연에 방지하며 혐의쩍은 곳에 처하지 않는다. 참외 밭에서 신발을 고쳐 신지 않으며 배나무 아래에서 갓을 바로 고쳐 쓰지 않는다.[君子防未然 不處嫌疑間 瓜田不納履 李下不整冠]"이다.

제(齊)나라 위왕(威王) 때 간신(奸臣) 주파호(周破胡)가 국정을 농간(弄奸)하였다. 이를 보다 못한 후궁 우희(虞姬)가 왕에게 간사한 사람을 내치고 덕행(德行)이 있는 북곽 선생(北郭先生) 같은 사람을 등용하라고 간하였다.

그러자 주파호는 도리어 우희와 북곽 선생 사이가 수상하다고 참소했고, 결국 우희는 구층대(九層臺)에 갇혀 문초를 당하면서 다음과 같이 자신의 억울함을 밝혔다.

"저는 간사한 무리들에게 모함을 받고 있습니다. 만약 저에게 죄가 있다면 '참외밭에서 신발 끈을 고쳐 매지 않으며, 배나무 아래에서 갓끈을 바로 매지 않는다' 는 옛사람의 가르침을 지키지 못한 것뿐입니다."

위왕은 그제야 깨닫고 주파호를 삶아 죽이게 했으며, 이후 제나라는 잘 다스려졌다.

【출전】 《문선(文選) 고시(古詩)》

과 기
瓜 期

【뜻풀이】 참외가 익을 때가 되면 교대시켜 주겠다는 약속으로, 관직의 임기가 만료됨을 뜻한다.

【고사】 춘추시대 때 위혜공(衛惠公)이 형제에게 쫓겨 외가인 제(齊)나라로 망명하자 제양공(齊襄公)은 노(魯)나라 등 네 나라와 연합하여 위나라를 쳐 혜공을 들여보내 복위시키려 했다.

연합군의 침공을 받은 위나라는 당해낼 수가 없어 천자(天子)나라인 주(周)에 원군(援軍)을 청했으나 그 원군마저 패해 돌아가고 말았다. 천자의 대군을 격파한 제양공은 언젠가 있을 천자의 문죄(問罪)하는 군사를 막기 위해 대부(大夫) 연칭(連稱)과 장군 관지보(管至父)를 위나라의 접경지대로 파견하여 수비하게 하였다.

두 장수가 양공의 명을 받들어 접경지대로 떠나면서 물었다.

"명령을 받들어 위태로운 국경지대로 가기는 합니다만 교대는 언제 시켜주시렵니까?"

이때 마침 달게 익은 참외를 먹고 있던 양공이 무심코 대답했다.

"교대? 명년 참외가 익을 때 시켜 주지!"

1년이 지나 참외가 익었는데도 교대할 사람이 오지 않아 두 사람이 도성으로 사람을 보내 소식을 알아보게 했더니 심부름꾼이 와서 이렇게 보고했다.

"임금은 이미 서울을 떠나 곡성(谷城)으로 간 지 오래라고 하니, 교대할 가망이 없습니다."

성질 급한 연칭이 화를 버럭 냈다.

"임금이 우리 따위는 까맣게 잊은 모양이니 이대로 군사를 거느리고 가서 죽여 버립시다."

관지보가 말렸다.

"그러지 말고 먼저 사람을 시켜 임금에게 참외를 올려 기억을 상키시킨 다음 기회를 틈타 교대를 청해 보세."

그런데 참외를 바치며 교대하기를 청한 것을 본 제양공은 버럭 화부터 냈다.

"교대시키는 것은 임금의 고유 권한인데 어찌 감히 제 놈들이 교대시켜 주기를 강요한단 말이냐? 무엄하기 짝이 없다."

보고를 받은 두 장수는 마침내 군사를 이끌고 가서 양공을 시해(弑害)하고 공손무지(公孫無知)를 즉위시켰다.

【출전】《좌전(左傳) 장공(莊公) 8년》

과 보 축 일
夸 父 逐 日

자랑할과 남자보 좇을축 날일

> **【뜻풀이】** 과보란 사람이 해 그림자를 따라가려고 했다는 뜻으로,
> 뜻은 비록 크지만 성공하기 어려움의 비유이다.

【고사】 상고시대에 과보(夸父)란 신인(神人)이 있었는데 해 그림자를 따라가 보는 것이 평생의 큰 꿈이었다. 그래서 하루는 해가 뜨는 동쪽에서 시작하여 해 그림자를 따라 서쪽으로 달렸다.

하루 종일 먹지도 않고 마시지도 않고 오직 해 그림자만 따라서 우곡(隅谷)에 이르자 그제야 갈증이 났다.

그래서 황하(黃河)와 위수(渭水)로 달려가 그곳 물을 다 마셨으나 부족하여 다시 북쪽 안문산(雁門山) 아래에 있는 큰 호수 생각이 나서 천리 길을 정신없이 달려가는 도중 채 도달하지 못하고 갈증이 너무 심해 길에서 죽고 말았는데 그가 죽을 때 짚고 있던 지팡이가 얼마 후 싹이 나더니 곧 무성한 복숭아 나무 숲을 이루어 수천 리까지 뻗쳤다고 한다.

【출전】 《열자(列子) 탕문(湯問)》

관 개 상 망
冠 蓋 相 望

【뜻풀이】 두 나라 사이에 사신(使臣)이 서로 바라보일 정도로 빈번하게 왕래한다는 말.

【고사】 전국 위(魏)나라 공자(公子) 무기(無忌)는 소왕(昭王)의 아들이요 안리왕(安釐王)의 배다른 동생인데 신릉군(信陵君)에 봉해졌다. 그는 성품이 매우 어질어 아랫사람이나 선비를 모두 예의를 갖추어 사귀니, 수천 리 밖에서 소문을 듣고 선비들이 모여들었다.

한번은 왕과 바둑을 두는데 급한 보고가 들어왔다.

"북쪽 봉화(烽火)에서 조나라 군사가 국경을 침범했다는 신호가 왔습니다."

왕이 바둑알을 던지며 신하들을 부르려고 하자 신릉군이 말했다.

"군대가 침입한 것이 아니라 조왕(趙王)이 사냥을 하는 모양입니다."

말을 마치고는 다시 바둑을 두는데 그제야 국경의 보고가 들어왔다.

"조나라 왕의 사냥하는 대열이었습니다."

왕이 물었다.

"아까는 어떻게 미리 알았는가?"

"제 문객 가운데 각국의 동정을 매일 제게 보고하는 사람이 있어 알았습니다."

위왕은 고개를 끄덕였으나 이후 중요한 정사는 맡기지 않았다. 그러던 안리왕 20년, 진소왕(秦昭王)이 조나라 수도 한단(邯鄲)을 포위하는 사건이 일어났는데 신릉군의 누나가 조나라 평원군의 부인인지라 위나라에 구원을 청해 왔다. 안리왕이 장군 진비(晉鄙)에게 군사 10만 명을 주어 구원하려 하자 이를 안 진나라에서 사신을 보내왔다.

"우리가 이제 곧 조나라를 멸망시키게 되었는데 만약 구원군을 보내 방해하면 조나라를 멸망시킨 다음 곧장 위나라를 칠 것이다."

겁을 먹은 위왕은 진비에게 군사를 거느리고 국경으로 이동해 조나라를 구원하는 척하면서 관망만 하라는 명을 내렸다. 이렇게 되자 다급해진 평원군이 위나라로 보낸 사신이 서로 바라보일 정도로[冠蓋相望] 자주 발걸음이 이어졌다. 평원군이 사신을 보내 신릉군을 꾸짖었다.

"내가 당신 집안과 혼인을 맺은 것은 공자의 높은 의(義)를 사모해서였소. 지금 당장 한단이 진나라에 망하게 되었는데 구원군이 오지 않으니 무슨 까닭이오. 우리 조나라가 망하면 나는 그만두더라도 당신의 누나는 어떻게 될지 생각해 보기 바라오."

끝내 위왕의 마음을 돌리지 못한 신릉군이 자신만이라도 약간의 군사를 이끌고 가 의리를 지키려고 군사를 모으는데 후영(侯嬴)이란 책사(策士)가 다음과 같은 꾀를 일러 주었다.

"제가 듣건대 진비의 병부(兵符)가 왕의 처소에 있다고 하니, 그걸 훔쳐내면 대군을 동원할 수 있을 것입니다."

"그러나 그걸 무슨 수로 훔친단 말이오?"

"왕이 총애하는 여희(如姬)라면 훔칠 수 있습니다."

"여희라면?"

"그렇습니다. 몇 년 전 공자께서 그 아비를 죽인 원수를 갚아준 일이 있지 않습니까? 그녀가 항상 공자의 은덕을 잊지 않고 있으니 부탁해 보십시오."

후영의 말에 따라 여희의 도움으로 병부를 훔쳐낸 신릉군은 자신을 의심해서 군사를 내주지 않으려는 진비를 죽인 후 군사를 거느리고 조나라를 구원할 수 있었다.

【출전】 《사기(史記) 위공자열전(魏公子列傳)》

관 견
管 見

대롱관　　　볼견

【뜻풀이】 '가느다란 대롱을 통해 하늘을 본다'는 뜻으로 식견(識見)이 좁음을 비유한다. 자신의 소견을 겸손하게 일컫는 말이기도 하다.

【고사】 공자모(公子牟)가 장자(莊子)의 도(道)를 묻는 공손룡(公孫龍)에게 이런 이야기를 했다.

"우물 안에 사는 개구리가 동해(東海)에 사는 자라에게 자기가 사는 우물 안 생활을 자랑하니, 자라가 넓은 바다 이야기를 들려주었네. 그러자 우물 안에 사는 개구리는 깜짝 놀랐다네."

그리고는 이렇게 결론지었다.

"시비(是非)의 경계도 알지 못하는 지혜로 장자의 말을 알려고 하는 것은 마치 모기가 산을 지고 노래기가 황해(黃海)를 달리는 것과 같네. 지극히 오묘한 말을 논할 줄 모르면서 일시적인 명성에 만족하는 자는 우물 속의 개구리가 아니겠는가! 이는 가느다란 대롱구멍 속으로 하늘을 보고 송곳을 땅에 꽂아 깊이를 재려는 것과 같네[是直用管窺天 用錐指地也]"

【출전】 《장자(莊子) 추수(秋水)》

> **【뜻풀이】** 관녕이란 사람이 뜻이 같지 않은 친구 화흠(華歆)과 방석을 잘라 따로 앉았다는 고사에서 친구와의 절교(絕交)를 뜻한다.

【고사】 후한(後漢) 말엽 사람 관녕(管寧)은 사람이 담박(淡泊) 청렴(淸廉)하여 세상의 부귀 공명(富貴功名)을 뜬 구름처럼 보았다. 소시적 하루는 절친한 친구인 화흠(華歆)과 함께 채소밭에서 김을 매는데 호미 끝에서 갑자기 웬 금덩이가 나왔다. 관녕은 못 본 체 그냥 묵묵히 매던 김을 매는데 화흠은 주워서 한참 들여다본 다음 땅에 버리면서 아까워하는 기색이 역력했다.

또 한 번은 두 사람이 한방에서 글을 읽는데 창문 밖에서 고관(高官)이 지나가는지 떠들썩했다. 관녕은 못 들은 척하며 독서에 열중하는데 화흠은 금방 책을 던지고 문 쪽으로 달려가 행차가 다 지나갈 때까지 부러운 듯 바라보는 것이었다.

이 두 번의 일로 화흠과 자신의 뜻이 크게 다른 것을 깨달은 관녕은 곧바로 함께 앉았던 방석을 둘로 쪼개어 하나를 화흠에게 주면서 말했다.

"자, 이제부터 따로따로 앉세. 자네는 나와 뜻이 달라 친구로 여길 수가 없네."

그 후 화흠은 벼슬길에 나아가 위문제(魏文帝) 때 사도(司徒)가 되었으며 그의 천거로 관녕도 여러 차례 벼슬에 임명되었으나 끝내 나아가지 않고 선비로 남아 자신의 뜻을 지켰다.

【출전】 《삼국지(三國志) 위서(魏書) 관녕전(管寧傳)》

관포지교
管 鮑 之 交

성씨관　성씨포　어조사지　사귈교

【뜻풀이】 관중(管仲)과 포숙아(鮑叔牙) 사이의 두텁고 변함없는 우정(友情)으로, 절친한 친구 사이의 교분을 뜻한다.

【고사】 전국시대(戰國時代) 제(齊)나라 사람 관중과 포숙아는 어려서부터 둘도 없는 죽마고우(竹馬故友)였으나 벼슬을 하면서부터는 정적(政敵)이 되고 말았다.

즉, 관중은 제양공(齊襄公)의 동생인 공자규(公子糾)를, 포숙아는 또 다른 동생인 소백(小白)을 섬겼는데 양공이 술에 취해 노환공(魯桓公)을 죽이고 그 부인을 간통한 사건이 일어났다.

그래서 그 화가 자기들에게 미칠까 염려하여 공자규는 외가(外家)인 노(魯)나라로, 소백은 거(莒)나라로 도망하게 되었다.

그리는 사이 본국 제나라에서는 양공이 공손무지(公孫無知)에게 시해(弑害)당하고 공손무지 역시 다시 살해되어 왕이 없게 되었다. 외국에 있던 두 사람은 왕위를 다투기 위해 본국으로 달려갔는데, 이때 관중은 소백의 입국을 저지하기 위해 활로 소백의 허리띠고리를 쏘아 맞히었다.

소백은 거짓으로 죽은 체하여 극적으로 모면하고 공자규보다 먼저 입국해 즉위하니 이가 바로 후일 패자(覇者)가 된 제환공(齊桓公)이다.

왕위 다툼에 패한 공자규는 노나라에 의해 살해되고, 제환공은 관중을 죽이기 위해 그가 피해 있는 노나라를 공격하려고 군사를 일으켰다. 그러자 환공을 모시고 있던 포숙아가 말리며 말했다.

"임금께서 만약 제(齊)나라만을 다스리는 임금이 되고자 하신다면 지금 우리 조정에 있는 저나 다른 신하만 있어도 충분합니다. 그러나 제후(諸侯)들 사이에 패자(覇者)가 되려면 관중(管仲)과 같은 신하가 없어서는 안 됩니다."

포숙아의 간절한 옹호 덕택에 관중은 죽음을 면했을 뿐 아니라 중용(重用)되어 제나라를 패자로 만들었다. 후일 포숙아가 먼저 죽자 관중은 슬피 통곡하며 울었다.

어떤 사람이 부모나 자식의 상(喪)이 아닌데 왜 그처럼 슬퍼하느냐고 묻자 관중은 이렇게 대답했다.

"나는 젊었을 때 그와 장사를 한 적이 있었다. 내가 항상 이익을 많이 차지했으나 그는 한 번도 나의 욕심을 탓하지 않았으니, 내가 가난한 것을 알았기 때문이다. 또 그를 위해 한 사업이 실패하여 그를 곤궁에 빠뜨린 적이 있었으나 나를 어리석다고 탓하지 않았으니, 때에는 이로움과 불리함이 있음을 알았기 때문이다. 또 내가 벼슬길에 나아갔다가 몇 번씩이나 물러났지만 나를 무능하다고 여기지 않았으니, 내가 때를 만나지 못함을 알고 있었기 때문이다. 그뿐 아니라 내가 싸움터에서 도망친 적이 있었지만 그는 나를 겁쟁이라고 비웃지 않았으니, 내게 늙으신 어머니가 계시다는 걸 알고 있었기 때문이다. 공자규가 패하여 내가 갇혀 욕을 당하였는데도 포숙은 나를 부끄러움을 모른다고 여기지 않았으니, 내가 작은 절개를 부끄러워하지 않고 천하에 공명을 나타내지 못하는 것을 부끄러워한다는 사실을 알고 있었기 때문이다. 그러니 나를 낳아준 분은 부모지만, 나를 알아준 사람은 포숙아이다."

【원문】[吾始困時　當與鮑叔賈　分財利多自與　鮑叔不以我爲貪　知我貧也　吾嘗爲鮑叔謀事而更窮困　鮑叔不以我爲愚　知時有利不利也　吾嘗三仕三見逐於君　鮑叔不以爲我不肖　知我不遭時也　吾嘗三戰三走　鮑叔不以我爲怯　知我有老母也　公子糾敗　召忽死之　吾幽囚受辱　鮑叔不以我爲無恥　知我不羞小節而功名不顯于天下也　生我者父母　知我者鮑子也]"

【출전】《사기(史記) 관안열전(管晏列傳)》

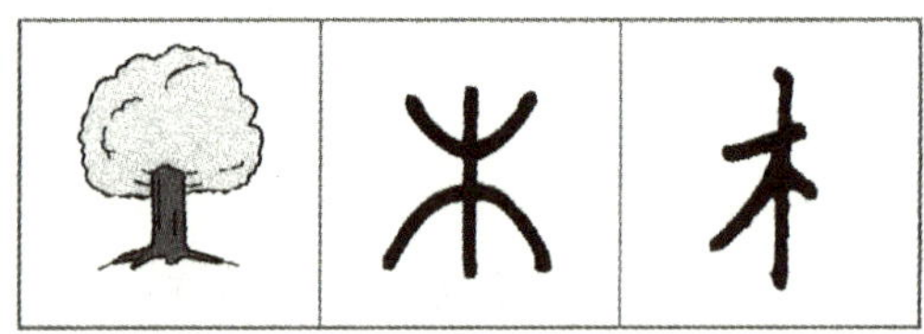

괄 목 상 대
刮 目 相 對

【뜻풀이】 눈을 닦고 자세히 본다는 뜻으로 학문이나 식견이 갑자기 눈에 뜨이게 달라져 새로운 눈으로 보게 된다는 비유이다.

【고사】 삼국 때 오(吳)나라 장수 여몽(呂蒙)은 집이 가난하여 어려서 글공부를 많이 하지 못하였다. 한번은 상관인 손권(孫權)이 여몽에게 공부를 더하라는 고마운 충고를 했다.

"공자(孔子)도 독서보다 유익한 것이 없다 하였고, 광무제(光武帝)는 전쟁터에서도 손에서 책을 놓지 않았다고 하네."

여몽은 이때부터 학문을 시작하여 몇 년 후에는 자타가 인정하는 학자가 되었다. 어느 날, 친구 노숙(魯肅)이 여몽을 찾아와 이야기를 나누다가 전에 없이 유식해진 데 놀라 여몽의 등을 두드리며 감탄하였다.

"나는 자네가 무예에만 뛰어나는 줄 알았더니, 지금 보니 학식까지 뛰어나 지난날의 자네가 아닐세."

그러자 여몽이 이렇게 말하였다.

"선비가 사흘 동안 헤어졌다가 다시 만나게 되면 마땅히 눈을 씻고 볼 정도로 달라져야 하네[士別三日 卽更刮目相待]"

【출전】 《삼국지(三國志) 오지(吳志) 여몽전(呂蒙傳)》

교절불출악성

交絶不出惡聲

사귈교 끊을절 아닐불 날출 나쁠악 소리성

【뜻풀이】 점잖은 사람은 절교(絕交)한 후라도 그 사람에 대해 나쁜 말을 하지 않는다.

【고사】 전국 때 연(燕)나라는 쾌왕(噲王)이 소대(蘇代)의 말을 듣고 자지(子之)에게 왕위를 넘겨 준 이래 나라가 어지러워져 거의 망할 지경이 되었다. 그 뒤를 이은 소왕(昭王)은 국력을 회복하기 위해 어진 정사를 펴면서 사방에서 어진 인재를 초빙했으니 장군 악의(樂毅)도 그 중 한 사람이었다.

악의가 소왕의 명을 받고 조(趙)·초(楚)·한(韓)·위(魏) 연합군을 이끌고 출전해 제나라의 70여 성을 빼앗고 아직 세 개 성만 함락시키지 못하고 있을 때 갑자기 연소왕이 죽고 그 아들 혜왕(惠王)이 즉위하였는데 혜왕은 태자로 있을 때부터 악의를 못 마땅하게 생각하고 있었다. 이런 낌새를 알아차린 제나라 전단(田單)이 이간책을 써서 연나라에 헛소문을 퍼뜨렸다.

"악의가 나머지 세 성을 함락시키지 않은 것은 새 왕과 틈이 있어 돌아가지 않고 이곳 제나라에 머물면서 왕 노릇을 하려는 계책에서이다. 그래서 제나라에서는 악의 대신 다른 장수가 교대해 올까 염려하고 있다."

제나라의 이간책에 넘어간 연혜왕은 즉시 기겁(騎劫)을 대장에 임명해 보내면서 악의를 소환하니, 악의는 죽임을 당할까 두려워서 조나라로 망명하고 말았다. 기겁이 전단과 즉묵(卽墨)에서 싸워 크게 패하고, 그동안 악의가 빼앗았던 70여 성을 다 잃게 되자 크게 후회한 혜왕이 악의에게 글을 보내 사과하는 한편 이렇게 나무랐다.

"우리 아버님 소왕께서 그대를 중용하여 제나라를 크게 깨뜨렸으니 어찌 하루라도 그 공을 잊을 수 있겠소? 과인이 새로 즉위하니 좌우 신하들이 나를 잘못 인도하였는데 내가 장군을 해임한 것은 그대를 불러 쉬게 하면서 국사를 함께 의논하려고 해서였소. 그러니 서운한 생각을 접고 선왕께서 장군을 대우한 은혜를 생각해서라도 돌아와 주시오."

악의도 연왕에게 편지로 답했다.

"제가 총명하지 못해서 선왕의 가르침을 이어받아 좌우 신하들의 뜻에 들지 못해서 이렇게 되었습니다. 저는 들건대 '일을 잘하는 자라고 해서 꼭 좋은 성과를 얻는다는 법도 없고 시작을 잘한 자라고 해서 끝도 좋으라는 법이 없다[善作者 不必善成 善始者 不必善終]'라고 하였습니다."

그러고는 이렇게 결론지었다.

"옛날 군자는 친구와 절교한 후에도 그에 대한 악담을 늘어놓지 않으며 충신은 떠날 때 그 이름을 더럽히지 않는다.[古之君子 交絕不出惡聲 忠臣之去也 不潔其名]라고 하였으니 유념하시기 바랍니다."

【출전】 《전국책(戰國策) 연책(燕策) 2》

교주고슬

膠柱鼓瑟

【뜻풀이】 비파나 거문고 현(絃)의 고저와 장단을 조절하는 기러기발을 아교로 붙여 고정시켜 놓고 연주한다는 말로, 융통성이 없음을 비유함.

【고사】 진(秦)나라 장군 왕흘(王齕)이 한(韓)나라를 침공하자 한나라 상당(上黨) 백성들이 조(趙)나라로 피난하였다. 조나라 장수 염파(廉頗)가 장평(長平)에 군대를 주둔시켜 상당에서 온 백성을 보호하자 왕흘이 이번에는 조나라를 공격했다.

염파가 성벽을 굳게 지키며 나와 싸우지 않으니 조왕은 염파가 겁을 먹은 것이라고 노하여 마복군(馬服君) 조사(趙奢)의 아들 조괄(趙括)과 교체시켰다. 그러자 인상여(藺相如)가 이렇게 간했다.

"왕께서 조괄의 명성만 듣고 장수로 삼으니 이는 아교풀로 기러기발을 붙여 고정시키고 비파를 타는 것과 같습니다.[王以名使括 若 膠柱鼓瑟] 조괄은 그 아버지가 글로 전한 것을 읽었을 뿐 임기응변(臨機應變)을 모릅니다."

그러나 조효소왕(趙孝昭王)은 듣지 않다가 크게 패했다.

【출전】 《사기(史記) 염파인상여열전(廉頗藺相如列傳)》

교토사 주구팽
狡兎死 走狗烹

날랠교 토끼토 죽을사 달릴주 개구 삶아죽일팽

> **【뜻풀이】** 날랜 토끼가 죽으면 사냥개가 필요 없게 되어 삶아죽이게 됨. 마찬가지로 필요할 때에는 실컷 이용하다 필요가 없게 되면 버리거나 숙청하는 세태를 비유한다.

【고사】 한신(韓信)이 초왕(楚王)에 봉해지자 전에 항우(項羽)의 장수로 한고조(漢高祖)와 원수 사이인 종리매(鍾離昧)가 찾아와 몸을 의탁했다. 그러자 고조는 한신에게 종리매를 잡아보내라고 명했으나 한신은 얼른 시행하지 못하고 있었다. 이에 어떤 자가 한신이 반역을 꾀한다고 해서 한고조는 한신을 치기 위해 운몽(雲夢)으로 출발했다. 한신이 할 수 없이 종리매를 잡아 바치려고 하니, 종리매가 이렇게 말했다.

"고조가 지금까지 당신을 공격하지 못한 것은 내가 있었기 때문이오. 만약 나를 잡아 바쳐 고조에게 잘 보이면, 오늘은 내가 죽고 내일은 당신이 죽게 될 것이오. 당신은 장자(長者)라고 할 수 없소."

그러고는 스스로 목을 찔러 죽고 말았다. 한신이 그의 목을 베어 바치자 고조는 한신을 포박해 수레에 싣고 뒤따르게 했다. 한신은 종리매의 말을 듣지 않은 것을 후회하며 이렇게 말했다.

"날랜 토끼가 죽으니 좋은 사냥개가 삶겨 죽고, 높이 나는 새가 없어지니 좋은 활이 필요 없게 된다[狡兎死 良狗烹 高鳥盡 良弓藏]'라는 사람들의 말과 같구나."

【출전】 《사기(史記) 회음후열전(淮陰侯列傳)》

교토삼굴
狡兔三窟

교활할교 토끼토 석삼 굴굴

【뜻풀이】 영리한 토끼는 몸을 숨길 굴을 셋이나 가지고 있음. 사람도 그처럼 앞으로의 환난을 피하기 위해 대책을 세워 놓는 지혜를 가져야 한다는 비유이다.

【고사】 전국시대 제(齊)나라의 맹상군(孟嘗君)이 식객 풍환(馮驩)을 자신의 봉지(封地)인 설(薛) 땅에 보내 소작인들에게 차용금을 받아오라고 했다. 설에 간 풍환은 부채가 있는 사람들을 모두 모아 놓고는 그 차용 증서들을 모조리 불태워 버리고는 돌아왔다.

"그래 빚은 모두 받아왔는가?"

그러자 풍환은 이렇게 대답했다.

"지금 공에게 필요한 것은 돈이 아니라 은의(恩義)입니다. 그래서 설 땅 백성들의 빚을 모두 탕감해 주고 빈손으로 왔습니다."

그 후 맹상군은 민왕(泯王)의 노여움을 사 벼슬을 버리고 영지(領地)로 돌아가게 되었는데, 이때 설 땅의 백성들이 멀리 나와 맹상군을 위로해 주었다. 이것이 풍환이 마련한 첫 번째 몸을 보호할 굴이었던 것이다. 그 다음 풍환은 위(魏)나라로 가서 양혜왕(梁惠王)을 설득하였다.

"제나라가 맹상군을 파면하고 말았는데, 그를 임용하는 나라는 국력이 막강해질 것입니다."

그 말에 위나라에서는 황금 천 근과 수레 백 대를 맹상군에게 선물로 보냈으나 맹상군은 풍환이 일러준 대로 사양하고 받지 않았다. 세 번이나 보냈지만 그때마다 거절하였는데, 이런 소문을 듣고 겁을 낸 것은 제나라의 민왕이었다.

맹상군이 다른 나라에 가서 벼슬을 하면 그 나라가 강국이 될 게 틀림없기 때문이었다. 그래서 민왕은 사신을 보내 잘못을 사과하고 맹상군을 다시 제나라 재상으로 임명하였다. 이것이 두 번째 몸을 보호할 굴이었다.

맹상군은 다시 풍환의 건의에 따라 설 땅에 제나라 선왕(先王)들의 종묘(宗廟)를 세웠다.

선왕의 종묘가 맹상군의 영지인 설 땅에 있는 한 민왕으로서는 그에게 함부로 손을 대지 못할 것이었기 때문에서인데 이것이 몸을 보호할 세 번째 굴이었다.

【출전】 《사기(史記) 맹상군열전(孟嘗君列傳)》

구미속초
狗尾續貂

개구 꼬리미 이을속 수달초

【고사】 진(晉)나라 조왕(趙王) 윤(倫)이 혜제(惠帝)의 왕위를 찬탈하였는데 조왕은 본래 무식하고 식견이 없어 즉위하여 모든 과거(科擧)를 보이지 않고 자신의 찬탈을 도운 자들을 모두 높은 관직에 임명해서 매양 조회 때면 수달피꼬리 장식을 한 고관들이 가득했다. 이에 당시 사람들이 '수달꼬리가 모자라 개꼬리로 대신했다.[貂不足 狗尾續]' 라고 조롱했다.

【출전】 《진서(晉書) 초왕륜전(趙王倫傳)》

구 밀 복 검
口 蜜 腹 劍

입구　　꿀밀　　배복　　칼검

【뜻풀이】 입으로는 꿀처럼 달콤한 말을 하지만 실제 마음속에는 칼을 숨기고 있다는 뜻으로, 겉으로 위하는 체하지만 뒤에서는 해친다는 비유이다.

【고사】　이임보(李林甫)는 당나라 현종(玄宗) 때의 큰 간신(奸臣)으로, 17년 동안 현종의 신임을 받아 재상의 자리에 있으면서 갖가지 악행을 저질렀다. 이 무렵 현종이 양귀비(楊貴妃)에게 혹하여 정사를 돌보지 않자 이임보가 거들고 나섰다.

"짧은 인생이니 아무쪼록 즐겁게 살아야 합니다. 지금 바야흐로 천하가 태평 무사하니 황상께서는 마음 놓고 즐기십시오."

이에 현종은 그 말대로 모든 정사를 이임보에게 맡겨 처리하고 자신은 양귀비와 날마다 연락(宴樂)을 즐겼다. 이를 본 고역사(高力士)가 현종에게 간언(諫言)했다.

"예로부터 권력을 남에게 빌려 주어서는 안 됩니다. 그가 권력을 이용해 세력이 커지면 누가 감히 막겠습니까?"

현종이 빈정거리며 말했다.

"그대는 재상을 믿지 못하는가? 그러면 그대가 재상을 하면 될 게 아닌가?"

이런 사실을 안 이임보는 고역사에게 많은 뇌물을 보내 입을 막으니 더는 왈가왈부 말하는 자가 없게 되었다. 이임보는 시기심이 많아 재능이 있는 조정 대신이 있으면 갖은 수단을 써서 해치거나 내쫓았다.

강주자사(降州刺史) 엄정지(嚴挺之)가 재능이 뛰어나 일찍이 현종의 신임을 받았는데, 하루는 현종이 이임보에게 이렇게 물었다.

"엄정지는 지금 무슨 직책에 있는가? 그는 중용할 만한 인재요."

그 말을 들은 이임보는 그에게 자신의 재상 자리를 빼앗길까 걱정이 된 나머지, 며칠 후 엄정지의 동생을 찾아가 말했다.

"황제께서 그대의 형을 중용하려고 하니 외직(外職)을 벗고 조정으로 돌아와 있어야 하네. 그러니 풍습병(風濕病)이 있어 서울에 와서 치료하겠다는 글을 올리도록 하게."

엄정지가 그의 말대로 사직하는 상소를 하자 이임보가 현종에게 아뢰었다.

"엄정지는 풍습병 때문에 직무를 살필 수 없으니 그의 사표를 수리해야 합니다."

이를 본 당시 사람들이 말했다.

"이임보의 입에는 달콤한 꿀이 들었으나 뱃속에는 칼을 숨기고 있다.[李林甫口有蜜 腹有劍]"라고 하였다

【출전】《자치통감(資治通鑑) 당기(唐紀)》

구 우 일 모
九 牛 一 毛

아홉구 소우 한일 터럭모

【뜻풀이】 아홉 마리 소의 털 가운데 털 하나라는 뜻으로, 아주 미
소(微小)함을 비유한다.

【고사】 《사기(史記)》를 지은 대역사가 사마천(司馬遷)이 천거한 이릉
(李陵)이 흉노족 토벌에 실패하고 적군에게 투항(投降)하니, 한무제(漢
武帝)는 그 일족을 몰살하려 하였다. 사마천은 이릉을 위해 변호하다 궁
형(宮刑)까지 받았는데 후에 다시 중서령이 되어 친구 익주자사(益州刺
史) 임안(任安)에게 보낸 편지에서 이렇게 말하였다.

"가령 내가 형벌을 받아 죽더라도 이는 아홉 마리 소의 털 가운데 하
나가 없는 것과 같으니, 땅강아지와 무엇이 다르겠는가?[假令僕伏法受
誅 若九牛亡一毛 與螻蟻何以異]"

【출전】 《사기(史記) 보임안서(報任安書)》

국사무쌍 國士無雙

나라국 선비사 없을무 짝쌍

【뜻풀이】 한 나라에서 둘도 없을 정도로 가장 뛰어난 인재(人才).

【고사】 한(漢)의 유방(劉邦)과 초(楚)의 항우(項羽)가 한참 패권을 다툴 때였다.

한신(韓信)은 처음에 항우의 휘하에 있다가 유방에게로 투항한 용장 중의 용장이었다.

그런데 유방의 군사가 항우에게 밀리자 휘하의 장수 가운데 도망하는 자가 속출하게 되었다.

하루는 유방이 승상(丞相) 소하(蕭何)를 찾으니 부하들이, 승상도 도망했다고 했다.

한 팔이 잘린 듯 어쩔 줄 모르고 있는데 소하가 돌아오자, 유방이 왜 도망쳤는지 그 이유를 물었다.

"제가 도망한 것이 아니라 한신이 도망해서 그를 붙잡으러 간 것입니다."

"승상은 이제까지 여러 다른 수십 명 장수들이 도망해도 모른 척하더니, 한신은 왜 붙잡아야 하오?"

"다른 장수들이야 쉽게 얻을 수 있지만 한신 같은 장수는 한 번 잃으면 얻을 수 없습니다. 그는 그야말로 나라에 둘도 없는 인재[國士無雙]입니다. 왕께서 오랫동안 한중(漢中)의 왕 노릇을 하려면 그가 없어서는 안 됩니다."

한신은 소하의 후원으로 마침내 대장군이 되어 한고조(漢高祖)로 하여금 천하통일의 대업을 이루게 하였다.

【출전】 《사기(史記) 회음후열전(淮陰侯列傳)》

군 맹 무 상
群 盲 撫 象

【뜻풀이】 여러 장님이 코끼리를 만져보고 생김새를 평함. 각자 만져본 부위에 따라 소견이 다르듯 사물을 자기 주관에 따라 잘못 판단한다는 뜻이다.

【고사】 어떤 임금이 대신들에게 코끼리를 끌어다 소경들에게 보여 주고 어떻게 생긴 짐승인가를 말하게 했다. 장님들은 제각기 손으로 코끼리를 만져보고 임금님께 말했는데 이빨을 만져본 장님이 먼저 말했다.

"예, 코끼리는 무처럼 생겼습니다."

귀를 만진 소경이 말했다.

"예, 코끼리란 곡식을 까부는 키처럼 생겼습니다."

이번에는 머리를 만져본 소경이 말했다.

"아닙니다. 코끼리는 돌처럼 생겼습니다."

"아닙니다. 코끼리란 절구공이처럼 생겼습니다."

"틀렸습니다. 코끼리는 절구통처럼 둥글게 생겼습니다."

"그렇지 않습니다. 평상처럼 넓적하게 생겼습니다."

코를 만진 장님, 다리를 만진 장님, 등을 만진 장님 모두 자신의 말이 옳다고 우겼다. 여기 나오는 코끼리는 불성(佛性)을, 장님은 중생(衆生)을 비유한다고 한다.

【출전】 《열반경(涅槃經) 사자후(獅子吼) 보살품(菩薩品)》

군 인 즉 신 직
君 仁 則 臣 直

임금군 어질인 곧즉 신하신 곧을직

> **【뜻풀이】** 임금이 어질면 신하가 바른말을 한다는 뜻이다.

【고사】 위문후(魏文侯)가 중산(中山) 땅을 정벌해 아들 격(擊)을 그곳에 봉해 다스리게 했다. 하루는 신하들에게 자신은 어떤 군주인가를 물었더니 모두 어진 임금이라고 입을 모았다. 그런데 유독 임좌(任座)란 신하만이 이렇게 말했다.

"임금께서 중산을 정벌해 아우를 봉하지 않고 아들을 봉했으니, 어진 임금이라 할 수 없습니다."

임금이 노여워하자 임좌가 급히 자리를 떴다. 그러자 임금이 책황(翟璜)에게 물었다.

"내가 정말 그처럼 어질지 못한가?"

"아닙니다. 어지신 군주이십니다."

"왜 그런가?"

"임금이 어질면 신하가 곧은 말을 하게 됩니다. 방금 임좌가 곧은 말을 하였으니 그 때문에 어지신 줄을 알게 되었습니다."

책황의 말을 들은 문후는 임좌를 불러오게 해 직접 뜰로 내려가 맞이하여 상객(上客)으로 삼았다.

【출전】 《사기(史記) 위세가(魏世家)》

군자가기이기방
君子可欺以其方

> **【뜻풀이】** 군자는 그럴 듯한 말로 속이면 쉽게 속일 수 있다.

【고사】 춘추시대 사람 정자산(鄭子産)은 20여 년 동안 4대의 임금을 섬긴 훌륭한 재상이었는데 성품이 무척 인애(仁愛)하여 많은 일화를 남겼다. 한번은 어떤 사람이 자산에게 살아 있는 큰 물고기를 한 마리 선물해 왔는데 차마 요리해 먹을 수가 없어 하인을 불러 연못에 넣어 기르라고 명했다. 그런데 하인이 보니 고기가 무척 먹음직하므로 몰래 잡아 먹고는 자산에게 이렇게 보고했다.

"분부대로 그놈을 연못에 넣어 주었더니, 처음에는 어릿어릿하다 곧 팔딱팔딱 꼬리를 치며 사라졌습니다."

"그래, 그놈이 제자리를 얻었구나, 제 자리를 얻었어![得其所哉 得其所哉]" 그 하인이 나와서 동료들에게 말했다.

정자산이 흐뭇해하며 말했다.

"누가 우리 주인을 현명하다고 하는가? 내가 잡아먹은 줄도 모르고 멍청하게 '제자리를 얻었구나, 제자리를 얻었어!' 하지 않겠나!"

맹자는 이를 두고 '군자는 그럴 듯한 방법으로 속일 수는 있지만 터무니없는 방법으로는 속일 수 없다.[君子可欺以其方 難罔以非其道]' 라고 하였다.

【출전】 《맹자(孟子) 만장(萬章) 상(上)》

군 자 삼 락
君 子 三 樂

【뜻풀이】 교양인(敎養人)인 군자가 누리는 세 가지 즐거움.

【고사】 "군자에게는 세 가지 즐거움이 있는데, 천하의 왕 노릇 하는 것은 거기에 들지 아니한다. 부모님께서 다 살아 계시고 형제가 무고함이 그 첫째 즐거움이요, 하늘을 우러러 부끄럽지 않고, 세상을 바라보아 사람에게 부끄럽지 않은 것이 두 번째 즐거움이며, 천하의 영재(英才)를 얻어 가르치는 것이 세 번째 즐거움이다."

【원문】 君子有三樂而王天下不與存焉 父母俱存 兄弟無故 一樂也 仰不愧於天 俯不炸於人 二樂也 得天下英才而敎育之 三樂也

【출전】 《맹자(孟子) 진심(盡心) 상(上)》

窮斯濫矣
궁사남의

【뜻풀이】 소인(小人)은 가난하게 되면 못할 짓이 없게 된다는 뜻
이다.

【고사】 공자(孔子)가 채(蔡)나라에 이르자 소공(昭公)이 극진히 대접하
였는데 곧 그 나라 대부 공손번(公孫翩)이 소공을 시해(弑害)하는 사건
이 일어나 공자는 다시 채나라를 떠나 섭(葉)나라로 갔다.

 그 후 다시 채나라로 가 3년 동안 망명하고 있는데 오(吳)나라가 진(陳)
나라를 침공하니 초(楚)나라가 진나라를 구원하면서 공자가 진(陳)과 채
(蔡) 사이에 있다는 말을 듣고는 공자를 초빙하여 벼슬을 주려고 하였
다. 그러자 진나라와 채나라 대부들이 의논했다.

 "대국인 초나라가 공자 같은 성인을 초빙해 중용하면 우리들의 처지
가 위태롭게 된다."

 그러고는 군사를 내어 들판에서 공자 일행을 포위했다. 이에 공자 일
행이 양식이 떨어져 며칠을 굶주렸는데도 공자는 아무렇지 않다는 듯
거문고를 연주했다.

 이를 못마땅하게 여긴 자로(子路)가 볼멘소리를 했다.

 "군자(君子)도 이처럼 곤궁하게 지내야 합니까?"

 공자가 대답했다.

 "군자는 본디 궁하게 마련이나 궁하면 못할 짓이 없는 소인 같지는 않
다. [君子固窮 小人窮斯濫矣]"

【출전】 《사기(史記) 공자세가(孔子世家)》

근폭지성 芹曝之誠

【뜻풀이】 미나리와 겨울철 햇볕 같은 하찮은 물건을 바치는 정성.
자기의 예물(禮物)이나 선물을 겸손하게 일컫는 말이다.
유의어는 헌근(獻芹).

【고사】 송(宋)나라의 한 농부가 그 아내에게 말하기를 '겨울철 등을 쪼이는 따뜻한 햇볕을 사람들이 잘 몰라서 그렇지 우리 임금께 바치면 중상(重賞)을 내릴 것이다.' 라 하였고, 마을의 어떤 사람이 미나리가 맛이 있다고 부자에게 자랑하므로 그 부자가 미나리를 먹어 보니 쓰고 맛이 없어 그 사람이 부끄러워했다고 한다.

【출전】 《열자(列子) 양주(楊朱)》

금의야행
錦衣夜行

> **【뜻풀이】** 비단 옷을 입고 밤길을 가는 것처럼 아무 보람도 없는 행동을 비유한 말. 의금야행(衣錦夜行), 수의야행(繡衣夜行)이라고도 하며 이와 반대의 뜻으로 금의주행(錦衣晝行), 금의환향(錦衣還鄉)이란 말이 있는데 모두 금의야행에서 나온 말이다.

【고사】 항우(項羽)와 유방(劉邦)이 자웅(雌雄)을 겨루던 때의 이야기이다. 유방에 이어 진(秦)의 도읍인 함양(咸陽)에 입성한 항우는 앞서 입성하여 선정을 베푼 유방과는 그 행동이 사뭇 대조적이었다.

그는 유방이 살려 두었던 3세 황제를 죽여 버리고 아방궁(阿房宮)에 불을 질렀다. 시황제(始皇帝)의 무덤을 파헤쳤으며, 유방이 봉인해 두었던 창고의 재물도 빼앗았을 뿐 아니라 석 달이나 타오르는 아방궁의 불길을 보며 질탕하게 잔치를 베풀기도 했다.

항우가 이렇게 함부로 행동하자 모처럼 마련된 제왕(帝王)에의 길이 허물어지겠다고 염려한 참모 범증(范增)이 그런 행동을 극구 말렸다.

그러나 항우는 승리의 기쁨에 들뜬 나머지 갖가지 보물과 여자들을 노획물로 삼아 고향인 강동(江東)으로 돌아가고 싶어 했다. 그러자 이번에는 한생(韓生)이 이렇게 간했다.

"관중(關中)은 사방이 산과 강으로 둘러싸인 요충지인데다 땅도 비옥합니다. 이곳에 도읍을 정하시고 세력을 펴시면 천하를 호령할 수 있으실 겁니다.”

그러나 불타는 궁궐을 바라보며 서 있는 항우의 머릿속에는 오직 한시 바삐 고향으로 돌아가 자신의 성공을 과시하고 싶은 생각뿐이었다.

“부귀한 몸이 되고도 고향으로 돌아가지 않는다면 비단 옷을 입고 밤 길을 가는 것과 같으니, 누가 알아줄 것인가![富貴不歸故鄕 如衣繡夜行]”

그러나 항우는 끝내 그렇게 고대하던 금의환향(錦衣還鄕)을 하지 못하고 말았다.

【출전】《사기(史記) 항우본기(項羽本紀)》

【뜻풀이】 해에는 검은 까마귀가 살고 달에는 옥토끼가 방아를 찧는다는 전설에서 해와 달의 대칭(代稱).

【고사】 전설에 의하면 상고 요(堯)임금 때 하늘에 열 개의 태양이 떠서 온 천하에 가뭄이 들고 곡식이 타버려 백성들이 살 수 없게 되었다.

요임금이 천제(天帝)에게 호소하자 천제는 활을 잘 쏘는 후예(后羿)에게 신궁(神弓)과 신전(神箭)을 주어 지상에 내려가 해결하도록 명하니 후예는 아름다운 아내 항아(姮娥 : 嫦娥)와 함께 인간 세상으로 내려왔다.

지상에 내려온 후예는 즉시 신궁과 신전으로 해 하나를 쏘아 맞히자 맹렬한 기세로 땅에 떨어지는데 보니 금빛 찬란한 세 발 달린 까마귀[三足烏] 한 마리가 화살을 꿴 채 떨어져 또 다른 해로 변하고 있었다.

그래서 태양에는 지금도 까마귀 형상의 흑점(黑點)이 남아 있게 되었고 후예가 연달아 남은 아홉 개의 태양도 마저 쏘아 떨어뜨려 하늘에는 마침내 하나의 태양만 남아 있게 되었다는 것이다.

한편 후예의 아름다운 아내 항아는 지상 생활에 불만이 많았다.

그래서 남편 몰래 후예가 서왕모(西王母)에게서 얻어다 놓은 불사약(不死藥)을 훔쳐 먹고 하늘로 올라가 달 가운데의 선녀가 되어 아름다운 광한전(廣寒殿)에 살게 되었다.

또 광한전에는 높이가 500길이나 되는 계수나무가 있는데 그 나무 잎
을 따서 옥토끼가 약방아를 찧고 있다고 한다.

【출전】《회남자(淮南子) 본경훈(本經訓)》

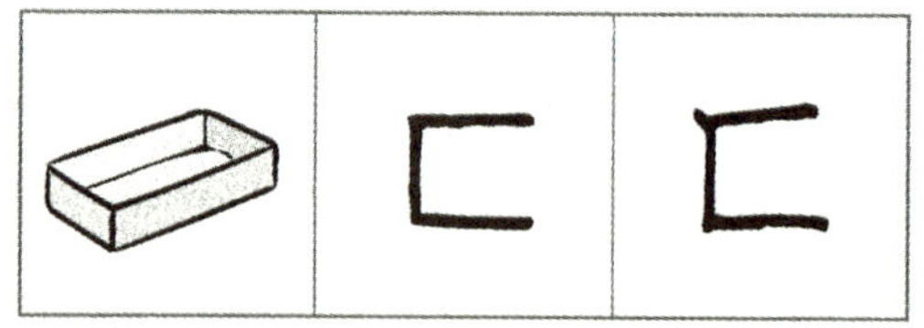

금의환향
錦衣還鄉

【뜻풀이】 높은 벼슬에 올라 비단 옷을 입고 고향으로 돌아오는 일.

【고사】 유경원(柳慶遠)이 옹주자사(雍州刺史)가 되어 떠나는데 황제가 새로 세운 정자(亭子)에서 그를 위한 전별(餞別)의 자리를 마련하고 말했다.

"경(卿)이 비단옷을 입고 고향으로 돌아가니, 짐(朕)은 변방의 일로 서쪽을 걱정하는 근심을 덜게 되었구려.[卿衣錦還鄉 朕無西顧之憂矣]"

【출전】《남사(南史) 유경원전(柳慶遠傳)》

기가성벽

嗜痂成癖

좋아할기 부스럼딱지가 이룰성 버릇벽

【뜻풀이】 부스럼딱지 먹기를 좋아한다는 뜻으로 구역질나게 하는
나쁜 습관을 일컬음.

【고사】 남조(南朝) 유송(劉宋)의 대장군 유목지(劉穆之)가 죽자 그 아들 유옹(劉邕)이 남강군공(南康郡公)의 작위를 계승했다. 유옹은 부잣집 자제로 귀엽게 자란 나머지 학문을 하지 않아 무식할 뿐만 아니라 교만한 무뢰배였는데 부스럼딱지를 즐겨 먹는 나쁜 습성이 있었다. 그가 한번은 맹영휴(孟靈休)의 집을 찾아가니 마침 맹영휴가 전신에 났던 종기 딱지를 떼어 놓은 것이 수두룩하게 쌓여 있었다. 유옹이 그걸 주워 맛있게 먹는 것을 본 주인이 깜짝 놀라 물으니 유옹이 대답했다.

 "이는 하늘이 낸 맛 좋은 기호품이라네. 어서 아문 것이 있으면 더 긁어 주게!"

 맹영휴가 나머지 딱지마저 긁어 떼어 주자 유옹은 그제서야 돌아갔다. 유옹의 집에는 200여 명의 하인이 있었는데 평소 잘잘못을 따지지 않고 그들에게 피가 나도록 매질을 해서 그 상처가 아물면 딱지를 떼어오게 해 먹었다고 한다.

【출전】 《송서(宋書) 유목지열전(劉穆之列傳)》

기 복 염 거
驥 服 鹽 車

【뜻풀이】 천리마(千里馬)가 소금 수레를 끈다는 뜻으로, 재능 있는 사람이 압제(壓制)를 받아 곤경(困境)에 처해 있음을 비유한다.

【고사】 전국시대 한명(汗明)이란 세객(說客)이 초(楚)나라 공자(公子) 춘신군(春申君)을 만나려고 3개월을 기다렸다.

이때 한명이 춘신군에게 들려준 이야기 가운데 나오는 고사이다.

"춘신군께서는 천리마 이야기를 들어보셨는지요. 천리마가 소금 수레를 끌고 태항산(太行山)을 넘게 되었습니다. 땀을 흘리며 끙끙대고 오르는데 마침 말의 관상을 잘 보는 백락(伯樂)이 이 광경을 보고 불쌍한 생각이 들어 비단 옷을 벗어 말에게 덮어 주었더니, 천리마가 크게 울었습니다. 이는 자기를 알아주는 백락을 만났기 때문입니다. 그러니, 그대께서 나를 천거하여 나로 하여금 한번 크게 울게 해주지 않으시겠습니까?"

【출전】 《전국책(戰國策) 초책(楚策) 4》

기 인 우 천
杞 人 憂 天

【뜻풀이】 어리석은 기(杞)나라 사람이 하늘이 무너질 것을 걱정한다는 뜻으로, 쓸데없는 걱정을 하는 것을 비유한 말이다. 유의어는 기인지우(杞人之憂), 기천지우(杞天之憂), 기우(杞憂).

【고사】 기(杞)나라는 주대(周代)에 있던 작은 나라이다. 어떤 기나라 사람이 어느 날 갑자기 하늘이 무너지고 땅이 꺼지면 어떻게 하나 하는 걱정이 생겨 밤에 잠도 못 자고 밥도 제대로 먹지 못했다. 이 모습을 본 주위 사람들이 그런 일은 없을 것이라고 안심시켰으나 그 사람은 막무가내다가 이를 걱정하는 친구들의 조리 있는 설득에 비로소 안심할 수 있었다.

【원문】 杞國有人 憂天地崩墜 身亡所寄 廢寢食者 又有憂彼之所憂者 因往曉之

【출전】 《열자(列子) 천서(天瑞)》

기 화 가 거
奇 貨 可 居

【뜻풀이】 기이한 보화(寶貨)이므로 투자해서 비싼 값에 팔 수 있음. 어떤 특이한 인물이나 기예(技藝)를 빌미로 해서 후에 명리(名利)와 지위(地位)를 얻는 것을 비유한다.

【고사】 전국시대 거상(巨商) 여불위(呂不韋)가 장사를 하기 위해 조(趙)나라의 서울인 한단(邯鄲)에 들렀다가 우연히 진(秦)나라 태자인 안국군(安國君)의 서자(庶子) 자초(子楚 : 異人)가 조나라에 인질로 와 어려운 생활을 하고 있는 사정을 알았다.

여불위는 그 말을 듣는 순간 '이는 기이한 보화이니, 투자해 볼 가치가 있다.[奇貨可居]'는 생각이 들어 그 날로 자초를 찾아가 자신이 경제적 후견인이 될 것을 제안하였다.

"지금 당신 진나라의 소양왕(昭襄王)은 늙었으니, 곧 당신의 아버지 안국군이 왕위에 오를 것입니다. 그런데 정실부인인 화양부인(華陽夫人)에게는 아들이 없어 당신을 포함한 이십여 명이 넘는 서자(庶子)들이 태자의 자리를 다투게 될 것입니다. 그러니, 우선 화양부인의 환심을 사두는 것이 좋습니다. 거기에 드는 비용은 내가 대겠습니다."

여불위의 뛰어난 계책에 의하여 자초는 마침내 태자가 되었고, 후에 왕위에 오르니 이가 바로 장양왕(莊襄王)이며, 장양왕은 여불위의 공을 잊지 않고 그를 정승으로 삼았다.

　그런데 이보다 앞서 여불위가 한 무희(舞姬)를 자초에게 시집 보냈는데 초희(楚姬)로 불리는 그녀는 이미 여불위의 아이를 잉태하고 있었다. 그녀가 낳은 아이가 바로 이름이 정(政)인 시황제(始皇帝)로 여불위는 죽을 때까지 갖은 권세와 영화를 다 누릴 수 있었다.

【원문】 子楚 秦諸庶孼孫 質於諸侯 車乘進用不饒 居處困 不得意 呂不韋賈邯鄲 見而憐之曰 此奇貨可居

【출전】 《사기(史記) 여불위전(呂不韋傳)》

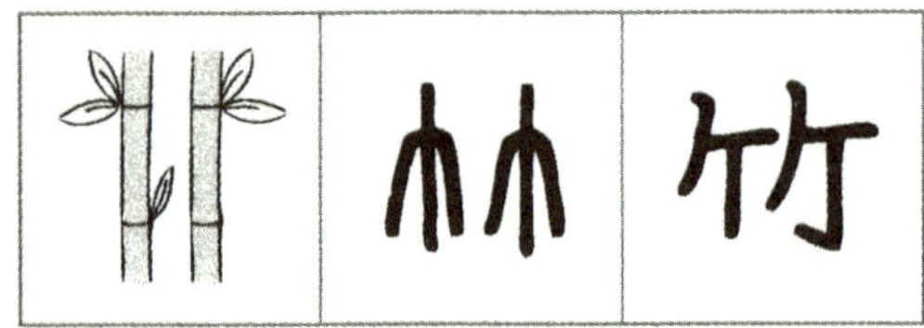

L

낙양지귀
洛陽紙貴

【뜻풀이】 책이 잘 팔려 낙양의 종이 값을 올린다는 뜻으로 훌륭한 저술(著述)을 말한다.

【고사】 진(晉)나라 좌사(左思)는 얼굴이 못생긴데다가 말까지 더듬었으나 시문(詩文)이 뛰어났다. 제(齊)나라의 수도 임치(臨淄)의 번영을 노래한 〈제도부(齊都賦)〉를 짓고, 이어 삼국시대의 수도인 촉한(蜀漢)의 성도(成都), 오(吳)의 수도 건업(建業), 위(魏)의 수도 업(鄴)의 풍물을 읊은 〈삼도부(三都賦)〉를 10년 동안 정성을 기울인 끝에 완성했으나 처음에는 알아주는 사람이 없었다. 그래서 당시 이름난 명사 황보밀(皇甫謐)에게 보여주고 서문(序文)을 받았다. 그러자 이어서 이름난 학자 장재(張載)는 〈위도부(魏都賦)〉에, 유규(劉逵)는 〈오도부(吳都賦)〉와 〈촉도부(蜀都賦)〉에 각각 주(注)를 달아주어 하루아침에 좌사는 유명해졌다. 한 번 이러한 소문이 나자 삼도부가 낙양의 화제를 일으켜 그 작품을 베끼느라 갑자기 종이 값이 올랐다고 한다.

【출전】 《진서(晉書) 문원전(文苑傳) 좌사(左思)》

난 형 난 제
難 兄 難 弟

어려울난 형형 어려울난 아우제

【뜻풀이】 형이 되기도 어렵고 아우가 되기도 어렵다는 뜻. 곧 인물의 순위를 가릴 수 없는 경우나, 어떤 두 가지 사물이 비슷하여 그 우열을 정할 수 없는 경우를 이르는 말이다.

【고사】 후한(後漢) 말기 진식(陳寔)이란 인물이 있었다. 그는 학문이 깊은 선비로 덕망이 높았고 정사(政事)를 밝게 처리한 훌륭한 관리였다. 진식에게 기(紀)와 심(諶)이라는 두 아들이 있었는데 그 중에서 기는 특히 영특하였으며, 기의 아들 군(群) 역시 총기가 뛰어났다.

어느 날 군이 숙부인 심의 아들 충(忠)과 서로 자기 아버지의 공적과 덕행이 뛰어나다고 입씨름을 벌였다. 결론이 나지 않자 결국 그들은 진식에게 달려가 누가 더 나은지를 물었다. 그러자 진식은 이렇게 말하였다.

"원방(元方 : 紀)은 형이 되기 어렵고, 계방(季方 : 諶)은 아우가 되기 어렵다[元方難爲兄 季方難爲弟]"

누가 더 나은지 도저히 알 수 없다는 대답이었다.

【출전】 《세설신어(世說新語) 덕행(德行)》

날 수 전
捋 鬚 錢

【뜻풀이】 수염을 쓰다듬어 거둔 돈이란 뜻으로, 수령이 수단 방법을 가리지 않고 토색질을 하는 가렴주구(苛斂誅求)를 뜻한다.

【고사】 오대십국(五代十國) 시대 남당(南唐) 사람 장숭(張崇)이 여주(廬州)를 다스리면서 가렴주구를 일삼아 백성들의 원성을 샀다. 그가 한번은 황제에게 조회(朝會)하기 위해 수도인 강도(江都)로 출발하자 자세한 내막을 모른 백성들은 그가 아예 다른 곳으로 벼슬을 옮겨 가는 것으로 착각하고 모두 수염을 쓰다듬으며 좋아했다.

"원수 같은 원님을 다시 보지 않아도 되게 되었으니 얼마나 좋은가?"

여주로 돌아와 이런 내막을 안 장숭이 호구마다 인구 숫자를 계산해 돈을 징수하면서 '수염을 쓰다듬으며 좋아한 돈[捋鬚錢]'이라 했으며 그 다음해에도 역시 그렇게 했다고 한다

【출전】 《십국춘추(十國春秋) 장숭전(張崇錢)》

남 가 일 몽
南 柯 一 夢

남쪽남 나무이름가 한일 꿈몽

【뜻풀이】 꿈속에 남가군(南柯郡)의 태수(太守)를 지낸 꿈이란 뜻으로, 허망한 한때의 부귀영화(富貴榮華)를 말한다. 유의어는 괴안몽(槐安夢).

【고사】 당(唐)나라 덕종(德宗) 때 광릉(廣陵) 땅에 순우분(淳于棼)이란 사람이 하루는 술에 취해 집 앞에 있는 홰나무 밑에서 잠이 들었다. 꿈에 괴안국(槐安國)에서 온 사신이라는 사람들의 안내를 받아 홰나무 구멍 속으로 들어가 그 나라의 부마(駙馬)가 되고 얼마 후에는 남가군 태수가 되어 부귀영화를 실컷 누렸다.

그러다가 전쟁이 일어나 순우분은 군대를 이끌고 출전하여 싸우다가 패하여 왕으로부터 책망을 받게 되고, 얼마 후에는 공주(公主)마저 죽어 하루아침에 부귀영화를 잃고 쫓겨나는 대목에서 꿈을 깨고 말았다.

술이 깬 후 주위를 살펴보니, 자신은 홰나무 아래에 누워 있고, 옆에 개미굴이 있는데 그게 괴안국이었으며 다시 더 파보니 또 남쪽 가지 아래에 다른 개미굴 하나가 나오는데 그게 바로 남가군이었다고 한다.

【출전】 《이공좌(李公佐) 남가태수전(南柯太守傳)》

남귤북지
南 橘 北 枳

남쪽남 귤귤 북쪽북 탱자지

【뜻풀이】 강남(江南)의 귤을 강북에 심으면 탱자가 된다는 뜻으로 사람도 경우와 환경에 따라 기질(氣質)이 변하여 선인도 되고 악인도 됨을 비유한 말이다.

【고사】 춘추시대 제(齊)나라의 훌륭한 정치가 안자(晏子)가 초(楚)나라에 사신으로 가게 되었다. 초나라에서는 안자가 사신으로 온다는 말을 듣고 임금이 신하들을 불러 그를 골탕 먹일 대책을 협의했다.

지난번 안자가 초나라에 사신으로 왔을 때였다. 그의 작은 키를 빗대어 모욕을 주려고 궁궐 대문 대신 낮은 쪽문을 통해 들어오도록 했더니 안자는 낮은 쪽문으로 들어가지 않으면서 이렇게 말했다.

"개나라[狗國]에 사신으로 오는 자야 개구멍으로 드나들겠지만, 나는 개나라가 아닌 초나라에 사신으로 왔는데 어찌 차마 개구멍으로 들어가겠는가?"

안자를 쪽문으로 들어오라고 계속 고집했다가는 초나라가 영락없이 개나라가 될 판이어서 대문으로 들어오게 했다. 한방 먹은 초나라 왕이 인사를 마치자마자 안자에게 물었다.

"제나라에는 그렇게 인물이 없습니까? 그대처럼 키도 작고 볼품없는 사람을 외국에 사신으로 보내니 말입니다."

"웬 걸요. 우리나라에도 인물이야 많지요. 다만 사신으로 갈 상대 나라 임금이 어질고 현명하면 인물이 좋은 훌륭한 사람을 사신으로 보내지만, 그렇지 못하면 저처럼 못난 자를 보낸답니다."

이런 일이 있었던 터라 초나라의 군신(君臣)들이 이번에는 안자가 꼼짝 못하고 당할 계책을 꾸며놓고 기다리고 있었던 것이다. 안자가 도착하여 초왕(楚王)과 인사를 나누고 환담을 하는데, 한 관원이 죄인을 포박하여 끌고 가는 게 보였다. 그러자 초왕이 그 관원을 불러 세우고 물었다.

"그자는 웬 놈이며 무슨 죄를 저질렀느냐?"

"예, 이놈은 제(齊)나라에서 온 놈인데 도둑질을 하다 붙잡혔습니다."

"이번에도 또 제나라 놈이냐? 어서 끌고 가거라."

그러고는 안자를 향해 물었다.

"제나라 사람은 본래 도둑질을 아주 잘 하나 보지요? 우리나라에서 도둑질을 하다 붙잡힌 자는 모두 제나라에서 온 자들입니다그려!"

회심(會心)의 미소를 짓는 초왕에게 안자는 자리를 피해 앉으며 이렇게 대답했다.

"제가 듣건대 귤(橘)나무가 회수(淮水) 남쪽에서 자라면 귤이 열리지만 회수 북쪽으로 옮겨 심으면 탱자가 열린다고 합니다. 그들이 본래 우리 제나라에 살 때에는 모두 선량한 백성이었는데, 웬일인지 초나라로 옮겨와 살기만 하면 도둑질을 하는가 봅니다."

그리하여 이번에도 초왕은 한방 얻어맞고 말았다.

【출전】《안자춘추(晏子春秋) 내편(內篇) 잡하(雜下)》

남산가이
南山可移

남쪽남　메산　될가　옮길이

【뜻풀이】 남산(南山)은 옮길지 몰라도 한번 내린 판결은 고칠 수 없다는 뜻으로, 공정한 판결을 뜻한다.

【고사】 당(唐)나라 때 사람 이원굉(李元紘)은 성품이 엄격하기로 유명했으며 특히 판결이 공정해 백성들이 믿고 따랐다.

그가 옹주(雍州)에 있을 때 그 경내에 태평공주(太平公主)의 방앗간이 있었는데 이는 본래 어느 절의 소유이던 것을 태평공주가 강제로 빼앗은 것이었다.

태평공주는 이뿐만 아니라 황제의 총애를 믿고 욕심나는 것이 있으면 억지로 빼앗아 자기 소유로 삼는데도 관리들은 공주에게 아첨하느라, 혹은 그 횡포가 무서워 감히 말하는 자가 없었다.

방앗간을 빼앗긴 절에서 억울하다며 고소를 해오자 이원굉은 사실을 조사한 후 절에 돌려주라는 판결을 내렸다.

그런데 이원굉의 상사(上司)인 옹주장사(雍州長史)가 이 판결로 인해 자기까지 태평공주에게 화를 당할까 싶어 이원굉에게 압력을 넣었다.

"즉시 판결문을 고쳐 화를 면하도록 하라."

이런 압력에 꺾일 이원굉이 아니었기에, 회송해온 판결문 뒤에다 다음과 같은 여덟 자를 써서 다시 보냈다.

"남산은 옮길 수 있을지 몰라도 판결문은 고칠 수 없소.[南山可移 判不可改]"

옹주장사의 걱정과는 달리 이런 치적이 널리 알려지면서 이원굉은 곧장 태자소부(太子少傅)에 올랐고 사후에 문충(文忠)이란 시호까지 내려졌다.

【출전】 《구당서(舊唐書) 이원굉전(李元紘傳)》

남 원 북 철
南 轅 北 轍

【뜻풀이】 남쪽으로 가려고 하면서 북쪽을 향해 달린다는 뜻으로, 행동과 목적이 서로 다름을 비유한다.

【고사】 전국시대 위혜왕(魏惠王)이 조(趙)나라 수도 한단(邯鄲)을 공격하려 하였다.

사신으로 가는 도중 이런 소식을 들은 계량(季梁)이란 신하가 급히 되돌아와 왕을 만나 말했다.

"제가 지금 돌아오는 길에서 어떤 사람을 만났습니다. 그는 북쪽을 향해 수레를 몰면서 저에게 초(楚)나라로 간다고 하였습니다. 이상하게 여겨져 초나라로 가려면 남쪽을 향해 가야지 왜 북쪽을 향해 가느냐고 묻자 그 사람은 자기 말은 잘 달리기 때문에 상관없다는 대답을 했습니다.

어이가 없어서 말이 아무리 훌륭하더라도 그렇지 이 길은 초나라로 가는 길이 아니라고 했더니 이번에는 노자(路資)가 많으니 상관없다고 했습니다. 그래서 다시 초나라로 가는 길이 아님을 상기시켜 주자 이번에는 마부가 훌륭하기 때문에 상관없다고 했습니다.

지금 왕께서 군대를 동원하여 패왕(覇王)이 되어 제후들의 신임을 얻으려 하시지만 이는 그 사람처럼 왕은 큰 나라와 많은 병력을 믿고 한단을 공격하여 명예를 높이려는 것입니다. 그러니 왕께서 이런 일을 자주 하면 할수록 패업의 성취는 점점 더 멀어지는 것입니다. 마치 초나라로 가려면서 북쪽으로 달리는 것처럼 말입니다."

【출전】 《전국책(戰國策) 위책(魏策) 4》

狼 狽

낭 패

이리랑　이리패

【뜻풀이】　전설에 나오는 두 짐승인데, 아주 곤경에 처한 경우를 일컫는다.

【고사】　패(狽)는 앞발이 아주 짧아서 다닐 때면 항상 두 마리 낭(狼)을 타고 다녀야 하므로, 낭이 없으면 꼼짝도 하지 못한다고 한다.

【원문】　或言 狼狽是兩物 狽前足絶短 每行常駕兩狼 失狼則不能動 故 世言事乖者 稱狼狽

【출전】　《유양잡조(酉陽雜俎) 모편(毛篇)》

노 마 식 도
老 馬 識 途

늙을노　말마　알식　길도

【뜻풀이】 늙은 말이 길을 익숙히 잘 알듯이, 경험이 풍부한 늙은 사람이 선도자(先導者) 역할을 해야 한다는 뜻이다. 유의어는 노마지지(老馬之智).

【고사】 옛날 제(齊)나라의 관중(管仲)과 습붕(隰朋)이 환공(桓公)을 따라 고죽국(孤竹國)을 정벌하였다.

봄에 출발했다가 겨울에 돌아오는데 길을 잃어버렸다. 관중이 늙은 말의 지혜를 이용해 보자고 하여 늙은 말 한 마리를 앞장세우고 뒤따라 무사히 올 수가 있었다고 한다.

【출전】 《한비자(韓非子) 설림(說林) 상(上)》

노 익 장
老 益 壯

【뜻풀이】 늙을수록 더욱 건장하려 힘써야 한다는 뜻으로, 지사 인인(志士仁人)은 늙거나 궁해도 절조(節操)를 잃지 않아야 한다는 말이다.

【고사】 후한(後漢) 때 명장(名將) 마원(馬援)은 12세 때 부모를 잃고 세 형 밑에서 자랐는데 어려서부터 뜻이 커서 형들이 큰 인물이 될 것으로 기대했다. 마원이 군(郡)의 독우(督郵)로 있을 때 한번은 사형수(死刑囚)를 상사로 압송(押送)하게 되었는데 딱한 사정을 듣고 동정심이 생겨 방면해 주었다. 자신도 그 길로 북쪽 지방으로 도망했다가 사면되어 그대로 머물면서 가축을 기르니 이렇게 복속(服屬)한 집이 1백 가호나 되었다. 그는 항상 모여드는 빈객들에게 이렇게 말했다.

"대장부라면 궁할수록 뜻을 더욱 굳게 가져야 하고, 늙을수록 더욱 건장하려고 해야 한다.[丈夫爲志 窮當益堅 老當益壯]"

몇 년 동안 목축과 농사에 힘쓴 결과 마소와 양이 수천 두로 불어나고 거둔 곡식이 수만 곡(斛)이 되자 모조리 어려운 형제와 친구들에게 나누어 주면서 말했다.

"재산을 늘리는 것은 남에게 베풀기 위해서이다. 그렇지 않고 지키기만 한다면 이는 수전노(守錢奴)에 불과하다."

【출전】 《후한서(後漢書) 마원전(馬援傳)》

녹의사자
綠 衣 使 者

푸를록　옷의　심부름꾼사　사람자

> 【뜻풀이】　푸른 옷을 입은 심부름꾼이란 뜻으로, 원래는 앵무새를
> 가리키는데 현대에는 우편 배달원을 가리킨다.

【고사】　당나라 장안에 양숭의(楊崇儀)란 부자가 살고 있었는데 그 아내 유씨(劉氏)가 이웃집 젊은 놈팽이와 바람이 나 남편을 살해할 궁리를 했다. 그러던 어느 날 술이 잔뜩 취해 저녁 늦게 돌아오다 대문 앞에 쓰러져 자는 남편을 보고 간부와 함께 죽여 시체를 우물 속에다 버리고는 관아에 남편이 실종되었다고 고했다.

수사에 나선 현관(縣官)이 집안사람과 노복(奴僕)들을 엄히 신문하여 다그쳤으나 아무런 단서도 얻지 못해 수사가 미궁에 빠지고 말았다. 사건이 잊혀져 갈 무렵 아무래도 집안 식구 소행이란 의심을 떨쳐버리지 못한 현관이 다시 한 번 양숭의의 집을 찾아갔더니 시렁에 앉아 있던 앵무새가 현관의 어깨로 내려앉으며 조잘댔다.

"우리 주인을 죽인 사람은 안 주인과 옆집 이엄(李弇)이다."

이에 유씨와 이씨를 잡아다 실토를 받아내 죽이고 사건의 전말을 자세히 조정에 보고하자 현종(玄宗)은 그 앵무새를 '녹의사자(綠衣使者)'에 봉(封)하여 궁궐에 두고 길렀다고 한다.

【출전】　《개원천보유사(開元天寶遺事) 앵무고사(鸚鵡告事)》

남 우
濫 竽

넘칠남   피리우

【뜻풀이】 피리를 불 줄 모르는 사람이 여럿이 합주(合奏)하는 데 끼어서 부는 시늉만 하여 칭예(稱譽)를 얻는다는 뜻으로, 참다운 재능이 없는 사람을 비유하거나 또는 자신의 재능을 겸손하게 일컫는 말이다.

【고사】 옛날 제선왕(齊宣王)은 피리 연주하는 소리를 듣기 좋아하여 반드시 300명씩 합주(合奏)를 하게 하였다. 그런데 남곽처사(南郭處士)란 사람이 피리를 불 줄 모르면서 합주대에 끼어 부는 시늉만 하여 선왕의 총애를 받았다. 그 후 선왕이 죽고 한 사람씩 독주(獨奏)하는 것을 좋아하는 민왕이 즉위하자, 남곽처사는 그만 도망치고 말았다.

【원문】 齊宣王使人吹竽 必三百人 南郭處士請爲王吹竽 宣王悅之 廩食以數百人 宣王死 湣王立 好一一聽之 處士逃

【출전】 《한비자(韓非子) 내저설(內儲說) 상(上)》

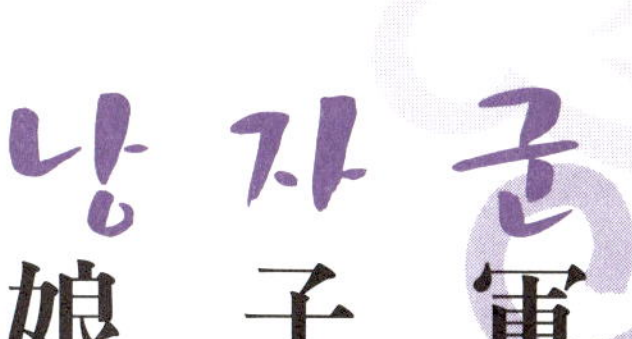

娘子軍

아가씨낭   아들자   군사군

【뜻풀이】 부녀자로 구성된 대오(隊伍)를 뜻한다.

【고사】 수(隋)나라 말기 조정이 부패하여 곳곳에서 농민들이 봉기(蜂起)하여 마침내 정권이 무너지기에 이르렀는데 이때 이런 정세를 이용하여 건국의 토대를 세운 이가 당국공(唐國公) 이연(李淵)이었다.

이연에게는 후에 평양공주(平壤公主)에 봉해진 딸이 하나 있었는데 시소(柴紹)에게 출가해 장안에서 살고 있었다. 하루는 남편 시소가 평양공주에게 의논했다.

"장인과 함께 군사를 이끌고 경사(京師)를 공격할 계획이니 당분간 헤어져 있어야 할 것 같소."

평양공주가 대답했다.

"제 걱정은 하지 말고 당신은 어서 떠나세요. 제 일은 제가 알아서 하겠어요."

사실 평양공주는 비록 여자의 몸이지만 담략(膽略)이 남자에 못지않아서 이연이 나라를 세운 데 많은 도움을 준 인물이다. 남편이 떠나자 공주는 즉시 가산을 정리하여 호(鄠 : 지금의 섬서성 호현(戶縣) 북쪽)로 가 죽기를 각오하고 싸울 용사 1백 명을 모집한 다음 인근 도둑 무리의 우두머리를 설득해 자신의 군대에 편입시켜 형세를 키웠다.

　이렇게 조직된 군대이지만 공주가 규율을 엄격히 세워 통솔하자 백성들이 신임하여 사방에서 귀부(歸附)해 와 나중에는 병력이 7만 명이나 되어 그 세력이 관중(關中) 일대에 떨쳤다. 이연이 황하를 건너와 공주와 시소 세 사람이 합세할 때 시소의 수하는 기병 수백 명뿐이었지만 공주의 대오는 정강(精强)한 자만 1만 명이 넘었다. 이때 세상에서 평양공주가 거느린 군사를 낭자군(娘子軍)이라 했다.

【출전】 《신당서(新唐書) 제제공주전(諸帝公主傳)》

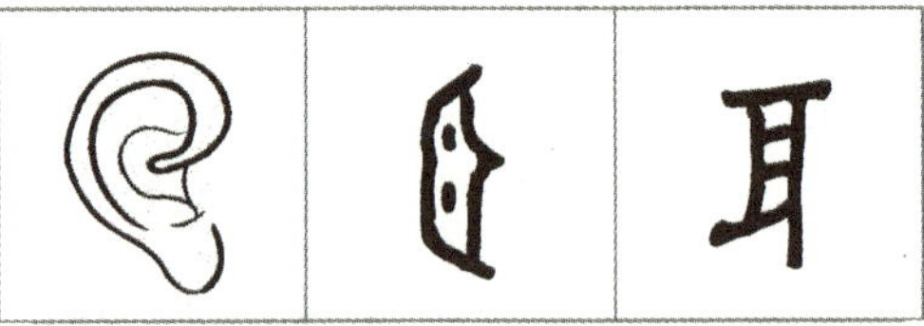

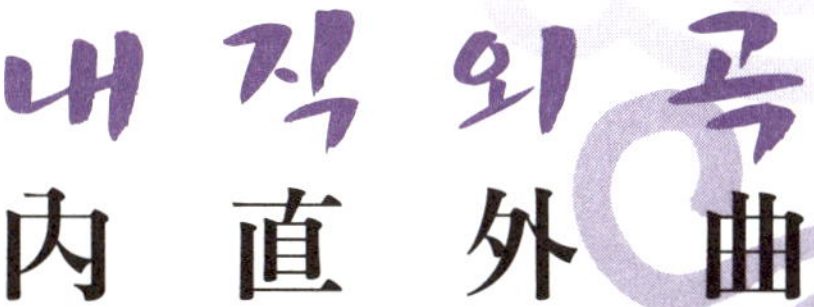

【뜻풀이】 안으로는 곧은 마음을 지니고 밖으로는 부드러움을 보인 다는 뜻이다.

【고사】 공자(孔子)가 가장 아끼던 제자 가운데 한 사람이었던 안회(顔 回)가 위나라에 가서 그 임금을 가르쳐 올바른 길로 이끌겠다고 말하자 공자는 안회를 말리며 말했다.

"네가 간다고 해도 욕을 당할 뿐이다. 옛날의 지극한 성인(聖人)들은 먼저 자신의 준비가 된 후에야 남의 일을 생각했다. 자신의 준비가 충분치 못하고야 어느 겨를에 저 사나운 사람의 일에 간섭할 수 있겠느냐?"

"몸을 단정히 하고 마음을 겸허하게 자지며 항상 부지런하고 덕을 한 결같이 하면 되겠습니까?"

"안 될 것이다. 위왕은 원래 잘난 체하기를 좋아하고 얼굴빛도 일정하지 않으므로 보통사람들은 감히 그 뜻을 거스르지 못한다고 한다. 그는 언제나 고집을 부려 조금도 감화되지 않을 것이고 또 겉으로는 그런 척하더라도 마음속으로는 생각도 하지 않을 것이니 어찌 될 수 있겠느냐?"

"그렇다면 저는 마음을 곧게 하고 겉모습을 부드럽게 하고자 하는데 어떻겠습니까?[然則我內直而外曲]"

"위나라에 가거든 마음을 지극하게 가져 명예 따위에 마음이 흔들리지 않게 하라. 네 말이 받아들여지면 말을 하고, 받아들여지지 않으면 말하지 말라.”

공자의 말은, 가르치고자 하는 이의 마음을 처음부터 격동시키면 일을 그르친다는 뜻이었다.

【출전】 《장자(莊子) 인간세(人間世)》

魯 魚 亥 豕

나라이름노 물고기어 돼지해 돼지시

【뜻풀이】 한자의 비슷한 글자인 '魯' 자와 '魚' 자, '亥' 자와 '豕' 자를 구분하지 못한다는 뜻으로 글을 잘 못 읽거나 쓰는 일, 또는 무식함을 일컫는다. 동의어로는 노어제호(魯魚帝虎) 노어불변(魚魯不辨)이 있다.

【고사】 전자(篆字)에서 '魚'와 '魯' 자는 구분하기가 어렵기 때문에 '亥豕'에 대해서는 《여씨춘추(呂氏春秋)》 찰(察)〉편에 다음과 같은 이야기가 전해진다.

"어떤 사람이 역사책을 읽으면서 '진(晉)나라 군사가 삼시(三豕)에 강을 건넜다[晉師三豕涉河]'라고 읽자 자하(子夏)가 '틀렸다면서 '三'은 '己', '豕'는 '亥'의 오자(誤字)로 기해일(己亥日)에 강을 건넜다는 뜻이다.'라고 바로잡아 주었다."

녹 사 불 택 음
鹿 死 不 擇 音

【뜻풀이】 사슴은 아름다운 목소리를 내지만, 죽게 되었을 때는 그 아름다운 소리를 가려 낼 여유가 없다는 뜻으로 사람도 위급한 상황이 되면 나쁜 소리, 즉 좋지 않은 말이 나오게 마련이라는 뜻이다.

【고사】 노문공(魯文公) 17년 진(晉)나라와 정(鄭)나라에 틈이 생기자 정나라의 공자귀생(公子歸生)이 진나라 조선자(趙宣子)에게 사신을 보내 변명했다.

"우리나라가 비록 작지만 지금껏 귀국을 정성껏 섬겨왔습니다. 그런데도 귀국을 잘 섬기지 않는다고 탓하시니, 저희는 나라가 망한다고 해도 이보다 더할 수는 없습니다. 옛 사람의 말에 이르기를 '머리가 어찌 될까 두려워하고 꼬리가 어찌될까 두려워한다면 몸 전체 중에 걱정되지 않는 부분이 얼마나 될까?[畏首畏尾 身其餘幾]'라 했고, 또 말하기를 '사슴이 죽게 되면 아름다운 소리를 가려서 내지 못한다.[鹿死不擇音]'라고 하였습니다. 작은 나라가 큰 나라를 섬김에 있어 큰 나라가 작은 나라에 대해서 덕을 베풀면 작은 나라는 인도(人道)를 지키지만, 덕을 베풀지 않으면 곧 사슴과 같을 것이니, 쇠뭉치로 맞은 사슴이 험한 곳으로 도망치는 다급한 마당에 어찌 아름다운 소리를 내겠습니까?"

【출전】 《좌전(左傳) 문공(文公) 17년》

누 란 지 위
累 卵 之 危

【뜻풀이】 계란을 포개 쌓는 것처럼 위태롭다는 뜻으로, 극도로 위태로움의 비유이다.

【고사】 춘추시대 진영공(晉靈公)은 방탕하고 사치를 일삼은 무도한 임금이어서 궁궐의 담장을 오색으로 칠하고 9층이나 되는 고대(高臺)를 건축하느라 나라의 재정이 바닥이 나게 되었다. 대신들이 들고 일어났다.

"나라에 무익한 높은 대를 건축하느라 재정이 바닥났으니 즉시 공사를 중단하십시오."

영공이 고함쳤다.

"앞으로 누구든 다시 그런 말을 하면 참수(斬首)하겠다."

이에 더 말하는 신하가 없자 보다 못한 대부(大夫) 순식(荀息)이 글을 올려 임금과 면담을 청했다. 바른 말을 하러 오는 순식을 귀찮게 여긴 영공은 기를 꺾기 위해 궁중 뜰에 무장한 군사들을 늘어세웠다. 창과 활을 든 군사들 사이를 지나면서도 순식은 조금도 무서워하는 기색이 없이 당당하게 영공 앞으로 걸어갔다.

"내가 이미 9층 고대에 대해 말하는 자는 참수한다는 명을 내린 바 있으니 그 문제는 꺼내지 말거라."

"알겠습니다. 그러면 제가 하찮은 연기를 하나 보여 올리겠습니다."

"그대가 무슨 연기를 하겠다는 건가?"

영공이 허락하니, 순식이 데리고 온 하인에게 명했다.

"그 바둑알을 가져오너라."

여러 사람들이 호기심으로 바라보는 가운데 순식은 바둑알 12개를 받아 하나하나 포개 쌓았다.

"그 계란도 가져오너라."

하인이 계란 아홉 개를 가져다 바치자 순식은 그걸 하나하나 포개 쌓으려고 애를 썼다. 간신히 한 알을 포개 놓으면 넘어지고, 다시 주워 올리면 무너지는 것이 보기에도 너무 아슬아슬하였다. 보다 못한 영공이 소리쳤다.

"위태로운 짓 그만하고 내려놓거라."

단상에서 내려온 순식이 영공 앞에 다시 엎드렸다.

"폐하, 지금 우리나라에는 계란을 포개 쌓는 일보다 더 위태로운 일이 많습니다. 대왕께서 9층 고대를 3년 동안 쌓느라 장정들은 농사를 짓지 못하고 아녀자들은 길쌈을 하지 못해 국고가 바닥이 나서 혹시라도 이웃나라가 침범해 오면 하루아침에 나라가 망하고 말 것이니, 그보다 위태로운 일이 어디 있겠습니까?"

순식의 간절한 말을 듣고 난 영공은 마침내 사람을 불러 9층 고대를 헐어 버리게 했다.

【출전】 《설원(說苑)》

ㄷ

多岐亡羊

多岐亡羊

많을다 갈래길기 잃을망 양양

【뜻풀이】 갈림길이 많아 잃어버린 양(羊) 한 마리를 찾기 위해 많은 사람이 나서야 한다는 뜻으로, 정황(情況)이 복잡하게 얽혀 일정한 방향을 찾기 어려움을 비유하는 말, 또는 학문 등을 전일(專一)하게 하지 않으면 끝내 성공하지 못함을 뜻한다.

【고사】 양자(楊子)의 이웃 사람이 양 한 마리를 잃고 양을 찾기 위해 자기 집 사람들을 다 동원하고도 부족하여 양자네 집 아이까지 좀 보내 달라고 청하였다. 그러자 양자가 물었다.

"한 마리의 양을 찾는데 왜 그리 여러 사람이 나서야 하는가?"

"갈림길〔岐路〕이 많기 때문입니다."

얼마 후 사람들이 돌아왔는데 양을 못 찾았고 돌아왔다.

"왜 못 찾았는가?"

그 사람이 말하였다.

"갈림길에 들어갔더니 또 길이 여러 갈래로 나뉘어 어디로 갔는지 끝내 찾을 수가 없었습니다."

【원문】 楊子之隣人亡羊 旣率其黨 又請楊子之竪追之 楊子曰 憙 亡一羊 何追者之衆 隣人曰 多岐路 旣反 問獲羊乎 曰 亡之矣 曰奚亡之 曰 岐路之中又有岐焉 吾不知所之 所以反也

【출전】 《열자(列子) 설부(說符)》

다다익선 多多益善

많을다 많을다 더할익 좋을선

【뜻풀이】 많으면 많을수록 좋다.

【고사】 한(漢)나라 고조(高祖) 유방(劉邦)은 천하통일의 일등공신인 초왕(楚王) 한신(韓信)을 위험한 존재로 여겼다. 그래서 계략을 써 그의 왕위를 박탈하고 회음후(准陰侯)로 좌천시켜 장안을 벗어나지 못하게 했다. 어느 날 고조는 한신과 여러 장군들의 능력에 관한 이야기를 나누던 끝에 이렇게 물었다.

"과인은 얼마만큼의 군대를 지휘할 수 있다고 생각하오?"

한신이 대답했다.

"글쎄요, 한 10만쯤 통솔하실 수 있을 것입니다."

"그렇다면, 그대는 어떻소?"

"저는 많을수록 좋습니다.[多多益善]"

고조가 비꼬듯 다시 물었다.

"많으면 많을수록 좋다면서 어찌하여 과인에게 붙잡혔는가?"

한신은 이렇게 대답했다.

"그것은 별개의 이야기입니다. 폐하께서는 병사의 장수가 아니라 장수의 장수이십니다. 이것이 오로지 신이 폐하의 포로가 된 이유입니다."

고조는 병졸들의 장수로는 그다지 신통치 못하지만 장수들을 통솔하는 '장수의 장수'여서 고조에게 잡힌 것이라는 대답이었다.

【출전】 《사기(史記) 회음후열전(准陰侯列傳)》

단 기 지 계
斷 機 之 戒

【뜻풀이】 짜던 베를 잘라 아들에게 학문에 힘쓰도록 경계함.

【고사】 맹자(孟子)가 어렸을 때, 중도에 학업을 폐지하고 집으로 돌아오자, 그 어머니가 짜던 베를 잘라 버리면서 이렇게 나무랐다.

"네가 중도에 학업을 그만두는 일은 내가 이처럼 짜던 베를 잘라 버리는 것과 같다."

맹자는 어머니의 이런 가르침에 따라 마침내 훌륭한 학자가 되었다.

【출전】 《열녀전(列女傳) 추맹가모(鄒孟軻母)》

단발유객
斷髮留客

끊을단 머리털발 머물류 손님객

【뜻풀이】 가난한 집 어머니가 아들의 친구를 접대하기 위해 자신의 머리털을 잘라 팔아 음식을 마련했다는 뜻으로, 현명한 어머니나 또는 손님을 정성껏 대접하는 비유이다.

【고사】 진(晉)의 명장(名將) 도간(陶侃)은 소년 시절 집이 무척 가난했으나 현명한 어머니 담씨(湛氏)가 부지런히 길쌈을 하고 바느질품을 팔아 근근히 생활하면서도 아들에게 원근의 명사(名士)들과 널리 사귀기를 권하였다.

그 친구 가운데 고을의 명사인 범규(范逵)가 조정에 벼슬하며 지나다 도간의 집에 들러 유숙하게 되었는데 수행하는 인마(人馬)가 매우 많아 접대할 일이 막막한데다가 때가 마침 엄동설한이어서 방을 덥힐 땔감조차 없었다.

이를 걱정하는 아들에게 어머니가 말했다.

"아무 걱정하지 말고 어서 나가 손님 일행을 맞아들이거라. 나머지 문제는 내가 알아서 하겠다."

아들이 손님을 영접하기 위해 밖으로 나가자 담씨는 방안으로 들어가 자신의 머리카락을 싹둑 잘라 가지고 시장으로 달려가 양식과 마초(馬草)를 사가지고 오고, 헛간채를 뜯어 땔감을 삼아 접대를 마쳤다.

뒤늦게 이런 사실을 안 범규가 조정에 돌아가 담씨 모자의 이런 사실을 침이 마르도록 칭찬한 것은 말할 필요도 없다.

【출전】 《세설신어(世說新語) 현원(賢媛)》

단 장
斷 腸

끊을단 창자장

【뜻풀이】 창자가 끊어질 듯한 깊은 슬픔을 나타내는 말로, 자식을
잃은 부모의 슬픔을 비유한다.

【고사】 진(晉)나라 환온(桓溫)이 촉(蜀)땅을 정벌하기 위해 여러 척의
배에 군사를 나누어 싣고 양자강 중류의 협곡인 삼협(三峽)을 통과할 때
의 일이다. 환온의 부하 하나가 원숭이 새끼 한 마리를 붙잡아서 배에
싣자 어미 원숭이가 곧 뒤따라왔으나 물이 가로막혀 배에 오르지 못하
고 강가에서 슬피 울어댔다.

　배가 출발하자 어미 원숭이는 강가의 절벽을 필사적으로 뛰어넘으며
계속 배를 쫓아왔다. 그런 식으로 배가 100여 리쯤 나아갔는데, 곧 지쳐
그만둘 줄 알았던 어미는 끈질기게 따라왔다. 이윽고 배가 강기슭에 닿
자 어미 원숭이는 기진맥진한 몸으로 남아 있는 힘을 다해 배에 훌쩍 뛰
어올랐으나 너무 지친 나머지 그 자리에서 그만 죽고 말았다. 병사들이
그 어미 원숭이의 배를 갈라보니 너무 애통한 나머지 창자가 토막토막
끊어져 있었다고 한다. 이 사실을 안 환온은 크게 노하여 원숭이 새끼를
잡아온 그 부하를 매질하여 내쫓아 버렸다.

【출전】 《세설신어(世說新語) 출면(黜免)》

단 학 속 부
斷 鶴 續 鳧

끊을단 새학 이을속 오리부

【뜻풀이】 학(鶴)의 긴 다리를 잘라 오리의 짧은 다리를 이어준다는 뜻으로, 무리하게 억지로 일을 처리함을 비유한다.

【고사】 "가장 올바른 길을 가는 사람은 태어난 자연스런 모습을 잃지 않는다. 그래서 발가락 사이의 살을 군더더기로 생각하지 않고 손가락이 하나 더 있어도 육손으로 여기지 않는다. 길다고 그것을 여분으로 생각하지 않고 짧다고 그것을 부족하게 여기지 않는다.

그래서 물오리는 비록 다리가 짧지만 길게 이어 주면 괴로워하고 학의 다리는 길지만 그것을 잘라 주면 슬퍼한다. [長者不爲有餘 短者不爲不足 是故鳧脛雖短 續之則憂 鶴脛雖長 斷之則悲] 그 때문에 타고난 본성이 길다고 하여 잘라야 할 것이 아니며 타고난 본성이 짧다고 하여 이어 줄 것이 아니며 근심거리로 여겨 없앨 것이 아니다. 생각하건대 인의(仁義)는 인정(仁情)이 아닌데 인의를 실천하는 사람은 어찌 그리 근심이 많은가."

【출전】 《장자(莊子) 변무(騈拇)》

당단부단 當斷不斷

【뜻풀이】 과단성 있게 결단하지 못하다가 도리어 해를 당한다.

【고사】 전국시대 초(楚)나라 춘신군(春申君)은 제(齊)나라의 맹상군(孟嘗君), 조(趙)나라의 평원군(平原君), 위(魏)나라의 신릉군(信陵君)과 함께 빈객을 많이 초치(招致)하여 나라를 도운 호걸이다. 이때 고열왕(考烈王)에게 아들이 없어 아들을 낳아줄 여자를 물색하고 있는데 조나라 사람 이원(李園)이 자기 누이동생을 바치려고 데리고 왔다. 그런데 고열왕에게 아들을 낳을 능력이 없다는 소문이 들리자 왕에게 바치지 않고 춘신군에게 누이동생을 바쳤는데 얼마 후 그녀가 임신을 했다. 이원이 그녀를 통해 춘신군에게 말했다.

"지금 초왕이 당신을 총애함이 친 형제보다 더하여 20여 년 이상 국상(國相)을 지내고 있습니다. 만일 초왕이 죽고 그 형제 중 누가 즉위하면 자신과 친한 자를 국상으로 삼을 것이니 어찌 오래 자리를 보전하겠습니까?"

"그러면 어떻게 해야 좋은가?"

"지금 제가 임신을 했으니 저를 왕에게 바치십시오. 그래서 아들을 낳으면 당신은 태자의 실제 아버지가 되고 나중에 태자가 즉위하면 초나라는 당신 차지가 될 것입니다."

춘신군은 그 말대로 그녀를 고열왕에게 바쳤고, 정말 몇 달 후 아들을 낳아 태자에 봉해졌다. 얼마 후 왕이 병들자 하루는 주영(朱英)이란 사람이 춘신군을 찾아와 말했다.

"지금 만약 왕께서 서거하면 초나라의 정권은 공과 이원 두 사람 중 한 분에게로 돌아갈 것인데 거기에 대한 대비를 하셔야 합니다."

"무슨 말인가?"

"세상에는 바라지 않던 뜻밖의 복이 있는가 하면 뜻밖의 화도 있는 법입니다."

"내게 바라지 않은 복이란 무엇인가?"

"초왕이 죽고 어린 왕을 보좌하다 자란 후 정사를 돌려주면 이는 이윤(伊尹)이나 주공(周公) 같은 명성을 얻을 것이니 이것이 뜻하지 않은 복이 아니겠습니까?"

"그럼 뜻밖의 화란 무엇인가?"

"이원은 춘신군 당신만 없으면 나라의 정사를 혼자 휘두를 수 있기 때문에 공을 원수처럼 여기고 있습니다. 그래서 공을 제거하기 위해 몰래 살수(殺手)를 양성해 온 지 오래입니다. 왕이 승하하면 그날로 공을 해칠 것이니 이것이 뜻밖의 화라는 것입니다. 그러니 저를 낭중(郎中)으로 임명해서 궁중에 두십시오. 그러면 제가 이원을 먼저 제거하겠습니다."

"그렇지 않네. 이원은 유약한데다가 나와 친하게 지내는 사이네."

춘신군은 끝내 주영의 계책을 따르지 않다가 결국 이원의 자객에게 살해당하고 태자가 즉위하니 이가 초유왕(楚幽王)이다. 후일 《사기(史記)》를 쓴 사마천(司馬遷)은 춘신군의 궁터를 찾아가 둘러본 후 이렇게 한탄했다.

"사람들 말에 '결단해야 할 것을 결단하지 못하면 도리어 화를 당한다' 라고 하는데 춘신군이 주영의 말을 따르지 않다가 화를 당한 경우를 말하는 것이 아니겠는가?[語曰 當斷不斷 反受其亂 春申君失朱英之謂邪]"

【출전】 《사기(史記) 춘신군열전(春申君列傳)》

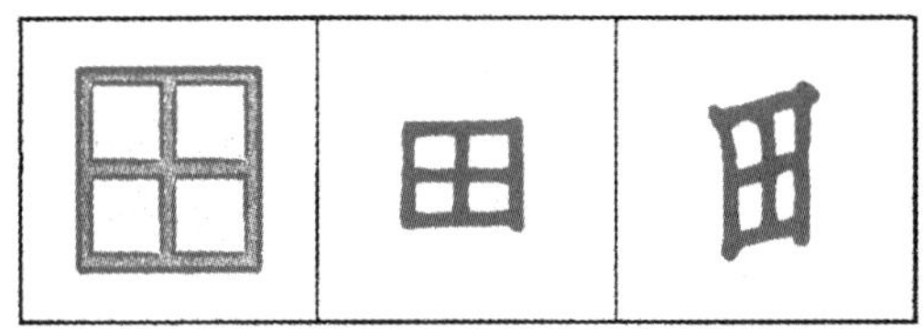

당랑거철 螳螂拒轍

사마귀당 사마귀랑 막을거 수레바퀴철

【뜻풀이】 사마귀(螳螂)가 겁 없이 발을 들어 수레바퀴를 막는다는 뜻으로, 자기 분수를 모르고 강자(强者)에게 덤비는 비유이다. 유의어는 당랑당거(螳螂當拒), 당비당거(螳臂當車).

【고사】 제(齊)나라 장공(莊公)이 하루는 사냥을 가게 되었다. 수레를 타고 가는데 갑자기 사마귀 한 마리가 나타나 앞발을 번쩍 쳐들고 수레를 막는 것이었다. 그 모양을 본 장공은 수레를 멈추고 수레 모는 사람에게 물었다.

"저게 무슨 벌레인가?"

"예, 사마귀라는 벌레인데 앞으로 나아갈 줄만 알지 뒤로 물러설 줄은 모릅니다. 그리고 자기 힘을 헤아리지 않고 강자(强者)에게 마구 덤비는 버릇이 있습니다."

이 말을 들은 장공이 말했다.

"만일 저 사마귀 같은 사람이 있다면 반드시 천하에 크게 무용(武勇)을 떨치겠구나. 저쪽으로 피해 가자."

【원문】 齊莊公出獵 有螳螂擧足將搏其輪 問其御曰 此何蟲也 御曰 此螳螂也 其爲蟲 知進而不知退 不量力而輕就敵 莊公曰 此爲人而必爲天下勇武矣 廻車而避之

【출전】 《한시외전(韓詩外傳) 8권》

당로매주
當爐賣酒
당할당 화로로 팔매 술주

【뜻풀이】 한(漢)나라의 사마상여(司馬相如)가 화로 가에서 술장사를 한다는 뜻으로 지식인의 가난한 생활을 비유한다.

【고사】 사마상여는 사부(詞賦)에 능한 한나라의 대문호이다. 그가 임공현(臨邛縣)의 갑부(甲富) 탁왕손(卓王孫)의 연회에 참석했는데 그 집 딸 탁문군(卓文君)과 눈이 맞는 바람에 몰래 이리저리 도망을 다니느라 갖은 고생을 다했다. 성도(成都)에 자리 잡은 두 사람의 생활은 말이 아니어서 네 벽만 앙상한 집에서 매우 가난한 생활을 해야만 했다. 하루는 탁문군이 사마상여와 의논했다.

"우리의 생활이 이처럼 어려우니 임공으로 돌아가 친척들의 도움을 받아 생활하는 것이 좋지 않겠어요?"

임공으로 돌아온 사마상여는 수레와 말을 팔아 작은 주막을 차렸다. 그래서 날마다 주방에 앉아 술통을 나르고 그릇을 씻는 등 막일을 하고 탁문군은 술을 팔고 돈을 받는 생활을 했다. 그런 딸과 사위가 창피해 탁왕손이 두문불출(杜門不出)하자 친척들이 달래며 말했다. "문군이 이미 그와 결혼했고, 사마상여가 비록 가난하기는 하지만 후일 반드시 크게 이름을 날릴 인물이니 너무 괄시하지 말고 도와주는 것이 좋겠소." 이에 탁왕손은 약간의 돈을 내어 두 사람을 도왔다.

【출전】 《사기(史記) 사마상여열전(司馬相如列傳)》

대 기 만 성
大 器 晩 成

큰대　그릇기 늦을만 이룰성

【고사】《노자(老子)》41장을 보면 다음과 같은 말이 있다.

"훌륭한 사람은 도(道)를 들으면 행하기에 힘쓰고, 중간의 사람은 도를 들으면 있는 것도 같고 없는 것같이 여기며, 어리석은 자가 도를 들으면 크게 비웃는다.

어리석은 자가 듣고 비웃지 않는 도는 도라고 하기에는 부족하다. 그래서 옛부터 전해오는 말이 있다. '밝은 도는 어두운 것 같고, 나아가는 도는 물러나는 것 같으며, 잘 다듬어진 길은 울퉁불퉁 한 것 같고, 가장 훌륭한 덕(德)은 골짜기와 같으며 크게 흰 것은 검은 것 같다.

넓은 덕은 부족한 것 같고, 우뚝한 덕은 구차한 것 같으며, 질박(質朴)하고 참된 것은 변하는 것 같다.

큰 모퉁이는 모가 나지 않고 큰 그릇은 이루어지는 것이 더디며 큰 소리는 귀로 들을 수 없다.

큰 도는 형체가 없고 도는 숨어서 이름이 없다. 대저 진정한 도는 천하의 만물에게 그 힘을 잘 빌려주어 천하의 만물을 생성 화육(生成化育)시키는 것으로 도를 이루는 것이다."

【출전】上士聞道 勤而行之 中士聞道 若存若亡 下士聞道 大笑之 不笑
不足以爲道 故建言有之 明道若昧 進道若退 夷道若纇 上德若谷 大白
若辱 廣德若不足 建德若偸 質眞若渝 大方無隅 大器晚成 大音希聲 大
象無形 道隱無名 夫唯道善貸且成

대려지맹
帶礪之盟
띠대 숫돌려 어조사지 맹세맹

【뜻풀이】 황하(黃河)의 물이 허리띠처럼 가늘어지고 태산(泰山)이 숫돌처럼 납작해지도록 변치 않는다는 맹세의 말.

【고사】 한고조(漢高祖) 유방(劉邦)이 나라를 세운 후 그동안 나라를 세우는 데 공을 세운 공신(功臣)들에게 봉작(封爵)하면서 이렇게 맹세했다.

"황하가 띠처럼 가늘어지고 태산이 숫돌처럼 얇아질 때까지 나라가 편안하여 그대들 후손에게까지 미치리라.

【원문】 封爵之誓曰 使黃河如帶 泰山若礪 國以永寧 爰及苗裔

【출전】 《사기(史記) 고조공신후자연표(高祖功臣侯者年表)》

대수장군
大樹將軍

【뜻풀이】 후한(後漢) 광무제(光武帝) 때 장군 풍이(馮異)를 가리키는 말.

【고사】 풍이는 광무제 유수(劉秀)를 도와 건국에 많은 전공을 세웠는데 사람됨이 겸손하여 적과 싸울 때가 아니면 항상 뒤처져 행군하고, 여러 장수들이 전공을 자랑하며 다툴 때면 언제나 혼자 큰 나무 아래로 피해 있었기 때문에 사람들이 그를 '대수장군(大樹將軍)'이라 부르며 모두 그 휘하에 속하기를 원했다.

【출전】 《후한서(後漢書) 풍이전(馮異傳)》

대 의 멸 친
大 義 滅 親

큰대 옳을의 없앨멸 친할친

【뜻풀이】 대의를 위해서는 사사로운 친분은 돌보지 않고 법대로 처리함.

【고사】 춘추시대 때 위장공(衛莊公)은 진(陳)나라에 장가들어 아들 완(完)을 낳아 태자로 삼았으며 또 다른 총첩(寵妾)에게서 주우(州吁)란 아들을 낳았는데 주우는 성질이 거칠고 창검(槍劍) 놀이를 좋아하며 자랐다. 이를 본 대부 석작(石碏)이 걱정이 되어 하루는 조용히 장공에게 아뢰었다.

"만약 주우가 장차 위나라의 병권(兵權)을 잡으면 화란을 일으킬 것입니다. 대왕께서 참으로 그를 사랑한다면 일찍이 태자로 봉하거나 아니면 국외로 추방해 후환을 막으소서."

장공이 석작의 충고를 무시하고 방치한 채 죽고 태자 완이 즉위하니 이가 위환공(衛桓公)이다. 그 후 석작이 보니 자신의 아들 석후(石厚)가 주우와 친하게 지내며 자주 왕래하는 게 아닌가? 몇 차례 아들을 타일렀으나 막무가내였다.

"장차 우리 석씨(石氏)가 멸족(滅族)당할 것은 불을 보듯 뻔하다."

석작의 예언대로 주우와 석후는 정(鄭)나라에서 망명해 온 공숙단(共叔段)과 함께 환공을 시해(弑害)하고 주우 자신이 즉위했으나 사방에서 소요가 일어나 나라가 안정되지 않았다. 하루는 집에 들른 석후가 아버지

석작에게 나라를 안정시킬 묘책을 물었다.

“어떻게 해야 백성들을 진정시키겠습니까?”

“나라를 안정시키려면 주우더러 진(陳)나라로 가서 진환공(陳桓公)에게 청하여 주(周)나라 천자(天子)의 승인을 받는 것이 상책이라고 전해라.”

그래놓고는 석작 자신이 몰래 먼저 진나라로 가서 진환공에게 부탁했다.

“주우와 석후 두 사람은 자기 임금을 시해한 역적이니 진나라에 오거든 죽여야겠습니다.”

주우가 오자 기다리던 위나라 대부들이 즉시 붙잡아 죽이고 석작은 가신(家臣)을 보내 아들 석후를 죽였다. 이를 본 위나라 사람들이 석작의 바른 처사에 감탄했다.

“정의를 펴고 나라의 안녕을 위해서 아들도 돌보지 않는구나!”

【출전】《좌전(左傳) 은공(隱公) 4년》

도 수 수 금
盜 嫂 受 金

훔칠도　형수수　받을수　쇠금

【뜻풀이】 형수(兄嫂)와 사통(私通)하고 장수들에게 돈을 받았다는 모함을 받음.

【고사】 한(漢)나라 승상을 지낸 진평(陳平)은 얼굴이 매우 아름다웠다. 가난한 그의 얼굴이 아름다운 것을 보고 친구들이 놀렸다.

"자네는 변변히 먹지도 못하는데 얼굴이 어찌 그리 고운가?"

그러자 평소 집안일을 돕지 않고 빈둥거리기만 하는 진평을 못마땅하게 여기던 형수가 빈정거렸다.

"보리 겨를 많이 먹어서 그런 게지요. 우리 삼촌은 없는 것만 못하답니다."

동생의 앞날을 크게 기대하고 있던 형 진백(陳伯)은 그 날로 아내를 내쫓고 말았다. 그러나 가난한 터라 나이가 차도록 장가를 들지 못했다. 부자들은 그의 가난을 이유로 딸을 주지 않았고, 가난한 집 딸은 진평이 사양했다. 그런데 마침 장부(張負)란 부자의 손녀가 다섯 번 시집을 갔는데 다섯 번 다 신랑이 죽어 돌아왔다는 소문을 듣고, 진평은 그 집으로 장가를 들기로 결심하였고, 마침내 그의 마음을 움직일 수 있었다. 장부가 진평의 집을 찾아가 보았더니 집은 가난했으나 문밖에 손님들이 타고 온 수레가 가득한 것을 보고 진평을 달리 본 것이다. 그러나 장부가 집으로 돌아와 아들에게 그런 이야기를 했더니 아들은 펄쩍 뛰었다.

"그런 가난뱅이를 어찌 사위로 삼겠습니까?"

"아니다. 그의 관상을 보니 나중에 크게 될 인물이다."

장씨의 사위가 되어 살림이 넉넉해지자 진평의 명성이 사방에 퍼졌다. 그가 한번은 마을 제사를 지낸 후 매우 공평하게 고기를 분배했다. 그러자 마을 노인들이 칭찬했다.

"진씨 젊은이가 참으로 공평하구나!"

그 말을 들은 진평이 한탄했다.

"어찌 이까짓 고기뿐이겠습니까? 저로 하여금 천하를 요리하게 해도 잘할 자신이 있습니다."

이후 진평은 사방을 돌아다니며 천하의 인재들과 사귀어 마침내 한왕(漢王) 유방(劉邦)의 눈에 들어 신임을 받게 되었다. 그가 빠른 시일 내에 아장(亞將)에 임명되자 강후(絳侯)와 관영(灌嬰) 등이 진평을 모함했다.

"진평은 집에 있을 때 그의 형수와 사통(私通)하고, 장수들에게 금을 받아 금을 많이 낸 자는 선처하고 그렇지 않은 자는 반대로 했다고 하니, 잘 살피십시오."

유방은 즉시 진평을 천거한 위무지(魏無知)를 불러 꾸짖었다.

"듣자니, 진평은 그 형수와 사통하고, 위(魏)나라를 섬기다 잘 되지 않자 초(楚)나라로 갔다가 이번에 우리 한나라로 온 형편없는 자라고 하는데 사실인가?"

위무지가 대답했다.

"신이 말씀드린 것은 그의 능력이요 폐하께서 들으신 바는 그의 행실입니다. 지금 우리나라에 신의(信義)가 뛰어난 미생(尾生)이나 효성이 지극한 효기(孝己)가 있다 하더라도 전쟁하는 데에 무슨 도움이 되겠으며 그가 설사 형수와 사통했다 하더라도 작전을 세우는 데 무슨 해로움이 되겠습니까?"

【출전】《사기(史記) 진승상세가(陳丞相世家)》

도 주 지 부
陶 朱 之 富

【뜻풀이】 도주공(陶朱公) 범려(范蠡)의 부라는 뜻으로, 천하제일의 부호를 일컫는다.

【고사】 춘추시대 월왕(越王) 구천(勾踐)과 오왕(吳王) 부차(夫差) 사이에는 패권을 다투는 치열한 전쟁이 계속되었다. 먼저 구천이 회계(會稽) 싸움에서 처참하게 패배해 무릎을 꿇고 자신은 부차의 신하가 되고, 아내는 첩을 삼아달라고 애걸했다. 그리고 귀국해서는 섶을 깔고 자고 쓸개의 맛을 보아 가면서 복수를 꾀한 끝에 마침내 고소산(姑蘇山) 싸움에서 부차의 항복을 받아냈다. 부차는 결국 자살을 하고 만다. 이런 승리 뒤에는 대부(大夫) 종(種)과 범려 같은 대신들의 보좌가 컸다.

구천이 오나라를 멸망시키고 패자가 되자 범려는 구천의 사람됨이 난세에는 섬길 수 있지만 평화시에는 섬기기 어렵다 하여 간단한 보물만 챙겨 가지고 월나라를 떠나 변성명(變姓名)하고 바닷가에 정착해 농사를 지어 큰 부자가 되었다. 제(齊)나라 사람들이 그가 현명하다는 말을 듣고 재상을 삼자 범려는 다시 사직하고 떠나 도(陶) 땅에 아주 정착해 큰 부자가 되어 천하 사람들이 그를 도주공(陶朱公)이라고 불렀다.

【출전】 《사기(史記) 월왕구천세가(越王勾踐世家)》

도해이사
蹈 海 而 死

밟을도 바다해 써이 죽을사

【고사】 전국 조효소왕(趙孝昭王) 때 진(秦)나라가 조나라를 침범하자 조나라 평원군(平原君)이 위나라에 구원군을 청했다.

위나라 안리왕(安釐王)은 처음에는 장군 진비(晉鄙)에게 군사를 주어 구원하게 하려고 했으나 진나라의 협박을 받고 주저하면서 신원연(新垣衍)을 조나라에 보내 평원군을 통해 조왕에게 말했다.

"지금 진나라가 조나라를 침공하여 수도 한단(邯鄲)을 포위한 것은 땅이 욕심나서 아니라 제(齊)나라처럼 황제의 나라가 되려고 해서이니, 진나라에 사신을 보내 진소왕(秦昭王)을 황제로 높여 주면 군사를 철수할 것입니다."

이때 제나라 사람 노중련(魯仲連)이 마침 조나라에 와 있다가 그런 소문을 듣고 신원연을 만나 말했다.

"저 진나라는 예의를 버리고 전공(戰功)을 첫째로 삼는 나라인데, 그 나라가 멋대로 황제국이 되면 나 노중련은 동해(東海)로 뛰어들어 죽을지언정 그 나라의 백성이 되고 싶지 않습니다.[彼秦者 棄禮義而上首功之國也 彼卽肆然而爲帝 則連有蹈東海而死耳]"

【출전】 《사기(史記) 노중련추양열전(魯仲連鄒陽列傳)》

동 도 주
東 道 主

【뜻풀이】 동쪽 방면 도로의 주인이란 뜻으로 사신(使臣)을 접대하는 사람을 가리킨다.

【고사】 춘추시대 진(晉)나라 공자(公子) 중이(重耳)는 여러 해 동안 외국을 떠돌며 망명 생활을 했는데 정(鄭)나라에서는 특히 냉대를 받았다. 후일 귀국하여 즉위하니 이가 진문공(晉文公)인데 즉위하자마자 전일의 복수를 하기 위해 진(秦)나라와 연합하여 정나라를 공격했다. 위급하게 된 정문공(鄭文公)이 그동안 소원하게 대했던 노신(老臣) 촉지무(燭之武)를 불러 의논했다.

"지금 나라의 존망이 위태롭게 되었는데 어떻게 했으면 좋겠소."

정문공에게 좋지 않은 감정을 품고 있던 촉지무인지라 아무런 대답을 하지 않자 정문공이 다시 말했다.

"내가 그대를 중용하지 못한 것은 참으로 부끄럽게 생각하오. 그러나 지금은 사감(私憾) 때문에 나라를 망하게 한다면 그대 또한 좋을 게 무엇이겠소. 부디 좋은 계책을 일러 주시오."

그제야 촉지무가 대답했다.

"제가 진(秦)나라로 가겠습니다."

진나라에 도착한 촉지무가 목공(穆公)을 만나 설득했다.

"그동안 우리 정나라와 귀국은 사이좋게 지내왔습니다. 그런데 지금 갑자기 진나라와 연합하여 멸망시키려 하니 크게 잘못 생각하신 것입니다.”

“어째서 그렇다는 것이오?”

“생각해 보십시오. 지금 천하의 강국은 귀국과 진(晉)인데 그 진나라를 도와 우리 정나라를 빼앗아 주면 그 세력이 장차 어떻게 되겠습니까? 아마 진나라는 귀국보다 더 강성해질 것입니다.”

“그러면 우리가 어떻게 해야 하겠소?”

“즉시 군사를 철수시키고 우리 정나라와 우호관계를 회복하십시오. 그래서 정나라를 동쪽 방면 도로의 주인을 삼아서 왕래하는 사신(使臣)을 접대하게 하면 좋지 않겠습니까?”

“잘 알겠소.”

진목공은 즉시 군사를 철수시키고 약간의 군대만 남겨 정나라를 보호하게 했다. 이를 본 진문공도 할 수 없이 군사를 철수해 돌아갔다.

【출전】《좌전(左傳) 희공(僖公) 30년》

동 문 황 견
東 門 黃 犬

【뜻풀이】 진(秦)나라 이사(李斯)가 형을 받을 때 더는 누렁이와 함께 토끼 사냥을 하지 못하게 되었다고 탄식한 데서 관직 생활로 초래한 화(禍)를 뒤늦게 후회함을 비유한다.

【고사】 이사는 진(秦)나라 승상(丞相)으로 문장에 능하고 글씨를 잘 썼다. 진시황(秦始皇)이 죽자 조고(趙高)와 함께 태자 부소(扶蘇)를 핍박하여 죽게 하고 둘째아들 호해(胡亥)를 옹립하니 이가 바로 이세(二世)이다. 스스로 승상이 된 그는 조고와 함께 이세를 아첨으로 섬겼으며 조고의 갖은 악행을 도왔다. 그러다 조고가 차츰 전횡(專橫)하는 것이 못마땅하여 반기를 들다가 조고의 모함을 받아 큰아들 이유(李由)와 함께 반역을 꾀했다는 죄목으로 옥에 갇히게 되었다.

1천 여 대의 곤장을 맞고 견디지 못해 거짓 자백을 하여 참형을 받기에 이르렀다. 쑥대머리 형상으로 형장인 함양(咸陽) 대로상으로 끌려나온 이사가 함께 끌려나온 둘째아들을 돌아보며 이렇게 탄식했다.

"이제 너희들과 함께 누렁이를 끌고 동문(東門) 밖을 나가 토끼 사냥을 하지 못하게 되었구나!"

【출전】 《사기(史記) 이사열전(李斯列傳)》

동벽여휘

東壁餘輝

동녘동 벽벽 남을여 불빛휘

【뜻풀이】 동쪽 벽으로 새어나온 빛이란 뜻인데 다른 사람의 불빛을 이용하여 자신의 일을 함.

【고사】 제(齊)나라 동해(東海) 지방에 서오(徐吾)라는 가난한 여인이 있었다. 매일 밤 이웃 여자들과 동네의 큰 집에 모여 길쌈을 하는데 불을 밝힐 초를 각자가 번갈아 가져오기로 하였다. 그러나 집이 너무 가난한 서오는 초를 살 수 없어 번번이 차례를 어기기가 일쑤였다. 그러자 한 여인이 일동에게 불평을 털어놓았다.

"누구는 번번이 초를 가져오지 않으니 내일부터 나오지 못하게 하자."

그 말을 들은 서오가 대들었다.

"그게 그리 못마땅한가? 대신 나는 매일 제일 먼저 나와 청소도 하고 불도 때는 등 궂은일은 다 맡아하면서 한쪽 구석으로 새어나온 희미한 불빛 아래서 일을 했다. 그대들이 나를 위해 촛불을 더 켜준 것도 아닌데 그것도 잘못이란 말인가?"

서오의 조리 있는 말에 일동은 아무 말도 하지 못했으며 이후 서오가 초를 가져오지 않는다고 불평한 사람도 없었다고 한다.

【출전】《열녀전(列女傳)》

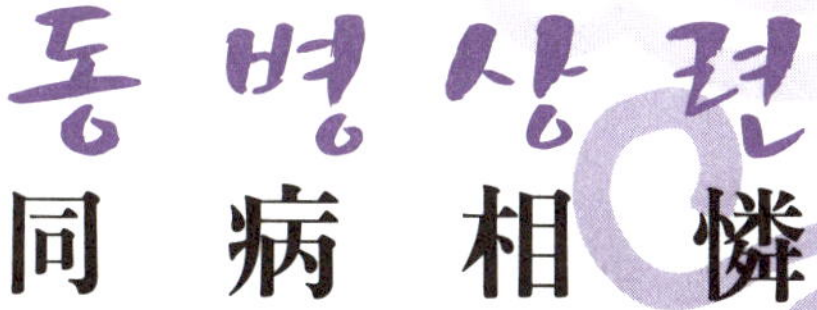

동 병 상 련
同 病 相 憐

【뜻풀이】 같은 병을 앓는 이는 서로의 처지를 잘 알므로 불쌍히 여겨 준다.

【고사】 춘추시대 사람 월(越)나라의 백비(伯嚭)가 오(吳)나라로 망명해 오자 그를 위해 베푼 연회 자리에서 대부(大夫) 피리(被離)가 오자서(伍子胥)에게 물었다.

"그대는 백비의 신의(信義)를 어떻게 보십니까?"

오자서가 대답했다.

"나의 한(恨)과 백비의 원망은 같소. 그대는 '하상가(河上歌)'란 노래를 들어보지 못했소? 그 가사에 '같은 병을 앓는 이는 서로를 불쌍히 여기고[同病相憐], 같은 근심이 있는 자는 서로를 찾아 만나네[同憂相求]'라고 했소."

【출전】 《오월춘추(吳越春秋) 합려내전(闔閭內傳)》

동 취
銅 臭
구리동　　　냄새취

【뜻풀이】 동전 냄새란 뜻으로, 돈이 많은 사람을 풍자하는 말이다.

【고사】 후한(後漢) 때 사람 최열(崔烈)은 북쪽 지방의 명사로 군수(郡守)와 구경(九卿) 등의 벼슬을 지냈다. 영제(靈帝) 때 이르러 매관매작(賣官賣爵)이 성하여 하관에서 공경에 이르기까지 모든 관직을 고하에 따라 돈을 받고 팔았다. 돈이 있는 부자들은 돈을 먼저 바쳤으며 가난해 돈이 없는 자는 외상으로 샀다가 후에 배로 갚았는데 최열도 궁중 보모를 통해 500만 전을 바치고 사도(司徒) 벼슬을 얻었으니 사도는 삼공(三公) 중 한 벼슬이었다. 관직을 배수(拜受)하는 날 영제가 친히 임어(臨御)하여 최열을 보더니 가까운 환관들을 돌아보며 한 마디 했다.

"좀더 아껴 1천만 전을 받지 못한 것이 후회스럽다."

그러자 옆에 있던 보모가 나섰다.

"최공은 기주(冀州)의 명사인데 어찌 돈 내고 벼슬을 사려고 했겠어요? 500만 전을 받고 판 것도 제 덕인 줄이나 아세요!"

이런 소문이 나자 명성이 더 나기는커녕 군수로 있을 때만도 못해졌다. 이상하게 여긴 최열이 아들 최균(崔鈞)에게 물었다.

"내가 삼공의 지위에 올랐으면 명성이 더 나야 하는데 군수를 지낼 때만도 못하니, 왜 그런다고 여기느냐?"

아들이 서슴지 않고 대답했다.

"사람들이 아버지에게서 나는 동전냄새[銅臭]를 싫어해서 그렇습니다."

아들의 직설적인 말에 화가 난 최열이 지팡이를 들어 후려치려 하자 아들이 달아나 피했다.

"저런 놈이 있나? 애비가 때리면 맞아야지 도망치는 것이 효도(孝道)란 말이냐?"

도망치던 아들이 돌아보며 한 마디 했다.

"옛날 순(舜)임금도 아버지 고수(瞽叟)가 회초리로 때리면 맞았지만 몽둥이를 휘두르면 피했다고 합니다."

그 말에 최열은 부끄러운 생각이 들어 몽둥이를 버렸다.

【출전】《후한서(後漢書) 최식전(崔寔傳)》

득심응수
得 心 應 手
얻을득 마음심 응할응 손수

【뜻풀이】 마음 속으로 생각하면 손이 바로 그대로 움직임, 또는 손으로 터득하여 마음이 거기에 응한다는 뜻으로 풍부한 경험에 의한 것은 말로 남에게 전수해 줄 수 없음을 비유한다.

【고사】 춘추시대 제환공(齊桓公)이 당상에서 글을 읽고 있는데 뜰에서 수레를 만들고 있던 윤편(輪扁)이란 목수가 일손을 놓고 물었다.

"임금께서 읽고 계신 것은 무슨 책입니까?"

"성인의 말씀이다."

"그 성인은 지금 살아 계십니까?"

"아니다. 이미 돌아가셨다."

"그렇다면 지금 읽고 계시는 것은 옛사람의 찌꺼기입니다."

"무엄하게 그게 무슨 말이냐? 왜 그런지 제대로 이유를 대지 못하면 죽일 터이니 까닭을 말하거라."

윤편이 말했다.

"신의 직업인 수레 만드는 일로 비유하겠습니다. 수레 바퀴구멍을 여유 있게 깎으면 너무 헐거워서 튼튼하지 못하고 너무 꼭 맞게 깎으면 빡빡해서 들어가지 않습니다. 너무 헐겁거나 빡빡하지 않아 꼭 맞도록 깎는 것은 손으로 터득하여 마음이 응하는 것이어서 말로 표현할 수 없는 것입니다. 그래서 신의 자식에게도 가르쳐 줄 수가 없고 신의 자식도 그 기술을 저에게 배울 수 없어서 나이 70이 되도록 지금까지 혼자 깎고 있습니다. 마찬가지로 그 옛 성인도 말로 할 수 없는 것은 표현하지 못하고 죽었을 것입니다."

【출전】 《장자(莊子) 천도(天道)》

동상탄복
東牀坦腹
동녘동 평상상 드러낼탄 배복

【뜻풀이】 동쪽 평상에 배를 내놓고 있는 사윗감.

【고사】 진(晉)나라의 태부(太傅) 치감(郗鑒)이 사윗감을 구하기 위해 승상(丞相) 왕도(王導)에게 편지를 써서 사람을 보냈다. 편지를 읽어본 왕도는 그 심부름 온 사람에게 동쪽 평상으로 가서 글을 읽고 있는 여러 아이들 가운데서 골라보라고 했다. 그 심부름꾼이 돌아와서 태부에게 이렇게 보고했다.

"왕승상 댁 도령들은 다 훌륭했습니다. 사윗감을 고르러 왔다는 말을 듣고 모두 잘 보이려고 모습을 가다듬고 뽐내고 있었는데, 그 중 한 도령만은 모른 척하고 배를 드러내 놓은 채 글만 읽고 있었습니다."

치감은 그 소년이 마음에 들어 알아보니 바로 일소(逸少) 왕희지(王羲之)여서 그에게 딸을 시집보냈다. 이 고사에서 사위를 '동상(東牀)'이라 하게 되었으며, 우리나라에서도 새 사위가 처가에서 한 턱 내는 것을 '동상례(東牀禮)'라 하였다.

【출전】 《세설신어(世說新語) 아량(雅量)》

동 엽 봉 제
桐 葉 封 弟

오동나무동 잎엽 봉할봉 아우제

【뜻풀이】 성왕이 장난삼아 동생에게 오동나무 잎을 표신으로 주어 제후(諸侯)에 봉(封)함.

【고사】 주성왕(周成王)이 어려서 그의 동생 숙우(叔虞)와 소꿉놀이를 하면서 오동나무 잎을 규(珪: 標信)로 삼아 숙우에게 주면서 이렇게 말했다.

"이로써 너를 제후에 봉하노라." 이런 말을 전해들은 사일(史佚)이 성왕에게 길일(吉日)을 가려 숙우를 제후에 봉하는 의식을 거행하자고 청하니, 성왕은 그저 장난일 뿐이라고 했다. 이에 사일은 정색을 했다.

"천자(天子)에게는 장난말이 없는 법입니다. 말씀을 하면 사관(史官)이 기록을 하고, 예(禮)가 이루어집니다."

그러고는, 숙우를 당(唐) 땅에 봉하였는데 일설에는 사일이 주공(周公)에게 권하여 주공이 그렇게 했다고 한다.

【원문】 成王與叔虞戱 削桐葉爲珪以與叔虞曰 以此封若 史佚因請擇日 立叔虞 成王曰 吾與之戱耳 史佚曰 天子無戱言 言則史書之 禮成之 樂歌之 於是遂封叔虞於唐

【출전】 《사기(史記) 진세가(晉世家)》

【뜻풀이】 한 집 형제끼리 창을 들고 싸운다는 뜻으로, 집안싸움이
나 나라의 내분(內紛)을 비유한다.

【고사】 춘추시대 정(鄭)나라 대부 서오범(徐吾犯)의 누이가 매우 아름
다웠는데 이미 공손초(公孫楚)와 정혼한 사이였다. 그런데 공손초의 종
형 공손흑(公孫黑) 역시 그녀를 사모하여 나중에 기러기를 보내 납폐(納
幣)의 예를 행하였다. 입장이 곤란하게 된 서오범이 정자산(鄭子産)에게
의논하니 정자산이 말했다.

"이는 나라에서 간여할 일이 아니며 당신도 걱정할 필요 없이 당사자
인 누이에게 고르도록 하시오."

두 사람 역시 그 의견에 따라 공손흑은 예복을 갖추어 입고 들어가 누
이에게 선물을 주고 나오고, 공손초는 군복을 입고 들어가 화살을 쏜 후
수레를 타고 나오니 누이가 말했다.

"공손흑은 참으로 미남이나 저는 남자다운 공손초에게 마음이 끌립니
다. 남자는 남자답고 여자는 여자다워야 합니다."

이에 공손초와 혼인하게 되었는데 앙심을 품은 공손흑이 공손초를 죽
이고 그 아내를 빼앗으려 했다. 이런 김새를 미리 알아차린 공손초가 거
리에서 공손흑을 만나 먼저 칼로 찔러 상처를 입혔다. 나라의 대신들이
이런 내홍(內訌)을 걱정하여 정자산에게 의논하니, 자산이 말했다.

"양쪽의 죄가 똑같을 때는 나이가 적고 지위가 낮은 자에게 죄가 있는 법이오."

그러고는 공손초를 체포하며 꾸짖었다.

"나라에는 몇 가지 예절이 있는데 그대는 이를 모두 어겼소. 임금의 위엄을 두려워해야 하는데 임금이 계신 도성에서 무기를 사용했으며, 공손흑은 상대부요 그대는 하대부인데 양보하지 않았으니 귀한 이를 존중하지 않은 것이요, 종형에게 부상을 입혔으니 친족을 받들지 않은 것이오."

그러고는 공손초를 국외로 추방하였다.

【출전】 《춘추좌씨전(春秋左氏傳) 소공(昭公) 원년(元年)》

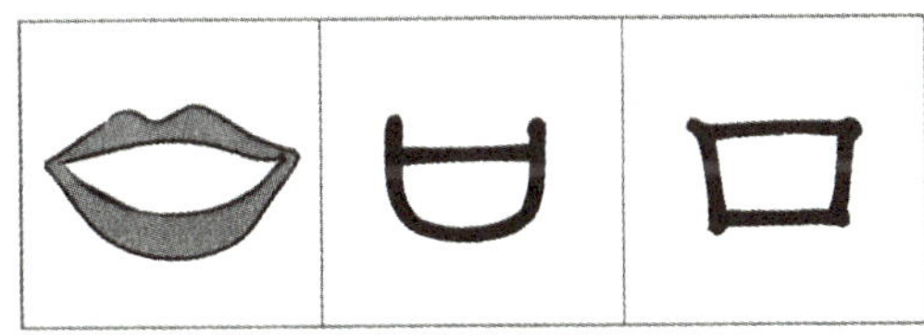

동호지필
董狐之筆

【뜻풀이】 춘추시대 진(晉)나라 사관(史官) 동호(董狐)의 직필(直筆)
이란 뜻으로, 역사적 사실을 숨김없이 곧이곧대로 적음
을 나타낸다.

【고사】 춘추 진(晉)나라에 내란이 일어나 조천(趙穿)이 영공(靈公)을 시
해한 사건이 일어났다. 그런데, 사관 동호는 그 사실을, "조순(趙盾)이
그 임금을 시해하였다."라고 기록했다.

조순이 자신과는 상관없는 일이라고 항변하자 동호는 이렇게 말했다.

　"당신은 정경(正卿)의 자리에 있으면서 임금이 시해당하자 도망하다
국경을 넘지 않고 돌아왔으며, 돌아와서는 반역한 조천을 토벌하지도
않았으니, 당신이 시해한 것이나 다름없소."

　공자(孔子)는 《춘추》에서 동호를 훌륭한 사신(史臣)이라고 칭찬하였
다.

【출전】 《춘추좌씨전(春秋左氏傳) 선공(宣公) 2년》

득 롱 망 촉
得 壟 望 蜀

얻을득 땅이름롱 바랄망 땅이름촉

【뜻풀이】 농서(隴西) 지방을 얻고 나니 촉(蜀) 땅을 얻고 싶은 욕심이 생긴다는 뜻으로, 사람의 욕심은 한정이 없음을 비유하는 말이다.

【고사】 후한(後漢)의 광무제(光武帝)가 천하를 통일하지 못하고 있을 때였다. 당시 농서 땅에는 외효(隗囂)가 촉(蜀) 땅에는 공손술(公孫述)이 할거(割據)하고 있었다.

　광무제는 이 농서와 촉을 어떻게든 차지하여야 했는데, 마침 농서의 외효가 죽고 그의 아들 외구순(隗寇恂)이 항복해 와 한 가지 소원은 이루어졌다. 그런데 농서를 얻고 나니 이번에는 촉땅을 어떻게든 빼앗아야 한다는 욕망이 더 간절해졌다. 이런 자신을 두고 광무제는 이렇게 탄식했다.

　"사람의 욕망은 끝이 없구나. 이미 농서를 차지하고 나니, 다시 촉땅을 바라게 되는구나!"

【원문】 西城若下 便可將兵 南擊蜀虜 人苦不知足 旣平隴 復望蜀 每一發兵 頭鬢爲白

【출전】 《동관한기(東觀漢記) 외효전(隗囂傳)》

등용문
登 龍 門

> **【뜻풀이】** 물고기가 용(龍)이 되어 올라간다는 뜻으로 미천한 사람이 현귀(顯貴)하게 되는 일, 혹은 고시(考試)에 합격함을 이르는 말이다.

【고사】 용문(龍門)은 중국 황하(黃河) 상류에 있는 지명으로 지세가 높아 물살이 거세기로 유명한데 전설에 잉어가 그 용문을 뛰어오르면 용이 된다고 한다. 후한 때 사람 이응(李膺)은 박식한 데다가 성품이 곧아 권력에 아첨하지 않고 곧은 절조를 지켜 그 명성이 높았는데 그가 하남윤(河南尹)으로 있을 때 호족(豪族)인 양원군(羊元群)의 죄를 성토하다가 도리어 죄를 입어 고생한 적이 있었다. 사면을 받아 사예교위(司隷校尉)가 되면서부터는 더욱 탐관오리를 색출하여 탄핵하는 데 힘을 쏟았는데 한번은 탐관오리 장삭(張朔)을 잡아 죽였다. 그러자 그의 형 태감(太監) 장양(張讓)이 환제(桓帝)에게 호소하니 환제가 이응을 불러 나무라니 이응이 큰 소리로 대꾸했다.

"이 일 때문에 문책을 받을 줄은 뜻밖입니다. 저는 죄를 입거나 죽거나 두렵지 않으나 며칠 만 더 살려 주십시오. 그러면 탐관오리들을 모조리 죽인 후 죄를 받겠습니다."

이런 일로 이응의 명성은 날로 높아가서 그를 만나보려는 사람들이 문전성시(門前成市)를 이루었고, 누구든 그의 천거(薦擧)나 이끌어줌을 받으면 큰 영광으로 알아서 사람들이 물고기가 용문에 오르는 것에 비유하여 등용문이라 하였다.

【출전】 《후한서(後漢書) 이응전(李膺傳)》

마견접종
摩肩接踵

문지를마 어깨견 닿을접 발꿈치종

【뜻풀이】 거리에 사람이 많이 다녀 어깨가 서로 부딪치고 발꿈치가 닿는다는 뜻으로 인구가 많음을 형용한다.

【고사】 춘추시대 말기에 제(齊)나라는 정치가 혼란한 반면 초(楚)나라는 강성했다. 제나라의 안자(晏子)가 초나라에 사신으로 파견되었다. 안자의 체구가 왜소한 것을 본 초나라 왕이 안자에게 물었다.

"제나라에는 그처럼 인물이 없소? 그대 같은 자를 외국에 사신으로 보내니 말이오!"

"웬걸요. 우리 나라 수도 임치(臨緇)에는 사람이 너무 많아 사람들이 소매를 들어올리면 온 도시에 그늘이 드리우고 땀을 한꺼번에 뿌리면 비가 쏟아지는 듯합니다. 이처럼 행인들의 어깨가 서로 마주 닿고 발꿈치가 닿을 정도로 많은데 어찌 사람이 없다고 하십니까?"

무안해진 초왕이 다시 물었다.

"그런데 어찌 그대처럼 볼품없는 사람을 사신으로 보냈단 말이오?"

안자가 대답했다.

"우리 제나라에서는 외국에 사신을 보낼 때 상대국 임금이 현명하면 현명한 자를 사신으로 보내고 상대국 임금이 불초하면 불초한 자를 보냅니다. 우리 제나라에서 제가 가장 불초하므로 이번에 귀국에 사신으로 오게 된 것입니다."

안자의 달변에 초왕은 그만 말문을 닫고 말았다.

【출전】 《안자춘추(晏子春秋) 내편(內篇) 잡하(雜下)》

마 수 시 첨
馬 首 是 瞻

말마 머리수 이시 볼첨

【뜻풀이】 '내 말 머리를 바라보고 따르라'는 뜻으로 장수의 지휘
에 복종하여 따름을 비유한 것이다.

【고사】 춘추 때 진도공(晉悼公)이 패주(覇主)가 되자 전에 역(櫟) 땅 싸
움에서 진(秦)나라로부터 당한 치욕을 씻기 위해 연합군을 조직해 진국
을 침범했다. 자신은 국경에 머물러 관전하기로 하고 대부 순언(荀偃)으
로 하여금 진격하게 하여 연합군이 경수(涇水)에 이르렀으나 불만을 품
은 연합군이 순순히 강을 건너려 하지 않았다. 그러자 순언은 노(魯)나
라와 거(莒)나라, 정(鄭)나라 군사를 위협해 먼저 강을 건너게 하였다.
그러나 이때 여차하면 연합군과 강화(講和)하려던 진(秦)나라는 마음을
바꾸어 적극적으로 대항했다.

　제후의 연합군이 차츰 불리하게 되자 순언이 전군에 명령을 내렸다.

　"내일 새벽닭이 울 때 진군한다. 출발하기 전에 우물을 메우고 아궁이
를 묻어 버려 결사전을 펼 각오를 하라. 전투 중에 전군은 모두 내 말머
리가 향하는 곳을 잘 보고 따르라!"

　그러자 하군통수(下軍統帥) 난염(欒黶)이 불만을 터뜨렸다.

　"우리 진나라에는 이런 명령이 없었다. 내 말머리는 동쪽을 향할 것이
다."

　난염이 동쪽으로 돌아가 버리니 하군도 그 뒤를 따르고 다른 제후군도
전의(戰意)를 잃고 철수했다.

【출전】 《춘추좌씨전(春秋左氏傳) 양공(襄公) 14년》

마잔지화
馬棧之禍

【뜻풀이】 '어머니의 시신(屍身)이 마구간에 묻혀 있다'는 뜻으로, 어머니가 아버지에 의해 죽은 화(禍)를 뜻한다.

【고사】 전국시대 때 진(秦)나라가 제(齊)나라를 공격해 오자 제나라에서는 장수 장자(章子)를 시켜 막게 하였다. 그런데 얼마 후 장자가 진나라에 투항했다는 소식이 전해 왔다. 그런데도 위왕(威王)은 아무렇지 않은 듯 태연하였다. 신하들이 다시 장수를 뽑아 보내야 하지 않겠느냐고 재촉하자 위왕은 다음과 같이 말하였다.

"장자는 결코 나라를 배반하고 적에게 투항하지 않을 것을 나는 믿는다." "왜 그렇습니까?"

"장자는 자기 아버지도 속이지 않는 인물인데, 더군다나 나라와 임금을 속이겠느냐? 그의 말을 듣건대, 그 어머니 계(啓)가 자기 아버지에게 맞아죽어 마구간 밑에 묻혀 있는데, 아버지가 죽으면서 다른 곳으로 장사를 지내라는 유언을 하지 않아 아직까지 이장을 못하고 있다고 하였다. 그래서 내가 이번 싸움에서 승리하고 돌아오면 왕명으로 이장을 시켜 주겠다고 약속했다. 아버지의 명령도 어기지 않았는데, 어찌 내 명을 어기겠는가?"

과연 얼마 후, 제나라 군사가 크게 이겼다는 승전보가 전해 왔다.

【출전】 《전국책(戰國策) 제책(齊策) 1》

마 저 작 침
磨 杵 作 針

갈마 절구공이저 지을작 바늘침

【뜻풀이】 '절구공이를 갈아서 바늘을 만든다'는 뜻으로 끈기 있게 학문이나 일에 힘쓴다는 비유이다. 동의어는 철저성침(鐵杵成針(鍼)), 마부작침(磨斧作針)이다.

【고사】 시선(詩仙)으로 불리던 당나라의 시인 이백[李白 : 太白]이 어렸을 때의 이야기라고 한다. 이백은 아버지의 임지인 촉(蜀) 땅의 성도(成都)에서 자랐다. 그때 훌륭한 스승을 찾아 상의산(象宜山)에 들어가 수학(修學)했는데 어느 날 공부에 싫증이 나자 스승에게 말도 없이 산을 내려오고 말았다. 집을 향해 걷다가 어느 시냇가에 이르니 한 노파가 바위에 열심히 쇠절구공이[鐵杵]를 갈고 있는 게 보였다.

"할머니, 지금 뭘 하세요?"

"바늘을 만들려고 절구공이를 갈고 있다."

"그렇게 큰 것을 언제 갈아서 바늘이 될까요?"

"중도에 그만두지 않으면 언젠가는 바늘이 되지 않을려구……."

노파의 말을 듣고 난 이백은 마음에 느끼는 바가 있었다. 생각을 바꾼 그는 노파에게 공손히 인사하고 다시 산으로 올라갔다. 그 후 이백은 마음이 해이해지면 바늘을 만들려고 열심히 절구공이를 갈고 있던 그 노파의 모습을 떠올리며 분발했다고 한다.

【출전】 《잠확유서(潛確類書)》

마혁과시

馬革裹屍

【뜻풀이】 '전쟁터에서 죽어 말가죽에 시신이 싸여 돌아온다'는 뜻으로, 남아가 용감하게 싸우다가 전사(戰死)함을 일컫는다.

【고사】 후한(後漢) 복파장군(伏波將軍) 마원(馬援)은 어려서부터 뜻이 컸다. 한번은 마원이 전쟁터에서 개선(凱旋)해 돌아오니, 친구들이 많이 나와 환영을 해 주었는데, 그 가운데는 친한 친구 맹기(孟驥)도 있었다. 마원은 맹기까지도 다른 사람처럼 자신에게 아첨하는 듯하여 기분이 좋지 않아 이렇게 말했다.

"지금 나의 공은 미미한데 이처럼 큰 상과 위로를 받으니, 어찌 오래 가겠는가? 그런데 어찌 자네마저 내게 이렇게 해야 하는가? 지금 흉노(匈奴)와 오환(烏桓)의 족속이 북쪽 변두리를 침범하니, 나는 정벌하기를 청하겠네. 남아(男兒) 대장부라면 마땅히 변방 들판에서 싸우다가 죽어 말가죽에 시체가 싸여 돌아와 장사지내져야지 어찌 침상에서 아녀자의 손에서 운명하겠는가? [男兒要當死於野邊 以馬革裹屍還葬耳 何能臥牀上在兒女子手中邪]"

【출전】 《후한서(後漢書) 마원전(馬援傳)》

莫 須 有

막수유

하지말막 모름지기수 있을유

【뜻풀이】 '혹 그런 일이 있지 않았겠는가' 하는 뜻으로, 날조하여 모함한다는 뜻으로 쓰인다.

【고사】 남송(南宋) 때 진회(秦檜)란 큰 간신이 있었다. 그가 금(金)나라에 항복하기를 주장하면서 최후까지 결전하기를 주장하는 장수 악비(岳飛)를 제거하기 위해 사람을 시켜 악비와 그 양아들 악운(岳雲)이 모반을 꾀했다는 죄목으로 옥에 가두고 신문했다. 악비는 본래 충성심이 남다르고 처사가 공명정대하여 마음에 조금도 거리끼는 바가 없는 인물이었다.

"황천후토(皇天后土)가 나의 충심을 알 것이다."

그러고는 옷자락에다 '진충보국(盡忠報國)'이란 넉 자를 써서 자신의 마음을 밝혔다. 여러 차례 신문해도 모반했다는 증거가 없자 우물쭈물 조서를 꾸며 임금에게 올리려 하니 한충(韓忠)이 진회에게 가서 그렇게 하면 안 된다고 불평을 했다. 진회가 말했다.

"악비의 아들 운(雲)과 장헌(張憲)의 글이 비록 분명하지 않으나 사체로 보아 그런 일이 있지 않았겠는가![飛子雲與張憲書雖不明 其事體莫須有]"

그러자 한충이 대들며 말했다.

"그처럼 '그런 일이 있지 않았겠는가?'라는 애매한 말로 사람들을 설득시킬 수 있다고 여기는가?"

그러나 진회는 끝내 악비를 죽임으로써 악비의 충성은 더욱 세상에 알려지고 자신의 악행은 천추만세에 전하게 되었다.

【출전】 《송사(宋史) 악비전(岳飛傳)》

망양보뢰
亡羊補牢

【뜻풀이】 '소 잃고 외양간 고친다'는 뜻으로, 잘못된 줄 알고서 즉시 고치면 늦지 않는다는 비유이다.

【고사】 전국시대 초양왕(楚襄王)은 정사는 돌보지 않고 매일 주색에 빠져 지내거나 간신들과 어울려 사냥을 일삼았다. 그날도 총애하는 간신들과 운몽(雲夢)이란 곳으로 사냥을 가자 대신 장신(莊辛)이 양왕에게 간언을 했다.

"대왕께서 음란과 사치만 일삼으면서 국정을 돌보지 않으시니 나라가 반드시 위태로워질 것입니다."

그러자 양왕이 꾸짖었다.

"선생은 벌써 노망이 들었소?"

"노망이 든 게 아니라 틀림없이 그렇게 되고 말 것입니다. 저는 잠시 조나라로 피해 있으면서 관망하고 있겠습니다."

장신이 초나라를 떠나 조나라로 간 지 5개월 만에 진(秦)나라의 침입을 받은 초나라가 망할 지경이 되었다. 그러자 양왕은 성양산(城陽山)으로 피난해 사람을 시켜 장신을 불러오게 했다.

"과인이 선생의 말을 듣지 않다가 이 지경이 되고 말았으니 어떻게 하면 좋겠습니까?"

장신이 대답했다.

"들건대 속담에 '토끼를 보고 사냥개를 돌아볼 정도면 아직 늦은 것이 아니요, 양을 잃고 외양간을 고쳐도 결코 늦은 것은 아니다.[見兎而顧見 未爲晚也 亡羊而補牢 未爲遲也]'라고 하였습니다. 옛날 탕(湯)임금이나 무왕(武王)은 1백 리 좁은 땅을 가지고 나라를 세웠으며 걸왕(桀王)과 주왕(紂王)은 천하를 소유하고도 망했습니다. 지금 초나라가 비록 작지만 절장보단(絶長補短)하면 수천 리가 될 것이니 어찌 좁다고 하겠습니까?"

양왕은 장신을 양릉군(陽陵君)에 봉하고 회북(淮北) 지역의 땅을 주었다

【출전】 《전국책(戰國策) 초책(楚策)》

賣劍買牛

매검매우

팔매　칼검　살매　소우

【고사】 발해태수(渤海太守) 공수(龔遂)가 도둑이 들끓어 무를 숭상하는 마을에 부임하게 되었다. 태수가 새로 부임한다는 말에 마을에서 군사를 데리고 나와 영접하니, 공수는 이들을 모두 돌려보내고는 이러한 공문을 보냈다. '호미나 낫 등 농기구를 들고 있는 자는 선량한 백성이니 죄를 묻지 말고, 병기를 들고 있는 자는 도둑이다.' 그러자 도둑이 모두 평정되었다. 그러고는 마을에 농업을 권장하여 백성 가운데 칼이나 무기를 차고 다니는 자가 있으면 검을 팔아 소를 사게 하고 칼을 팔아서 송아지를 사도록 하면서[民有帶持刀劍者 使賣劍買牛 賣刀買犢] 이렇게 말하였다.

"어찌 하여 소를 차고 다니며 송아지를 차고 다니느냐? [何爲帶牛佩犢]"

이에 마을 안 사람들이 모두 곡식을 저축할 수 있게 되었고 옥송(獄訟)이 그쳤다.

【출전】 《한서(漢書) 공수열전(龔遂列傳)》

맥 수 지 탄
麥 秀 之 嘆

【뜻풀이】 망한 왕조(王朝)의 폐허(廢墟)가 된 도읍을 지나면서 느끼는 슬픈 탄식을 뜻한다.

【고사】 은(殷)나라의 유신(遺臣) 기자(箕子)가 새로 선 주(周)나라를 지나면서 옛 은나라 궁궐터에 벼와 기장만 무성하게 자란 은허(殷墟)를 보고 곡(哭)을 하는 것은 불가하고 부인(婦人)들처럼 읍(泣)을 할 수도 없자 이런 시(詩)를 지어 읊었는데 이를 맥수가(麥秀歌)라고 한다.

보리이삭은 삐죽삐죽　　　(麥秀漸漸兮)

벼와 기장만 무성하네　　　(禾黍油油)

저 교활한 아이는　　　（彼狡童兮)

나를 좋아하지 않았네　　　(不與我好兮)

맹모삼천지교
孟母三遷之敎

【뜻풀이】 맹자의 어머니가 세 번 이사하여 아들을 가르침. 곧, 맹자의 어머니가 맹자에게 좋은 교육환경을 만들어 주기 위해 세 번 이사했다는 고사에서 비롯된 말로, 어머니의 지극한 교육열을 비유할 때, 또는 교육에는 무엇보다도 환경이 중요하다는 점을 비유할 때 쓰인다. 맹모단기(孟母斷機), 또는 맹모단기지교(孟母斷機之敎)와 같은 뜻으로 쓰인다.

【고사】 맹자는 홀어머니 손에서 엄격한 가르침을 받으며 자랐다. 처음 맹자의 집이 묘지 근처였는데, 어린 맹자가 날마다 일꾼들이 묘지를 파 장사지내는 흉내를 내며 놀자, 이래서는 안 되겠다고 생각한 맹자의 어머니는 시장 근처로 이사를 갔다. 그러자 이번에는 물건을 팔고 사는 장사꾼 흉내를 내며 노는 것이었다. 이곳 역시 안 되겠다고 생각한 어머니는 세 번째로 서당 근처로 옮겼다. 그러자 맹자는 글공부하는 흉내를 내고, 또 서당에서 가르치는 대로 제기(祭器)를 늘어놓고 제사 지내는 예(禮)를 흉내 내며 놀았다. 맹자의 어머니는 이곳이야말로 자식을 기르는 데 더 할 것 없이 좋은 곳이라면서 비로소 안심하고 기뻐했다고 한다.

【출전】 《열녀전(列女傳) 추맹가모(鄒孟軻母)》

모 수 자 천
毛 遂 自 薦

성씨모 이룰수 스스로자 천거할천

【뜻풀이】 '모수(毛遂)란 사람이 나서서 스스로를 추천하다'는 뜻으로, 자기 자신을 추천하는 것을 비유한다.

【고사】 전국시대(戰國時代) 때 조(趙)나라 혜문왕(惠文王)의 동생 평원군(平原君) 조승(趙勝)은 빈객(賓客)을 좋아하여 항상 집에 많은 빈객이 들끓었다. 진(秦)나라 백기(白起)가 쳐들어와 많은 군사를 잃고 수도 한단(邯鄲)까지 포위되자 초(楚)나라에 원군(援軍)을 청하는 사신으로 평원군이 가게 되었다. 이때 문무를 겸한 모사(謀士) 20명을 뽑게 되었는데 한 사람이 모자라 망설이자 평소 잘 알려지지 않은 모수라는 사람이 자신이 가겠다고 나섰다. 그러자 평원군이 물었다.

"선생은 우리 집에 머문 지 몇 년이나 되셨소? 대저 현명한 사람은 주머니 속에 든 송곳과 같아서 언젠가는 그 끝이 밖으로 드러나게 마련이오. 그런데 나는 지금껏 선생에 대한 칭찬을 한번도 듣지 못했소."

이에 모수가 대답했다.

"그래서 지금부터 제가 평원군 당신의 주머니 속에 들어가기를 청하는 것입니다. 제가 진작 주머니 속에 들어갔더라면 어찌 송곳 끝뿐이겠습니까? 아마 자루까지 빠져 나와 보였을 것입니다."

이에 평원군과 함께 초나라로 가게 되었는데 협상이 한나절 내내 성사되지 않자 모수가 단 위로 올라가 외쳤다.

"두 나라가 연합하는 이해는 '예', '아니오' 두 마디면 되는데 어찌 아침부터 지금까지 결론을 내지 못한단 말입니까?"

이를 본 초왕이 모수를 내려가라고 꾸짖으니, 모수는 칼자루를 어루만지며 초왕 앞으로 나아가 말했다.

"대왕께서 저를 꾸짖는 것은 초나라의 많은 군사를 믿으시기 때문인데, 지금 저와 대왕과의 거리는 열 걸음 안쪽이니, 그 많은 군사도 믿을 것이 못 됩니다. 우리 조나라가 연합하는 합종책을 쓰자고 청한 것은 실로 귀국을 위한 것이기도 합니다."

이 말에 초왕은 즉시 승낙하여 협상이 타결되었다. 협상을 다 끝낸 모수는 함께 온 열아홉 명의 모사를 돌아다보면서 한 마디 했다.

"당신들은 모두 굽실거리며 따르기만 하는 하찮은 사람들에 불과하오."

【출전】 《사기(史記) 평원군열전(平原君列傳)》

창모 방패순

【뜻풀이】 말이나 행동의 앞뒤가 일치되지 않는다는 뜻이다.

【고사】 어떤 초(楚)나라 사람이 창과 방패를 팔면서 이 방패는 단단해서 어떤 날카로운 창으로도 뚫지 못한다고 떠들어댔다. 그러다 얼마 후에는 창을 들고 선전하기를, 이 창은 너무나 예리하여 못 뚫을 방패가 없다고 하였다. 그러자 구경꾼 중 한사람이 일어나 이렇게 말하였다.

"여보시오, 그렇다면 당신의 창으로 당신의 방패를 찌르면 어떻게 되는 거요?"

그러자 그 사람은 아무 말도 못했다고 한다.

【출전】 《한비자(韓非子) 잡일(難一)》

무릉도원
武 陵 桃 源

굳셀무 언덕릉 복숭아도 근원원

【뜻풀이】 중국 무릉(武陵) 지방의 어부가 잘못하여 전혀 낯선 곳에 들어갔는데 그곳은 사시사철 복사꽃이 핀 낙토(樂土)였다는 고사로, 경치가 뛰어나게 아름답거나 세상을 피해 은거(隱居)할 만한 곳을 일컫는다.

【고사】 진(晉)나라 태원(太元) 연간에 무릉에 사는 어부가 잘못하여 도화원(桃花源)이란 곳에 들어가게 되었다. 그곳은 집들이 깨끗하고 전답이 기름졌으며 개와 닭 울음소리가 여기저기서 들렸는데 남녀노소들이 매우 즐겁게 살아가고 있었다. 그곳 사람들이 스스로 이렇게 말하였다.

"우리는 진(秦)나라의 어지러운 세상을 피해 처자를 거느리고 이곳에 들어와 살게 되었는데, 그 후에는 세상 소식을 듣지 못하였다."

어부들이 그 후 다시 그곳을 찾아갔으나 찾지 못하였다.

【원문】 晉太元中 武陵漁人誤入桃花源 見其屋舍儼然 有良田美池 阡陌交通 鷄犬相聞 男女老少怡然自樂 村人自稱先世避秦時亂 率妻子邑人來此 遂與外界隔絕 後漁人復尋其處 迷不復得

【출전】 《도화원기(桃花源記)》

묵 돌 불 검
墨 突 不 黔

【뜻풀이】 묵적(墨翟)이 너무 바빠서 동분서주하느라 아궁이의 구들이 검게 그을릴 사이도 없다는 뜻으로, 공석불난(孔席不暖)도 같은 뜻이다.

【고사】 "우(禹) 임금은 치수(治水)를 하느라 바빠서 그의 집 앞을 지나면서도 들르지 않았고, 공자(孔子)는 천하를 주유(周遊)하느라 앉은 방석이 더워질 겨를이 없었으며, 묵자(墨子)의 구들장은 검어질 겨를이 없었다.[禹過家門不入 孔席不暇暖 而墨突不得黔]"라고 하였다.

【출전】《한유(韓愈) 쟁신론(爭臣論)》

문 경 지 교
刎 頸 之 交

목벨문 목경 어조사지 사귈교

【뜻풀이】 목이 베어져 죽는 일이라도 함께 할 교분이란 뜻으로, 우의(友誼)가 아주 깊어 생사(生死)를 같이하기로 한 벗과의 사귐을 뜻한다.

【고사】 조(趙)나라 인상여(藺相如)는 진나라에 가서 화씨벽(和氏璧)을 찾아오고 조왕(趙王)과 진왕(秦王)이 회담할 때에는 조나라가 수치를 면하고 도리어 진왕을 욕보인 공으로 상경(上卿)이 되어 장군 염파(廉頗)보다 지위가 높게 되었다.

분개한 염파가 인상여를 만나면 반드시 욕을 보이겠다고 벼르자 인상여는 일부러 염파를 피해 다녔다. 너무 비굴한 짓이 아니냐고 불만을 토로하는 부하에게 인상여는 이렇게 말하였다.

"나는 진왕의 위력에도 굴복하지 않고 그 나라 조정에서 그를 욕보였다. 지금 강국 진나라가 우리 조나라를 치지 못하고 있는 것은 염파장군과 내가 있기 때문이다. 이제 이 두 호랑이가 싸우면 그중 누군가 하나는 죽게 마련이다. 내가 이처럼 그를 피하는 것은 나라를 먼저 생각하고 사사로운 혐의는 뒤로 미루기 위해서이다."

이런 말을 전해들은 염파는 부끄러운 나머지 등을 벗어 살을 들어낸 채 가시나무 채찍을 짊어지고 인상여를 찾아가 사과하고 사생을 함께 할 교분을 맺었다.

 (前略) 旣罷歸 以相如功大 拜爲上卿 位在廉頗之右 廉頗曰 我
爲趙將 有攻城野戰之大功 藺相如徒以口舌爲勞 而位居我上 且相如素
賤人 吾羞 不忍爲之下 宣言曰 我見相如 必辱之 相如聞 不肯與會 相如
每朝時 常稱病 不欲與廉頗爭列 已而相如出 望見廉頗 相如引車避匿
於是舍人相與諫曰…今君與廉頗同列 廉君宣惡言而君畏匿之 恐懼殊甚
且庸人尙羞之 況於將相乎 臣等不肖 請辭去 藺相如固止之曰 公之視廉
將軍孰與秦王 曰不若也 相如曰 夫以秦王之威 而相如廷叱之 辱其群臣
相如雖駑 獨畏廉將軍哉 顧吾念之 彊秦之所以不加兵於趙者 徒以吾兩
人在也 今兩虎共鬪 其勢不俱生 吾所以爲此者 以先國家之急而後私讐
也 廉頗聞之 肉袒負荊 因賓客至藺相如門謝罪曰 鄙賤之人 不知將軍寬
之至此 卒相與驩 爲刎頸之交

【출전】 《사기(史記) 인상여열전(藺相如列傳)》

문슬이담
捫蝨而談

【뜻풀이】 '옷에 붙은 이를 잡으면서 태연히 이야기를 나눈다'는 뜻으로 성격이 호방(豪放)하여 자질구레한 일에 구애받지 않음.

【고사】 동진(東晉) 때 왕맹(王猛)은 용모가 잘 생기고 재기가 넘쳤으며 박학다식(博學多識)하였는데 특히 병서(兵書)를 이야기하기 좋아했다.

그가 젊었을 때 다른 사람들은 그의 재능을 알아주지 않았으나 오직 서통(徐統)만이 알아서 벼슬로 불렀으나 나아가지 않고 화음산(華陰山)으로 들어가 은거하였다. 아주 벼슬하지 않겠다는 것이 아니라 훌륭한 군주를 만나 이상을 펼치겠다는 큰 뜻을 품고 있던 그인지라 그런 기회가 오기를 기다리기로 했던 것이다.

그 후 환온(桓溫)이 정권을 잡자 왕맹이 산을 내려와 그를 만나보러 갔다. 환온이 만나보는데 왕맹은 허름한 옷에서 연신 이[蝨]를 잡아내어 죽이면서 입으로 천하대사(天下大事)를 거침없이 쏟아내는 것이 마치 옆에 아무도 없는 듯이 태연한 모습이었다. 기인(奇人)으로 여긴 환온이 방 안으로 불러들여 잡인을 물리치고 밀담을 나눈 후 돌아갈 때 거마(車馬)를 하사하고 벼슬을 주면서 말했다.

"이번 남쪽 지방 원정에 나를 따라가 도와주는 것이 어떻겠소?"

"돌아가 스승과 상의해 보겠습니다."

그러나 스승과 상의하니 반대했다.

"환온과 같은 조정에서 벼슬하면서 부귀를 누릴 생각이면 모르지만 그렇지 않으면 하필 먼 곳까지 가서 고생할 필요가 있겠느냐?"

그 후 왕맹은 전진(前秦)의 황제 부견(苻堅)에게 중용되어 승상(丞相)을 지냈다.

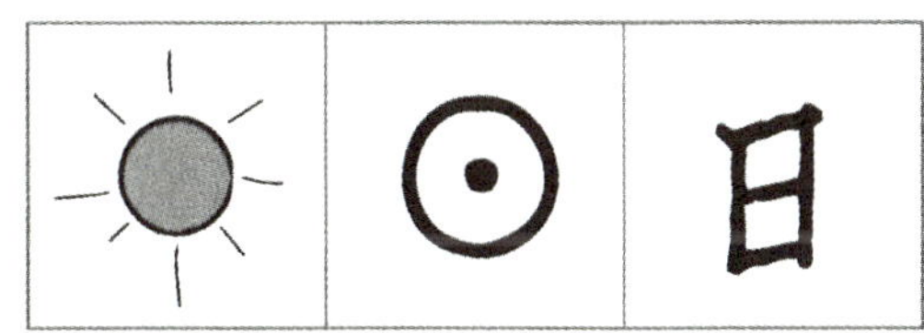

문 전 성 시
拇 前 成 市

문문　앞전　이룰성　저자시

【뜻풀이】 '집 문앞이 시장처럼 사람이 북적댄다'는 뜻으로 찾아오는 사람이 많음의 비유이다. 문전약시(門前若市)라고도 한다.

【고사】 전국 때 제위왕(齊威王)의 대신 추기(鄒忌)는 키가 8척이 넘는데 다가 미남이었다. 아침에 출근하여 의관을 갖추고 거울을 들여다보니 자신이 생각해도 잘생긴 얼굴이었다. 그래서 아내를 돌아보며 물었다

"당신 보기에 나와 성 북쪽에 사는 미남자 서공(徐公)과 나 가운데 누가 더 잘생겼다고 여기오?"

아내가 대답했다.

"그야 당신이 훨씬 미남이지요!"

추기는 그 말이 아무래도 미심쩍었다. 왜냐하면 서공은 제나라에서 첫째가는 미남이었기 때문이다. 그래서 다시 첩에게 물어보았다.

"당신 생각은 어떻소?"

"서공이 어찌 당신에게 미치겠어요!"

이튿날 어떤 사람이 찾아와 한담을 나누다 손에게 물었다.

"그대가 보기에 나와 서공 가운데 누가 더 잘생겼다고 여기는가?"

그 사람이 서슴없이 대답했다.

"서공은 당신만 못합니다."

그러던 어느 날 그 서공이 추기의 집을 방문해 왔다. 추기가 자리에 앉아서 그를 자세히 뜯어보니 아무래도 자기보다 훨씬 미남이라는 생각이 들었다.

그날 밤 잠자리에 들어서 추기가 곰곰 생각해 보았다.

"아내나 첩이 내가 더 잘 생겼다고 말한 것은 사정(私情)을 두어서요. 손이 내가 더 미남이라고 추켜세운 것은 내게 바라는 바가 있어서 아첨하는 뜻이 있기 때문이다."

생각이 이에 미친 추기는 이튿날 조회(朝會)에 나아가 위왕을 뵙고 그 이야기를 들려주었다.

"제가 서공만 못한 줄 알고 있는데도 아내나 첩이 제가 더 낫다고 말한 것은 사정을 두어서요, 손이 저를 추켜세운 것은 바라는 바가 있었기 때문입니다. 지금 우리 제나라의 크기가 사방 1천 리나 되고 성(城)이 1백 20개나 됩니다. 그러나 궁중 여인들과 신하들이 왕에게 사정을 두고 두려워하지 않는 자가 없을 것이니 대왕의 시야(視野)를 가리는 것이 심할 것입니다."

추기의 말을 들은 위왕이 고개를 끄덕였다.

"그렇겠다. 지금부터 신하나 백성 가운데 나를 면전(面前)에서 꾸짖어 주는 자는 제일 큰 상(賞)을 받을 것이요 글을 올려 잘못을 간(諫)하는 자는 다음 상을 받을 것이요, 시정(市井)에서 나를 비난하는 말을 해 그 소문이 내게 들리면 그 다음 상을 받을 것이다."

이런 명령이 나라 안에 전해지자 처음에는 간언(諫言)하러 오는 자가 문전성시(門前成市)를 이루었고 몇 달 후에는 가끔 진언(進言)하러 오는 자가 있게 되었고 1년 후에는 말을 하고 싶어도 임금에게 말할 만한 잘못이 없게 되었다. 이런 소식을 들은 이웃 나라들이 모두 제나라에 조회 오게 되었다

【출전】《전국책(戰國策) 제책(齊策) 1》

門前雀羅

문전작라

문문 앞전 참새작 그물라

【뜻풀이】 대문 앞에 참새 잡는 그물을 칠 정도로 방문객이 없는 한산한 상태. 문전성시(門前成市)의 반대말이다.

【고사】 한무제(漢武帝) 때 사람 급암(汲黯)과 정당시(鄭當時)는 의리를 소중히 여기는 사람들로서, 집에 찾아오는 손님들을 극진히 대접할 줄 알았다. 높은 벼슬자리에 올라 있을 때에도 찾아오는 사람들을 귀천을 가리지 않고 반겨 그들의 집 문 앞은 항상 방문하는 손님들로 붐볐는데 두 사람 모두 벼슬길이 순탄하지 못했다. 급암은 소탈한 성격이어서 항상 솔직한 말로 임금에게 직간(直諫)을 잘하여 무제의 미움을 사서 중앙 관직에서 밀려나 멀리 회양군(淮陽郡)의 태수(太守)가 되기도 했다. 정당시 역시 자기가 돌봐준 사람의 죄에 관련되어 서민이 되었다가, 나중에는 여남군 태수(汝南郡太守)로 좌천되자 자연 찾아오는 사람이 날로 줄어들어 나중에는 거의 찾는 사람이 없게 되었다. 《사기(史記)》를 지은 사마천은 이들의 전기를 이런 말로 끝맺었다.

"급암과 정당시 같은 현인(賢人)도 세력이 있을 때에는 손님이 많았지만, 세력이 없어지자 모두 떠나버렸다. 옛날 적공(翟公)의 경우도 그랬다. 적공이 정위(廷尉)로 있을 때에는 방문객이 문 앞에 넘쳤으나 벼슬을 떠나자 방문객이 끊어져 문 앞에 참새 떼가 놀았으며 새 잡는 그물을 칠 정도였다. 그러다가 적공이 다시 정위 벼슬을 하게 되자 방문객이 예전처럼 다시 들끓게 되었다."

【출전】 《사기(史記) 급정열전(汲鄭列傳)》

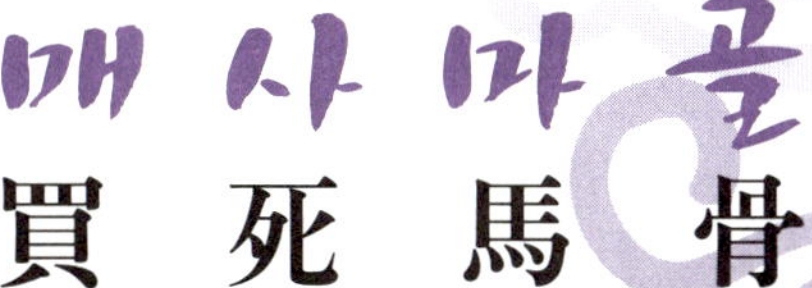

【뜻풀이】 '죽은 천리마(千里馬)의 뼈를 천금에 산다'는 뜻으로, 먼 곳에 있는 인재를 구하려고 애쓸 것이 아니라 가까운 곳에 있는 인재부터 쓰라는 비유이다.

【고사】 전국시대 연소왕(燕昭王)은 나라가 다 망하게 된 뒤 즉위하여 부국강병을 꾀하기 위해 어진 인재들을 널리 초빙했다. 한번은 곽외선생(郭隗先生)에게 인재를 천거하라고 부탁했더니, 곽외가 이런 이야기를 들려주었다.

"옛날 어떤 임금이 천금을 주고 천리마를 구하려고 했으나 3년이 다 되도록 구하지 못했습니다. 그러자 어떤 사람이 자기가 나가 구해 보겠다며 나갔는데, 3개월 만에 죽은 천리마 뼈를 5백금에 사왔습니다. 임금이 노해서 꾸짖자 그 사람은 이렇게 말했습니다. '죽은 천리마의 뼈를 5백금에 샀다는 소문이 알려지면 머지않아 살아 있는 천리마가 나타나지 않겠습니까?' 라고 했는데 과연 금방 천리마 세 필이 이르렀습니다. 그러니, 임금께서 참으로 천하의 어진 사람을 구하려면 먼저 저 곽외부터 높은 자리에 임용하십시오. 그러면 곽외보다 더 어진 사람들이 다투어 오지 않겠습니까?"

이에 연소왕은 곽외를 위해 궁실을 새로 짓고 스승으로 모셨더니, 악의(樂毅)와 추연(鄒衍) 등 천하의 어진 선비들이 연나라로 모여들었다.

【출전】 《사기(史記) 연세가(燕世家)》

면종복배
面 從 腹 背

> **【뜻풀이】** '면전에서는 복종하지만 돌아서서는 찬동하지 않는다' 는 뜻으로, 어떤 사안에 대해 마음속으로는 찬동하지 않으면서 겉으로 찬동한다는 비유이다.

【고사】 당(唐)나라 초기의 정치가 위징(魏徵)은 성품이 강직하여 간언(諫言)을 잘하여 태종(太宗)의 특별한 신임을 받아 그가 말한 것이면 대부분 다 들어주었다.

정관(貞觀) 6년에 하루는 태종이 단하전(丹霞殿)에서 잔치를 열고 가까운 신하들을 불러 즐기며, 한담을 나누는 중 태종이 말했다.

"위징이 마음을 다해 조정을 위하기 때문에 내가 그를 중용하고 있는데 때로는 그의 건의를 다 받아들지 못할 때가 있어 미안하다. 그러면 위징은 거기에 대해 이렇다 저렇다 아무런 말이 없으니 왜 그런가?"

그러자 위징이 대답했다.

"제가 간언을 했는데도 폐하께서 받아들이지 않으신 것을 제가 다시 말씀을 드리게 되면 부화뇌동(附和雷同)하기가 쉽습니다."

태종이 말했다.

"그대는 어찌 그리 융통성이 없는가? 잠시 따른 척했다가 후에 기회를 보아 다시 간하면 안 될 게 무언가?"

위징이 정색을 하며 말했다.

"옛날 성인(聖人) 순(舜)임금께서 일을 의논할 때 면전에서는 좋은 말

을 하다가 뒤에서 이러쿵저러쿵 말하지 말라고 경계하셨습니다. 제가
마음속으로 동의(同意)하지 않은데 입으로 동의하면 이는 면종복배(面
從腹背)하는 것입니다."

【출전】 《자치통감(資治通鑑) 당기(唐紀) 태종정관(太宗貞觀) 6년》

滅此朝食

멸차조식

【뜻풀이】 '이 적을 무찌른 다음에 아침밥을 먹겠다'는 뜻으로 급히 적군을 무찌르겠다는 결의를 다지는 말이다.

【고사】 춘추시대 제경공(齊頃公)이 노(魯)나라와 위(衛)나라를 침공하자 두 나라는 진(晉)나라에 구원을 청했다. 이에 진나라에서는 대부 극극(郤克)에게 군사를 이끌고 가 제나라를 대거 침공하게 하여 두 나라 군사가 안(鞍) 지방에서 대치하게 되었다. 이때 병하(邴夏)가 제경공의 전차를 모는 어자(御者)가 되고 방추보(逢丑父)는 오른쪽을 맡았는데 제경공이 군중을 향해 이렇게 선언했다.

"나는 잠깐 사이에 이 적을 무찌르고 와서 아침밥을 먹겠다.[余姑翦滅此而朝食]"

그러더니 말에 갑옷도 입히지 않고 적진을 향해 달려갔다.

격렬한 싸움에 진나라 군대의 손상은 컸고, 주장 극극은 화살에 맞아 피가 신발까지 흘러내렸지만 멈추지 않고 북을 치며 군사를 독려했고 부장 해장(解張)은 팔꿈치에 화살을 맞았으나 뽑을 사이도 없이 싸워야 했다.

【출전】 《좌전(左傳) 성공(成公) 2년》

명찰추호
明 察 秋 毫

【뜻풀이】 '시력(視力)이 좋아서 털끝처럼 작은 사물도 환히 살필 수 있다'는 비유이다.

【고사】 전국시대 제(齊)나라 선왕(宣王)이 맹자(孟子)를 초빙해서 제환공(齊桓公)이나 진문공(晉文公) 같은 패자(覇者)의 길을 묻자 맹자가 대답했다.

"우리 공자(孔子)의 학문을 하는 자들은 인의(仁義)와 도덕만 말하지 무력을 쓰는 패도(覇道)에 대해서는 언급하지 않습니다."

"그러면 천하를 통일하려면 어떻게 해야 합니까?"

맹자가 대답했다.

"왕도(王道)를 행하면 됩니다. 어떤 사람이 왕에게 '내 힘이 충분히 3천 근 무게를 들 수 있다고 하면서 깃털 하나를 들지 못하며, 가는 털끝을 볼 수 있는 자가 수레에 실린 땔감 나무를 보지 못한다고 하면 믿겠습니까? 지금 왕의 은혜가 금수에게까지 미치는데 백성에게는 미치지 않음은 왜입니까? 이는 깃털 하나를 들려고 하지 않는 것이며 수레에 실린 땔감나무를 보려고 하지 않는 것과 같습니다.

백성들이 보호받지 못한 것은 은혜를 베풀지 않아서이며 왕께서 왕도를 행하지 않은 것은 하지 않는 것이지 행할 수 없어서가 아닙니다.

【원문】 有復於王者曰　吾力足以擧百鈞　而不足以擧一羽　明足以察秋毫
之末　而不見輿薪　則王許之乎　曰否　今恩足以禽獸　而功不至於百姓者
獨何與　然則一羽之不擧　爲不用力　輿薪之不見　爲不用明焉　百姓之不見
保　爲不用恩焉　故王之不王　不爲也　非不能也

【출전】《맹자(孟子) 양혜왕(梁惠王) 상(上)》

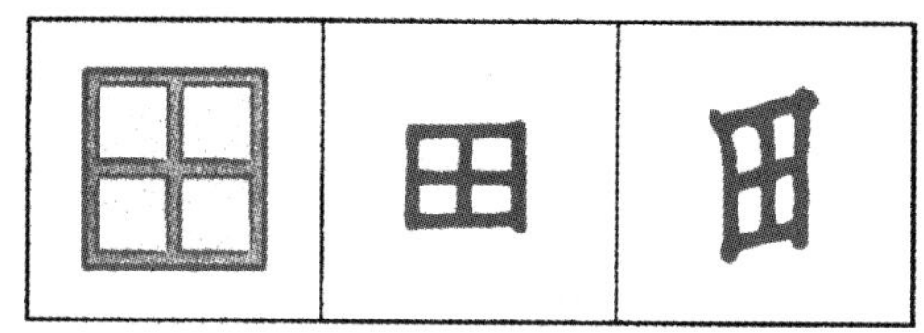

목 불 규 원
目 不 窺 園

눈목 아닐불 엿볼규 정원원

【뜻풀이】 '공부에 열중하느라 집에 있는 아름다운 화원(花園) 구경을 하지 못했다'는 뜻으로 학습에 전념함을 비유한다.

【고사】 전한(前漢)의 학자 동중서(董仲舒)는 소년시절 독서(讀書)에 각고(刻苦)의 노력을 쏟아 아침 일찍 일어나 밤늦도록 손에서 책을 떼지 않았다. 이처럼 학업에 열심이다 보니 집에 있는 아름다운 화원(花園)을 3년이나 구경하지 않았다고 한다.

후에 박사(博士)가 되어 강학(講學)하자 사방에서 제자들이 몰려왔는데 장막으로 가리고 했기 때문에 제자들이 그 소리만 들을 뿐 얼굴은 알지 못했다고 한다.

【출전】《한서(漢書) 동중서전(董仲舒傳)》

목인석심 木人石心

나무목 사람인 돌석 마음심

【뜻풀이】 '나무를 깎아 만들고 돌처럼 단단한 심장을 가진 사람'이란 뜻으로, 감정이 극히 냉담한 사람, 혹은 의지(意志)가 견고하여 움직일 수 없는 사람의 비유이다.

【고사】 진(晉)나라 회계(會稽) 땅에 하통(夏統)이란 은사(隱士)가 살고 있었다. 부모에게 효도하고 형제와 우애하였는데 친척들이 벼슬하기를 권하자 화를 불끈 냈다.

"그대들이 나를 그렇게밖에 생각하지 않고 있었는가? 태평한 시절이라면 모르지만 이처럼 어지러운 때 어찌 벼슬을 하여 몸을 더럽히겠는가? 그런 말을 들으니 모골(毛骨)이 서늘해지네."

그러고는 그들과 단교(斷交)하고 말았다.

한번은 어머니가 아파 약을 구하기 위해 작은 배를 타고 낙양(洛陽)으로 갔다. 마침 춘삼월을 맞아 그렇지 않아도 번화한 거리에 화려한 치장을 한 귀공자와 미희들의 행차가 북적거렸다. 다른 사람들은 앞을 다투어 그걸 구경하러 거리로 나갔지만 하통은 온 종일 배 위에서 구해온 약재(藥材)를 말리고 있었다. 이런 하통의 행동을 유심히 지켜본 사람이 있었으니 태위(太尉) 가충(賈充)이었다. 가충이 물었다.

"어디에 사는 뉘시오?"

"……"

가충이 재차 묻자 그제야 눈길도 주지 않은 채 대답했다.

“회계에 사는 가충이란 사람이외다.”

“바닷가에 살면 물놀이를 잘하겠구려.”

“예, 조금 합니다.”

말을 마친 하통이 노를 잡고 뱃머리를 돌리자 갑자기 풍파가 일어나며 안개가 자욱하게 피어오르더니 강의 물고기 아홉 마리가 팔딱팔딱 뛰어 뱃전 안으로 떨어졌다.

그제야 기인임을 안 가충이 벼슬하기를 권했으나 하통은 묵묵부답이었다.

“그러면 노래나 한 곡 들려주구려.”

“그건 어렵지 않지요.”

그러고는 발로 뱃전을 두드리며 노래를 부르니 청아한 소리가 바다 저 편까지 울려 퍼졌다.

하통의 노래가 끝나자 가충은 부하들에게 명하여 배에 붉은 깃발을 달고 대오를 지어 하통의 배를 호위하게 하였다. 또 한편으로, 예쁘게 꾸민 기녀들을 태운 배로 하여금 하통의 배를 겹겹으로 둘러싸게 하여 유혹해 보았으나 하통은 자신의 배 위에 단정히 앉아 꿈쩍도 하지 않았다. 이를 본 가충이 탄식했다.

“저 사람은 목석(木石) 같은 사람이다.”

【출전】 《진서(晉書) 은일(隱逸) 하통(夏統)》

목후이관

沐猴而冠

목욕할목 원숭이후 써이 갓관

【뜻풀이】 '원숭이를 목욕시켜 관(冠)을 씌운다'는 뜻으로, 겉모습은 그럴 듯하지만 본질은 변하지 않음을 비유한다.

【고사】 진(秦)나라 말기 항우(項羽)가 군사를 일으켜 수도 함양(咸陽)으로 들어가 보니 궁궐과 시가가 호화찬란하기 짝이 없었다. 자기 집안이 당한 복수를 하기 위해 투항해온 왕자(王子) 영(嬰)과 그 수하 군사를 모조리 죽인 후 시가에 불을 지르니 불길이 3개월이나 타 올랐으며 금은보화와 부녀자를 약취한 다음 스스로 서초패왕(西楚覇王)이 되어 동쪽으로 돌아가 팽성(彭城)에다 도읍을 정하려고 하니 어떤 사람이 말렸다.

"관중(關中)은 지형이 험하여 동쪽에는 황화(黃河)와 화산(華山)이 있어서 침입하는 산동의 군사를 막기에 편하고, 8백리 진천(秦川)이 있고 토지가 비옥해 진나라가 여기에 도읍해 천하를 통일할 수 있었는데 왜 하필 동쪽으로 돌아가려 하십니까?"

항우는 불에 타버린 함양에 조금도 미련이 없는 데다가 고향 쪽으로 돌아가고 싶은 생각이 굴뚝같았다.

"부귀해져서 고향으로 돌아가지 않는다면 비단옷을 입고 밤길을 가는 것과 같으니 그 누가 알아주겠는가? [富貴不歸故鄕 如衣繡夜行 誰知之者]"

동쪽으로 돌아가는 것을 만류하던 사람이 무안하여 중얼거렸다.

"초(楚)나라 사람들은 원숭이를 목욕시켜 관을 씌워놓은 것 같다더니 과연 그렇구나!"

그 말을 들은 항우는 그를 삶아죽이고 말았다.

【출전】 《사기(史記) 항우본기(項羽本紀)》

무 망 지 화
無 妄 之 禍

【뜻풀이】 뜻밖에 당하는 예상치 못한 화란(禍亂)을 말한다.

【고사】 전국시대 초(楚)나라 고열왕(考烈王)에게 늦도록 아들이 없어 집정대신 춘신군(春申君)이 여러 여인을 구해 바쳤으나 번번이 실패하고 말았다. 그때 조(趙)나라에 사는 이원(李園)이란 자가 자기 누이동생을 고왕에게 바치려고 초나라에 왔다가 누이도 임신을 하지 못하면 찬밥 신세가 될 것을 걱정해 한 가지 꾀를 생각하고는 자신이 춘신군의 집사(執事)가 되었다. 한번은 집에 다니러 갔던 이원이 늦게 돌아와 말했다.

"누이동생이 하나 있는데 제왕(齊王)이 자기에게 바치라고 사람을 보냈기에 만나보느라 늦었습니다."

"미인인 모양인데 내가 한번 만나볼 수 있을까?"

"그렇게 하십시오."

이렇게 되어 이원의 누이는 춘신군의 첩이 되어 총애를 받게 되었다. 그녀가 임신을 하자 이원이 누이동생을 부추겨 춘신군에게 이렇게 권했다.

"앞으로 왕이 아들 없이 승하하면 누가 왕이 될지 모르는 형세입니다. 다른 사람이 즉위하면 그동안 누려왔던 당신의 지위가 위태롭게 되니 지금부터 계책을 세워 앞일을 도모하셔야 합니다.”

“어떻게 말인가?”

“저의 임신 사실을 지금 아는 사람은 저희 몇 사람뿐이니, 저를 왕에게 바쳐 당신의 아들을 낳아 대를 잇게 하십시오. 그렇게 되면 당신의 지위도 보존되고 잘하면 나라도 차지하게 되지 않겠어요?”

이렇게 하여 궁으로 들어가 고열왕의 총애를 받은 그녀가 아들을 낳아 태자에 봉해졌다. 누이가 태자를 낳자 이원이 득세하여 권력을 부리게 된 것은 두 말할 것도 없었다. 권력의 맛을 본 이원이 누이와 모의했다.

“춘신군이 지금까지의 사실을 누설하면 만사 허사가 되니 죽여서 입을 막아야 한다.”

이러는 사이 고왕이 병들어 자리에 눕자 주영(朱英)이란 사람이 찾아와 춘신군에게 말했다.

“세상에는 뜻하지 않은 복이 있고 뜻밖의 화가 있게 마련이니[世有無妄之福 又有無妄之禍] 군은 지금 잘 대처하셔야 합니다.”

“뜻하지 않은 복이란 무엇을 말하는가?”

“공자께서 지금까지 20년 동안 초나라 상국으로 있었으나 실제로는 왕과 다름없었습니다. 지금 어린 왕이 즉위하면 그를 보필하다 자란 후 정권을 돌려주거나 아니면 아예 남면(南面)하여 직접 왕으로 즉위해 나라를 차지할 수 있으니, 이것이 이른바 뜻밖의 복이라는 것입니다.”

“그러면 뜻밖의 화란 무엇이오?”

“지금 이원은 왕의 처남으로 사병(私兵)을 양성하고 있습니다. 왕이 붕어하면 틀림없이 군대를 이끌고 궁궐로 들어가 공자를 죽여 입을 막을 것이니 이것이 뜻밖의 화라는 것입니다.”

주영의 간절한 충고를 춘신군은 흘려듣고 말았다.

"이원은 나약한 사람인데 어찌 그런 일을 하겠으며 그동안 내가 잘 대해 주었으니 염려하지 않아도 되오. 더는 말하지 마시오."

주영은 겁이 나서 도망해 버렸는데 고열왕이 죽자 궁중을 장악한 이원이 춘신군의 목을 쳐서 궁문 밖으로 던져 버리고 그 가족까지 모두 몰살하고 말았으며 태자가 즉위하니 이가 초유왕(楚幽王)이다.

【출전】《전국책(戰國策) 초책(楚策) 4》

문 정 (問 鼎)

물을문 솥정

【뜻풀이】 '나라를 상징하는 솥인 구정(九鼎)의 무게를 묻는다'는 뜻으로, 국가의 권력을 찬탈하려는 뜻이 있음을 비유한다.

【고사】 우(禹)임금이 중국 구주(九州)에서 각기 쇠를 거두어 구주를 상징하여 만든 솥을 구정(九鼎)이라 하여 이후 국가 정권을 상징하는 보배로 여기게 되었다. 춘추시대 변변치 못하던 초(楚)나라가 점차 주변국을 침탈하여 장왕(莊王) 때에 이르러서는 제후들 가운데 패자(覇者)가 되었다.

그러던 초장왕 8년에는 장왕이 직접 군사를 이끌고 천자(天子)의 나라 동주(東周)의 수도인 낙양에 이르렀으니, 이는 기회를 보아 동주를 멸망시키기 위함이었다. 초나라 군사가 낙양 교외에 주둔하자 주정왕(周定王)이 왕손만(王孫滿)을 보내 초나라 군사를 위로하니, 장왕이 물었다.

"주나라의 그 유명한 국보인 구정을 이름만 들었지 보지 못하였는데 이번 기회에 구경할 수 없겠소?"

왕손만이 고개를 저었다.

"선조께서 나라의 보배이니 경솔히 다른 사람에게 보여서 국가의 위엄을 손상시키지 말라고 하셨습니다."

체면이 상한 장왕이 말했다.

"그러면 구정의 대소나 무게라도 가르쳐 주시면 안 되겠소."

장왕이 구정의 대소 경중을 물은 것은 그것을 자기 나라로 옮겨가려는 뜻으로 결국 국권을 찬탈하려는 의도였다. 이를 간파한 왕손만이 따끔하게 쏘아붙였다.

"한 나라의 흥성 여부는 그 임금의 현명 여부에 달려 있지 구정의 대소 경중에 있는 것이 아니오."

왕손만의 말을 듣고 난 장왕은 아직 동주를 멸망시킬 시기가 아님을 알고 철군하고 말았다. 《좌전(左傳) 선공(宣公) 3년》

구정에 대해서 또 이런 이야기도 있다. 한번은 진(秦)나라가 군사를 이끌고 주나라에 와 구정을 달라고 위협하므로 주왕(周王)은 안율(安率)이란 신하를 시켜 제나라에 구원을 청해 물리쳤다. 그런데 이번에는 제나라가 구정을 탐내므로 안율이 제왕(齊王)을 만나 담판(談判) 지었다.

"우리가 귀국의 구원을 입어 나라를 보전하게 되어 구정을 바치고자 하는데 어느 나라를 통해 어떤 방법으로 운반해 가시렵니까?"

"글쎄, 어느 나라 길을 통해 어떤 방법으로 옮겨야 할지 모르겠소."

안율이 말했다.

"우리 나라도 대왕을 위해 그 문제를 걱정하고 있습니다. 무릇 구정이란 술병이나 간장병처럼 쉽게 품거나 끼고 훌쩍 제나라로 옮길 수 있는 물건이 아닙니다. 옛날 주나라가 은나라를 정벌하고 구정을 옮겨 올 때 정(鼎) 하나마다 9만 명의 군사가 끌어 모두 81만 명이 소요되었습니다. 또 그만한 군사가 있다 하더라도 위(魏)나라나 초(楚)나라를 통해 와야 하는데 그들도 구정을 탐내고 있으니 길을 빌려 줄 리 없습니다."

"그 말은 결국 구정을 줄 수 없다는 말과 같지 않은가?"

"아닙니다. 감히 우리가 어찌 대국을 속이겠습니까? 어떻게 운반하실지 빨리 결정하여 알려 주십시오."

제왕은 결국 포기하고 말았는데 구정은 주현왕(周顯王) 때 사수(泗水) 팽성(彭城) 아래로 빠졌다고 한다.

【출전】 《전국책(戰國策) 동주책(東周策)》

미대부도
尾大不掉
꼬리미 큰대 아닐부 흔들도

【뜻풀이】 '꼬리가 너무 커서 흔들지 못한다'는 뜻으로, 아래 사람의 권세가 너무 크면 부리기 어렵다는 비유이다.

【고사】 춘추시대 초영공(楚靈公)이 진(陳)나라와 채(蔡)나라를 멸망시키고 그곳에 큰 성(城)을 쌓고 공자(公子) 기질(棄疾)을 채의 책임자로 삼으려 하면서 신무우(申武宇)에게 가부를 물으니, 신무우가 대답했다.

"자식을 고르는 데는 어버이만 같지 못하고 신하를 고르는 데는 임금보다 나은 자가 없습니다. 신은 듣건대 훌륭한 대부(大夫)는 변방에다 두지 않고 소인을 조정 안에 두지 않으며 친척을 밖에다 두지 않으며 외국에서 도망 온 자를 안에 두지 않는다고 하였습니다. 지금 기질이 밖에 있고 정단(鄭丹)이 안에 있게 되니 경계하셔야 합니다."

영공이 다시 물었다.

"도성(都城) 이외에 큰 성을 두는 것은 어떤가?"

신무우가 대답했다.

"나라에 해롭습니다. 나무의 끝가지가 너무 크면 부러지고 꼬리가 너무 길면 흔들지 못합니다. [末大必折 尾大不掉]"

【출전】 《좌전(左傳) 소공(昭公) 11년》

미생지신
尾生之信

【뜻풀이】 '미생이란 사람의 신의(信義)'란 뜻으로 어리석을 정도로 약속을 굳게 지킴을 비유한다.

【고사】 전설에 의하면 노(魯) 나라에 미생이라는 사람이 있었다. 그는 남과 약속을 하면 어떤 일이 있어도 꼭 지키는 사람이었는데, 한번은 어떤 여자와 다리 아래에서 만나기로 약속하였다.

미생은 정한 시간에 다리 아래에 가서 기다리고 있었지만 여자가 나오지 않았다. 기다리는 사이 비가 내려 개울물이 갑자기 불어나 빠져 죽을 지경에 이르렀는데도 교각(橋脚)을 붙잡고 버티다가 급류에 떠내려가 죽고 말았다고 한다.

【원문】 尾生與女子期於梁下 女子不來 水至不去 抱梁柱而死

【출전】《장자(莊子) 도척(盜蹠)》

민위방본

民爲邦本

백성민　될위　나라방　근본본

【뜻풀이】 ‘백성은 나라의 근본’이라는 뜻으로, 나라를 다스리려면 반드시 백성에 의지해야 하므로 백성의 뜻을 거스려서는 안 된다.

【고사】 중국 고대 하(夏)나라 임금 태강(太康)은 우(禹)임금의 손자인데 황음무도(荒淫無道)하여 정사는 보지 않고 종일 사냥을 일삼아 백성들의 기대를 저버렸다.

한번은 낙수(洛水) 남쪽 지방으로 사냥을 가 100일 동안이나 돌아오지 않다가 유궁(有窮)나라 임금 예(羿)에게 나라를 빼앗기기도 하였다. 태강에게는 다섯 명의 동생이 있었다.

예가 반란을 일으킬 때 이들은 어머니를 모시고 도성을 빠져나오기는 했으나 사냥에 미쳐 나라까지 잃게 된 형 태강을 원망하면서 낙수 가로 도망해 있으면서 나라를 회복할 기회를 기다렸는데 생각할수록 자신들의 처지가 한심스러워 노래를 지어 불렀다.

“할아버지께서 교훈하기를 ‘백성은 가까이 해야지 얕잡아 보아서는 안 된다. 백성은 나라의 근본이니 근본이 견고해야 나라가 튼튼하다.[皇祖有訓 民可近 不可下 民有邦本 本固邦寧]’라고 하셨다.”

태강이 죽은 후 동생 중강(中康)이 즉위하여 형제들과 함께 예를 내치고 국권을 회복했다.

【출전】 《서경(書經) 오자지가(五子之歌)》

박기대용
薄技大用

【뜻풀이】 하찮은 기술이라도 크게 쓰면 유용하다.

【고사】 초(楚)나라의 자발(子發)이란 장군은 무엇이나 한 가지 장기(長技)를 지닌 자면 모두 휘하에 모아 중용(重用)하였다. 그런 소문이 퍼지자 각지에서 특기를 지닌 자들이 모여들었는데 그날도 어떤 자가 찾아와 뵙기를 청했다.

"저는 도둑질을 조금 하니 거두어 주십시오."

자발은 옷도 채 갖추어 입지 않은 채 맨 발로 나가 그를 맞이하면서 휘하에게 잘 대접하라고 명령했다. 그러자 부하들이 투덜댔다.

"장군님은 저런 보잘것없는 도둑놈을 어디에 쓰려고 거두어 두십니까?"

"그건 그대들이 알 바 아니다."

그런데 얼마 후 제(齊)나라가 초나라를 침공해 와 자발도 왕명을 받들고 출전해야 했다. 제나라 군사의 맹렬한 공격에 초나라 군사는 힘을 쓰지 못하고 연속 패했다. 갖가지 계책을 다 써 보았지만 제나라 군사의 기세를 막을 수 없어 위급하게 된 자발 앞에 그 도둑이 나타났다.

"그동안 미천한 저를 거두어 주시어 감사합니다. 오늘은 제가 장군의 은혜에 보답하는 뜻으로 조그마한 기술을 시험해 보겠습니다. 저를 적

진으로 보내 주십시오.”

“그렇게 하게.”

자발이 도둑을 적진으로 침투시킨 것을 본 군사들이 비웃었다.

“장군님도 망령이시지, 저런 놈을 보내 무엇 하시겠다는 건지, 원!”

적진으로 침투한 도둑은 밤중에 몰래 적장의 침실로 스며들어 장군의 목도리를 훔쳐 왔다. 날이 밝자 자발은 군사 하나를 시켜 그 목도리를 제나라 군중으로 보내며 말했다.

“어제 우리 군사들이 땔감을 줍다가 장군의 목도리를 주워 왔기에 돌려드립니다.”

둘째 날 밤에는 적장의 베개를, 셋째 날 밤에는 적장의 상투비녀를 훔쳐내어 돌려보내자 적장은 더럭 겁이 났다. 자신의 침실을 거침없이 드나드는 적인만큼 언제 자신의 목을 베어갈지 모른다는 생각이 들었기 때문이다. 이에 즉시 군사를 거두어 돌아가고 말았다. 그러자 이제까지 자발 장군을 비웃던 참모들이 감탄하며 말했다.

“기술은 크고 작은 게 문제가 아니라 어떻게 사용하느냐에 달렸구나!”

【출전】 《회남자(淮南子) 도응훈(道應訓)》

斑衣之戲
반의지희

【뜻풀이】 색동옷을 입고 재롱을 떨면서 부모를 기쁘게 한다는 뜻에서 효행(孝行)이 지극함을 비유한다.

【고사】 옛날 춘추시대 말기 초(楚)나라의 은사(隱士) 노래자(老萊子)가 나이 70세의 노부모를 기쁘게 하기 위해서 색동옷을 입고 땅에 누워 뒹굴면서 울고, 새 새끼를 잡아 가지고 노는 등 어릴 적 흉내를 내어 부모를 기쁘게 했다고 한다.

【출전】 《예문유취(藝文類聚) 21권》

방 서 영 협
謗 書 盈 篋

【뜻풀이】 비방하는 글이 상자에 가득하다는 뜻으로 터무니없는 비방이나 참소를 받는다는 뜻이다.

【고사】 전국시대 위문후(魏文侯)는 영명한 군주로 아래 사람들을 신임하여 잘 부리기로 유명했다. 한번은 장군 악양(樂羊)을 시켜 중산국(中山國)을 치게 했는데 뜻밖에 고전(苦戰)하여 3년 만에야 전승을 거두고 개선(凱旋)했다.

그런데 개선을 보고하는 악양의 얼굴에 득의양양(得意揚揚)한 기색이 역력했다.

이를 본 위문후가 내시(內侍)에게 분부했다.

"안에 들어가 그 상자를 가져와 악장군에게 보이거라!"

내시가 가져온 상자를 받아 읽어본 악양의 등골에 식은땀이 흘러내렸다. 상자 가득히 담긴 글들이 모두 전장에 나가 싸우고 있는 자신에 대한 모함과 비방이었기 때문이었다. 악양은 자신도 모르게 자리에 엎드려 빌었다.

"대왕, 이번에 중산국을 정벌할 수 있었던 것은 저의 전공(戰功)이 아니오라 모두 대왕께서 신을 믿어 주신 덕분이었습니다."

【출전】 《전국책(戰國策) 진책(秦策) 2》

방휼지세 蚌鷸之勢

조개방 도요새휼 어조사지 형세세

【뜻풀이】 조개와 황새가 서로 버티며 싸우는 사이 어부가 둘 모두를 쉽게 잡았다는 뜻으로, 쌍방이 다투는 기회를 이용하여 제삼자가 이득을 보게 되는 형세를 비유한다. 어부지리(漁父之利), 방휼상지(蚌鷸相持)와 같은 말.

【고사】 전국시대 연(燕)나라는 중국의 동북쪽에 위치하여 조(趙)나라와 제(齊)나라의 위협을 받고 있었다.

연나라에 기근이 들자 조나라가 침략하려 하였다. 이를 탐지한 연나라 소왕(昭王)은 세객(說客) 소대(蘇代)를 조왕에게 보내어 설득하도록 하였다.

소대는 조나라의 혜문왕(惠文王)을 만나 이렇게 설득하였다.

"제가 조나라에 들어올 때, 역수(易水)를 지나다 냇가를 보니 조개〔蚌〕가 입을 벌리고 볕을 쬐고 있었습니다. 이때, 도요새〔鷸〕 한 마리가 날아와 조개를 쪼자 조개는 급히 입을 다물어 도요새의 주둥이를 물고 늘어졌습니다.

급해진 도요새는 '오늘도 내일도 비가 오지 않으면 너는 말라죽을 것이다.' 하니 조개도 '내가 오늘도 내일도 놓아 주지 않으면 너야말로 별수 없이 죽고 말 것이다.' 라고 하였습니다.

이러는 사이에 그곳을 지나가던 어부가 이를 보고 힘 안 들이고 둘 다 잡아가고 말았습니다. 왕은 지금 연나라를 치려 하십니다만 연나라가 조개라면 조나라는 도요새입니다.

　연나라와 조나라가 공연히 싸우는 동안 저 강대한 진(秦)나라가 어부가 되어 두 나라를 다 차지하고 말 것입니다."

　소대의 유세를 들은 조나라는 연나라를 치려던 계획을 중단하였다.

【원문】 今者臣來　過易水　蚌方出曝　而鷸啄其肉　蚌合而拑其喙　鷸曰　今日不雨　明日不雨　卽有死蚌　鷸亦謂鷸曰　今日不出　明日不出　卽有死鷸　兩者不肯上舍　漁者得而幷禽之

【출전】 《전국책(戰國策) 연책(燕策) 2》

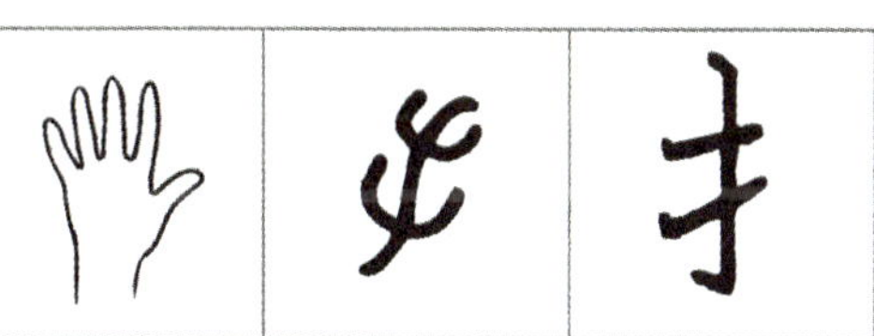

배 수 진
背 水 陣

> **【뜻풀이】** 물을 등지고 친 진지(陣地). 어떤 일에 죽을 각오로 대처
> 하는 것을 말한다.

【고사】 한고조(漢高祖) 유방(劉邦)이 제위에 오르기 2년 전이었다. 한신(韓信)은 유방의 명령으로 위나라를 친 다음 조(趙)나라로 쳐들어갔다. 조나라에서는 20만의 군사를 동원하여 조나라로 들어오는 길목에다 방어선을 폈다.

이즈음 조나라의 군략가(軍略家) 이좌거(李佐車)가 재상 진여(陳餘)에게 '한군(漢軍)이 좁은 길목을 통과할 때 급습하자'고 건의했으나 받아들여지지 않았다.

첩자를 통해 이런 사실을 안 한신은 좁은 길을 통과하던 도중 출구를 10여 리쯤 앞두고 행군을 멈췄다.

밤이 깊어지자 한신은 기병 2천여 명을 조나라의 성채 뒷산에 매복시키고 군사 1만여 명을 좁은 길목 출구 쪽으로 보내 강을 등지고 진을 치게 한 다음 한신 자신은 본대(本隊)를 이끌고 성채를 향해 나아갔다.

이튿날 한나라 군사가 공격하자 조나라 군사는 성채를 나와 맞섰고, 한군이 거짓으로 퇴각하여 강가에 진을 친 군대와 합류하자, 조나라 군사는 승세를 잡았다고 여겨 한군을 맹렬히 추격했다.

그 틈에 기병대가 성을 점령하고 한나라 깃발을 세웠다. 조나라 군사

의 추격전에 배수진을 친 한군은 필사적으로 싸웠다. 조나라 군사가 견디지 못하고 드디어 퇴각하여 성으로 돌아와 보니 성 위에서는 한나라 깃발이 날리고 있었다.

조나라 군사는 그제야 한신의 작전에 휘말려 패한 것을 알고는 땅을 치며 후회했다. 부하들이 한신에게 위험하기 짝이 없는 배수진을 친 이유를 묻자 한신은 이렇게 대답했다.

"우리 군사는 급히 편성한 오합지졸(烏合之卒)이다. 이런 군사는 사지(死地)에 두어야 필사적으로 싸우는 법이다. 그래서 배수진(背水陣)을 친 것이다."

【출전】 《사기(史記) 회음후열전(淮陰侯列傳)》

배중사영 (杯中蛇影)

술잔배 가운데중 뱀사 그림자영

【뜻풀이】 술잔 속에 비치는 활[弓] 그림자를 뱀 그림자로 잘못 알고 공연히 의심을 품고 고민했다는 고사로 근거 없는 의심을 비유하는 말이다.

【고사】 진(晉)나라 악광(樂廣)이 하남태수(河南太守)로 있을 때 일이다. 자주 놀러 오던 친구가 웬일인지 발을 끊고 찾아오지 않았다. 이상하다는 생각이 들어 악광이 친구를 찾아가 물었다.

"요즈음 우리 집에 오지 않으니 무슨 일인가?"

기운이 하나도 없는 표정으로 친구가 대답했다.

"몸이 좋지 않아서 가지 못했네."

"아니, 언제부터 그런가?"

"전번 우리가 함께 술을 마실 때 잔 속에 뱀 같은 것이 보였는데도 엉겁결에 그냥 마셨더니 그 뒤로 몸이 좋지 않다네."

지난번의 술자리라면 관청의 자기 방이었으니 뱀이 있을 리 없는데 술잔에 뱀이 비치었다면 분명 무엇을 잘못 본 것이 틀림없다는 생각이 들었다.

악광이 돌아와 그 방을 살펴보니 벽에 활이 걸려 있었다. 그 활이 술잔에 뱀처럼 비친 것이었다. 악광은 그 친구를 초대해 다시 술자리를 베풀었다.

"지금도 술잔 속에 무엇이 보이는가?"

“그때와 마찬가지로 뱀이…….”

“자, 저기 벽을 보게. 저 활이 마치 뱀 같지 않은가?”

그러자 친구의 병이 씻은 듯이 나았다.

【출전】 《진서(晉書) 악광전(樂廣傳)》

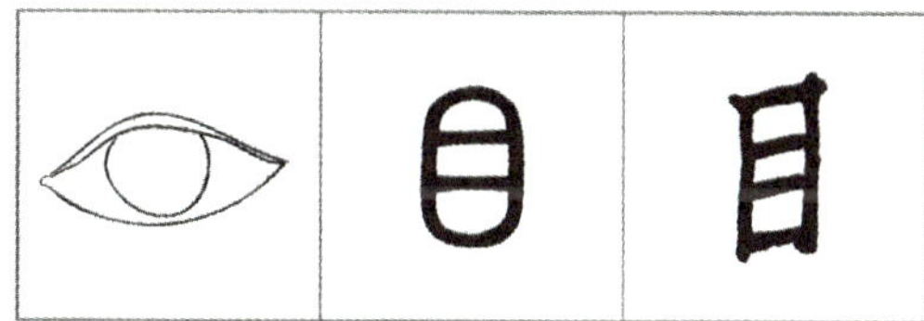

白 起 坑 降

【뜻풀이】 조나라 장평(長平) 땅에서 조나라의 조괄(趙括)과 진(秦)나라 백기(白起)가 벌인 싸움에서 백기가 투항한 조나라 군사를 구덩이에 묻었다는 뜻이다.

【고사】 백기(白起)는 진소왕(秦昭王) 때의 명장으로 전쟁에 패한 적이 없는 백전백승의 장수로, 진나라가 천하를 통일하는 데 큰 공을 세운 사람이다. 전공으로 무안군(武安君)에 봉해졌는데 그가 출전한 전쟁 가운데 이 장평(長平) 싸움이 가장 치열했다.

싸움이 쉽게 끝나지 않자 진소왕은 15세 이상의 백성을 모두 장평으로 모이게 해서 조나라 군사의 구원군과 식량 보급로를 끊어 버렸다. 그렇게 한 지 50일이 되니, 조나라 군중에서는 서로를 잡아먹는 일까지 벌어졌다. 대장 조괄(趙括)이 죽자 휘하 군사 40만 명이 백기에게 항복해 왔다.

백기가 "조나라 놈들은 반복무상(反覆無常)하여 믿을 수가 없다."며 모조리 땅에 구덩이를 파고 묻고 어린 병사 2백40명만 살려보냈다.

진소왕 48년에 진나라가 다시 조나라를 침공하니, 조나라에서 소대(蘇代)를 보내 진나라 재상 응후(應侯)를 설득했다.

"무안군 백기가 조나라 마복군(馬服君)의 아들을 죽였다니 사실입니까?"

"그렇소."

"조나라가 망하면 진나라가 천하를 통일해 천자 나라가 될 것이요, 천자 나라가 되면 공이 제일 많은 무안군 백기가 삼공(三公)이 되고 귀하는 그 밑에서 일해야 되겠군요."

이에 놀란 응후가 왕에게 아뢰었다.

"지금 우리 군사가 지쳐 있으니, 조나라가 떼어 주겠다는 땅만 받고 잠시 철수해 군사를 쉬도록 해야 합니다."

승리를 앞두고 군사를 철수시키게 된 백기의 마음이 편할 리 없었다. 이듬해 진나라는 다시 군사를 내어 백기가 병이 나서 출전하지 못하자 왕릉(王陵)을 대장으로 삼아 조나라 수도 한단(邯鄲)을 공격했다가 패하자 왕은 대장을 백기로 교체하려 했다. 그러자 백기가 사양하며 말했다.

"한단은 쉽게 공략할 수가 없습니다. 우리가 장평 싸움에서 승리했다고는 하지만 우리 군사도 과반이나 잃었으며 나라 재정도 바닥이 났습니다."

왕과 응후가 거듭 재촉했으나 백기는 끝내 병을 핑계로 나아가지 않았다. 백기 대신 대장이 된 왕흘(王齕)이 패하자 백기가 불평을 늘어놓았다.

"임금이 내 말을 듣지 않다가 이 지경이 되었다."

그런데 이 불평이 왕의 귀에 들어갔다.

"불평만 하지 말고 전쟁터로 나가 싸우시오!"

"병이 심해 꼼짝도 할 수 없습니다."

백기가 끝까지 고집을 피우자 왕은 백기를 졸병으로 강등시켜 도성인 함양(咸陽) 성안에 있지 못하게 했고, 얼마 후에는 자결하라며 칼을 내렸다. 자결에 임해 백기가 하늘을 우러르며 한탄했다.

"나는 죽어 마땅하다. 장평 싸움에서 항복한 조나라 군사 수십 만 명을 속여서 죽인 것만으로도 벌을 받아 마땅하다."

백기가 죄 없이 자결했다는 소식이 전해지자 나라 사람들이 불쌍하게 여기고 고을에서 제사를 지내 주었다.

【출전】 《사기(史記) 백기왕전열전(白起王翦列傳)》

백락일고
伯樂一顧

【뜻풀이】 명마(名馬)도 말을 잘 감정하기로 유명한 백락(伯樂)을 만나야만 세상에 알려지는 것처럼, 현자(賢者)가 알아주는 사람을 만나야 제대로 대우를 받는다는 뜻이다. 백락상마(伯樂相馬)와 같은 말.

【고사】 백락은 춘추(春秋) 시대 말의 상(相)을 잘 보기로 유명한 사람이다. 전국시대 때 세객(說客) 소진(蘇秦)이 죽고 그 동생 소대(蘇代)가 유세(遊說)를 하고 다녔는데, 그가 연왕(燕王)의 사신(使臣)이 되어 제(齊)나라를 찾아가 유세를 시작했다. 먼저 그 나라 사람 순우곤(淳于髡)을 만나 말하였다.

"어떤 사람이, 백락에게 찾아와 말하기를 '제가 말을 팔려고 시장에 내놓았지만 사흘이 지나도록 아무도 와서 거들떠보지도 않을 뿐더러 한 마디 말을 거는 사람조차 없습니다. 그래서 선생님을 찾아왔으니 제발 선생께서 한번 보아 주시면 고맙겠습니다. 사례는 후히 하겠습니다.' 라고 하자 백락이 쾌히 응낙한 후 시장에 나가 말의 주위를 한 바퀴 돌면서 살폈습니다. 그랬더니, 하루아침 사이에 말 값이 열 배나 뛰었다고 합니다. 지금 저 소대가 그 천리마가 되어 제나라 왕 앞에 나타났는데 앞뒤에서 살펴 보아줄 사람이 없습니다. 선생께서 그 백락과 같은 역할을 해 주실 수 있겠습니까? 제가 성공하면 많은 패물과 황금을 바쳐 사례하겠습니다."

　순우곤이 이 제안을 받아들이기로 하고 먼저 들어가 왕을 만난 후 소
대를 왕에게 소개시켜 주니, 제왕은 소대를 크게 반겨 맞았다.

【원문】 〈蘇代說淳于髡〉謂人有告伯樂曰　臣有駿馬欲賣　連三旦立于市
人莫與言　願子一顧之　請獻一朝之費　伯樂乃環而視之　去而顧之　一旦而
馬價十倍

【출전】《전국책(戰國策) 연책(燕策) 2》

白龍魚服

흰백　용용　물고기어　옷복

【뜻풀이】 하늘나라의 흰 용이 지상에 내려와 물고기로 변했다가 어부에게 잡혔다는 우화(寓話)로 큰 인물이나 재능 있는 인재가 받지 않아야 할 화환(禍患)을 당함을 비유한다.

【고사】 춘추시대(春秋時代) 때 오왕(吳王) 부차(夫差)는 일반 백성들과 함께 술 마시기를 즐겼다. 이를 보다 못한 신하 오자서(伍子胥)가 간(諫)했다.

"옛날 하늘나라에 상제의 총애를 받는 흰 용 한 마리가 지상으로 내려와 물고기로 변해 맑은 못에서 뛰놀다가 어부의 그물에 걸려 한 눈까지 잃었습니다. 간신히 그물에서 빠져 나와 하늘나라로 올라간 용이 상제에게 그 어부를 혼내주라고 호소했습니다.

그러자 상제가 묻기를 '그 당시 어떤 모습을 하고 있었더냐?' 하고 물으니, 용이 대답하기를 '물고기로 변해 맑은 물속에서 헤엄치고 있었습니다.' 하였지요.

이에 천제가 말했습니다. '어부는 물고기를 잡는 것이 본업인데 물고기 형상의 너를 잡았다고 해서 어찌 벌을 주겠느냐? 다 네 잘못이다.' 천제의 사랑을 받는 흰 용인데도 이랬는데 더군다나 대왕은 어떻겠습니까? 지극히 존귀하신 분이 평민들 틈에 섞여 술을 마시다 어떤 뜻밖의 봉변을 당할지 모릅니다."

오왕은 오자서의 말에 일리가 있다고 여겨 그날부터 다시는 백성들과 술을 마시지 않았다.

【출전】《설원(說苑) 정간(正諫)》

백 면 서 생
白 面 書 生

흰백 얼굴면 글서 학생생

【뜻풀이】 책만 읽었을 뿐 경험이 전혀 없는 책상물림이란 뜻이다.

【고사】 남조(南朝) 송문제(宋文帝) 때 심경지(沈慶之)가 태자보병교위(太子步兵校尉)가 되니 이는 군사를 총괄하는 직책이었다. 이때 북쪽의 척발화(拓跋化)가 북위(北魏) 정권을 세워 한참 세력을 떨쳐 많은 땅을 잃었다. 문제가 실지(失地)를 회복하고자 하여 심경지와 의논하자 이에 적극 반대했다.

"지난 두 차례의 정벌에서 아무런 공도 세우지 못하고 돌아왔는데 지금은 그때만도 못합니다. 공연히 군사를 일으켰다가 또 한 번 모욕만 당할 것입니다."

그러나 문제가 고집하며 말했다.

"두 번의 싸움에서 패한 것은 다른 원인이 있었다. 지금은 여름철이어서 물이 범람해 배가 통래할 수 있으니 어찌 중원을 회복하지 못한단 말인가?"

그러고는 문관(文官) 두 사람을 참석시켜 그 문제를 함께 변론하자 심경지가 목청을 높여 문제에게 대들었다.

"나라를 다스리는 일은 집안을 다스리는 것과 마찬가지여서 농사일은 머슴에게 물어야 하고 베 짜는 일은 여종에게 물어야 합니다. 그런데 지금 폐하께서는 나라의 큰 일을 두 백면서생(白面書生)과 토론하십니까?"

문제는 심경지가 정색을 하고 대들자 크게 웃으며 자리를 뜨고 말았다.

【출전】 《송서(宋書) 심경지전(沈慶之傳)》

백홍관일 白虹貫日

【뜻풀이】 희고 긴 무지개가 해를 꿰뚫고 지나가는 보기 드문 햇무리 현상으로 상서롭지 못한 조짐을 말한다.

【고사】 전국시대 때 연(燕)나라 태자 단(丹)이 일찍이 자신이 볼모로 잡혀 가 있던 진(秦)나라의 시황(始皇)을 죽이기 위해 자객(刺客)을 구하는데 하루는 형가(荊軻)란 자가 찾아와 말했다.

"그 동안 저를 잘 대해 주신 점을 고맙게 생각하여 제가 자객으로 가겠습니다. 다만 진시황의 신임을 얻으려면 환심을 살 만한 선물을 가지고 가야 할 듯합니다."

"그대 생각에는 어떤 선물이 좋다고 여기는가?"

"평소 진시황이 우리의 독항(督亢) 지방을 탐내었고 또 진나라에서 죄를 짓고 우리나라로 도망온 번오기(樊於期) 장군의 목을 베어 보내라고 했으니 그걸 가지고 가면 믿을 것입니다. 그렇게 신임을 얻은 다음 기회를 보아 찔러 죽이겠습니다."

"번 장군은 의지할 데가 없어 내게 와 있는 사람인데 어떻게 그의 목을 베어 바치겠소?"

"큰 일을 위해서는 그렇게 해야 합니다."

태자가 차마 번 장군을 죽이지 못할 것을 안 형가는 자리에서 나오자 곧바로 번오기의 집으로 향했다.

"듣건대 진나라에서 장군의 가족을 모두 몰살하고 또 현상금을 걸어 장군의 목을 구한다고 하는데 장차 어떻게 하시려오?"

"날마다 진나라에 복수할 생각을 하지만 뾰족한 수가 생각나지 않습니다."

"내게 나라와 장군의 개인적인 원한을 한꺼번에 갚을 묘안이 있는데 들어보시겠소?"

"어서 말해보시오."

번오기가 다가앉으며 방법을 묻자 형가가 대답했다.

"장군의 목을 내주시오. 그러면 그걸 가지고 가 진왕께 바치는 척하면서 찔러 죽이겠소."

"그것이 지금까지 내가 절치부심(切齒腐心)하던 바요. 쾌히 말씀을 따르겠습니다."

번오기는 말을 마치자 스스로 목을 찔러 자결하고 말았다. 이런 소식을 전해들은 태자가 달려와 번오기의 시신에 엎드려 통곡하고는 그 목을 함에 담고 천하에서 가장 잘 드는 예리한 칼을 구해 형가를 진나라로 들여보냈다. 역수(易水)에 이른 형가가 노래를 불렀다.

바람은 쓸쓸하고 역수는 차갑구나　　（風蕭蕭兮易水寒）
장사가 한번 가면 돌아오지 못하리　　（壯士一去兮不復還）

이때 전송하던 태자 일행이 하늘을 바라보니 한 가닥 긴 흰 무지개가 푸른 하늘을 가로질러 뻗치는 것이 아닌가? 그러자 태자가 외쳤다.

"흰 무지개는 상서롭지 못한 징조가 아닌가? 아마도 실패하려나 보다."

형가는 진시황을 만나 지도와 번오기의 목을 바치면서 칼을 꺼내 찔렀으나 실패하고 말았다. 이 사건으로 연나라는 진의 공격을 받았고, 연왕은 태자 단의 목을 베어 시황에게 바쳤으나 결국 5년 후 멸망당하고 말았다.

【출전】《사기(史記) 자객열전(刺客列傳)》

白 眉
백미

흰백 　 눈썹미

【뜻풀이】 흰 눈썹이란 뜻으로, 여럿 중에서 가장 우수한 사람이나 사물을 비유하는 말이다.

【고사】 삼국시대 유비(劉備)의 참모로 활약한 마량(馬良)의 별명에서 유래되었다. 위(魏), 촉(蜀), 오(吳) 세 나라가 서로 패권을 다투던 삼국시대, 촉나라 유비 휘하에 마량(馬良)이란 참모가 있었다. 그는 문무(文武)를 겸비한 인물로서, 변방의 오랑캐를 몇 마디 말로 부하로 삼는 데 성공할 정도로 지략이 뛰어났다. 마량은 다섯 형제 중 맏이였는데, 그들 다섯 형제는 양양(襄陽) 의성(宜城) 출신으로 모두 영재(英才)로 이름이 났었다. 그 중에서도 마량의 재주가 가장 뛰어나, 세상 사람들로부터 "마씨의 오상(五常) 중에서 백미가 으뜸이다[馬氏五常 白眉最良]"이라고 일컬어졌다. 마량 등 형제의 자(字)에 모두 다 '상(常)' 자가 붙어 있어서 오상(五常)이라 한 것이며, 마량은 태어날 때부터 눈썹에 흰 털[白眉]이 섞여 있었기 때문에 그렇게 부른 것이다.

'읍참마속(泣斬馬謖)' 고사에 등장하는 마속(馬謖)은 마량의 아우이다.

【출전】 《삼국지(三國志) 촉지(蜀志) 마량전(馬良傳)》

백 수 동 귀
白　首　同　歸

【뜻풀이】 늙어서 두 사람이 같은 날 같은 시각에 죽자고 맹세하는 말이다.

【고사】 진(晉)나라 사람 석숭(石崇)과 반악(潘岳)은 어려서 같은 날 같은 시각에 함께 죽기를 맹세한 가까운 친구 사이였다. 후에 석숭은 진나라에서 제일 가는 부자가 되었고 반악은 당시를 대표하는 문장가가 되었다. 석숭에게 녹주(綠珠)라는 미인 애첩(愛妾)이 있었는데 권신(權臣)인 중서령(中書令) 손수(孫秀)가 그녀에게 눈독을 들어 하루는 석숭에게 사람을 보내 자신에게 애첩을 양보하기를 청했으나 거절했다. 이에 앙심을 품은 손수가 임금의 명을 위조해 석숭을 잡아들이려고 그의 별장인 금곡원(金谷園)으로 군사를 보냈다. 살아남지 못할 것을 안 석숭이 녹주에게 말했다.

"내가 녹주 너 때문에 결국 죄를 얻고 마는구나!"

녹주가 눈물을 글썽이며 대답했다.

"소첩 때문에 화를 당하시니, 제가 지금 면전에서 죽어 제 뜻을 보이겠습니다."

말을 마친 녹주는 다락에서 뛰어내려 죽고 말았다. 한편 반악은 어려서 손수를 구타해 원한을 맺은 일이 있었다. 후일 손수가 중서령이 되자 반악은 그가 지난 일을 기억하고 있는지 떠보았다.

"지난날의 일을 아직 기억하시는지?"

"암, 하루도 잊은 적 없이 잘 기억하고 있지!"

그래서 석숭과 반악은 옛날 맹세처럼 손수에 의해 같은 날 한 형장에서 죽었다

【출전】 《세설신어(世說新語) 구소(仇郤)》

백아절현 伯牙絶絃

【뜻풀이】 백아란 사람이 거문고 줄을 끊어 버리고 더는 연주하지 않았다는 뜻으로, 자신을 알아주는 사람의 죽음을 깊이 애도하고, 또 그런 지기(知己)를 다시 만나지 못하는 것을 애석해한다는 뜻이다. 백아절금(伯牙絶琴) 지음(知音)과 같은 말.

【고사】 백아(伯牙)란 사람이 거문고를 매우 잘 탔는데 오직 종자기(鍾子期)란 친구만이 그가 무엇을 연상하며 타는지 알아주었다. 백아가 태산을 연상하면서 거문고를 연주하면 종자기는 "아, 높고 높은 것이 마치 태산과 같도다." 하고 얼마 후 백아가 흐르는 물을 연상하면서 타면 종자기는 "아, 넓고 넓도다. 마치 질펀하게 흐르는 물과 같다."라고 하였다. 그러다 종자기가 먼저 죽자 백아는 마침내 거문고 줄을 끊어버리고 종신토록 더는 연주를 하지 않았다고 한다.

【원문】 伯牙鼓琴 鍾子期聽之 方鼓琴而志在太山 鍾子期曰 善哉乎鼓琴 巍巍乎若太山 少選之間 而志在流水 鍾子期又曰 蕩蕩乎若流水 鍾子期死 伯牙破鼓琴絶絃 終身不復鼓琴 以爲世無足復爲鼓琴者

【출전】 《여씨춘추(呂氏春秋) 본미(本味)》

백안시
白眼視

【뜻풀이】 눈동자의 흰자위를 많게 하여 사람을 바라본다는 뜻으로, 반갑지 않거나 미워하는 사람을 대한다는 말이다.

【고사】 진(晉)나라 때 죽림칠현(竹林七賢)의 한 사람인 완적(阮籍)이 반갑지 않거나 속(俗)된 선비를 대할 때면 백안(白眼)으로 대했으며, 반대로 반가운 사람은 청안(靑眼)으로 대했다고 한다.

【출전】 《진서(晉書) 완적전(阮籍傳)》

병길문우

丙吉問牛

성씨**병** 길할길 물을문 소우

【뜻풀이】 병길이란 재상이 소의 상태를 묻는다는 뜻으로, 관원이 백성들의 질고(疾苦)에 마음을 쓴다는 비유이다.

【고사】 한선제(漢宣帝) 때 재상 병길(丙吉)은 선제를 즉위시키는 데 큰 공로가 있었는데도 그런 내색을 전혀 하지 않은 어진 인물이었다. 한번은 길을 가는데 여러 사람들이 싸워 죽은 시체가 길에 즐비한 것을 보게 되었다. 함께 가던 관원이 생각하기를 응당 그 까닭을 알아보라고 명령할 줄 알았는데, 병길은 모르는 체 지나쳐갔다. 얼마를 더 가니, 어떤 사람이 소를 끌고 가는데 더운 여름철도 아닌데 소가 혀를 빼고 헐떡거리자 병길이 소 임자에게 소가 몇 리나 걸어왔는지 자세히 알아본 다음 그 자리를 떠났다. 함께 가던 관원이 이상하여 물었다.

"아까는 싸우다 죽은 시체가 길에 즐비한 것을 보고도 모른 체하시더니, 지금 소가 조금 헐떡이는 것을 보고는 그처럼 자세히 물으시는 것은 무언가 좀 잘못된 것 같습니다."

그러자 병길은 천천히 다음과 같이 말했다.

"사람이 싸우다 죽은 것은 그곳 수령이 알아서 처리할 일이지만 더운 계절도 아닌데 소가 헐떡이는 것은 음양(陰陽)이 어긋난 것으로 이는 재상의 일이다."

【출전】 《한서(漢書) 병길전(丙吉傳)》

병 불 염 사
兵 不 厭 詐

군사병　아닐불　싫어할염　속일사

【뜻풀이】 전쟁을 하면서는 상대방 속이기를 마다하지 않고 허허실실(虛虛實實) 작전을 써야 한다는 뜻이다.

【고사】 춘추시대(春秋時代) 때 진(晉)나라와 초(楚)나라가 성복(城濮)을 두고 싸움이 벌어지자 진문공(晉文公)이 대부(大夫) 구범(舅犯)에게 물었다.

"적군은 많고 우리 군사는 적으니 어떻게 하면 좋은가?"

구범이 대답했다.

"제가 듣건대 전쟁 중에는 적군 속이기를 마다하지 않는다고 하니, 속임수를 써야 합니다."

구범이 나가자 이번에는 옹계(雍季)를 불러 물었더니 옹계가 대답했다.

"숲을 불태우고 사냥을 하면 짐승은 많이 잡겠지만 이후에는 잡을 짐승이 없게 되고 백성을 속이면 한때는 속일 수 있을지라도 후에는 정령(政令)에 효과가 없게 될 것입니다."

진문공은 구범의 계책을 받아들여 속이는 전술을 써서 승리를 거두었는데 나라에 돌아와 논공행상(論功行賞)을 할 때에는 옹계에게 큰 상을 주고 구범에게는 그 다음 상을 주었다. 여러 신하들이 의아해서 묻자 문공이 대답했다.

"그대들은 잘 모른다. 구범의 말은 잠시 쓰는 임기응변(臨機應變)의 권도(權道)요 옹계의 말은 영원히 따라야 할 진리이다."

【출전】 《한비자(韓非子) 난일(難一)》

普天之下莫非王土

보천지하막비왕토

넓을보 하늘천 어조사지 아래하 없을막 아닐비 임금왕 흙토

【뜻풀이】 '하늘 아래는 왕의 땅이 아닌 곳이 없다'는 뜻으로 천하
가 모두 다 같은 천자의 땅이다.

【고사】 어떤 온(溫) 땅 사람이 천자(天子)가 계시는 주(周)나라에 갔더
니 국경에서 문을 열어주지 않으며 말했다.

"외국 사람은 들어올 수 없다."

"내가 왜 외국인인가, 주인이지!"

문지기가 옥에 가두고 천자에게 보고하니, 천자가 사람을 시켜 물었
다.

"그대는 우리 주나라 사람도 아니면서 왜 주나라 사람을 사칭하였는
가?"

그 사람이 대답했다.

"제가 《시경(詩經)》을 배웠는데 〈소아(小雅) 북산(北山)〉에 '너른 하늘
아래가 왕의 땅이 아닌 곳이 없으며 땅 끝까지 사해 안이 왕의 신하 아
닌 자가 없다.[普天之下 莫非王土 率土之濱 莫非王臣]'라고 하였으니,
제가 주인이지 어찌 객이겠습니까?"

천자는 할 말이 없어 풀어 주도록 하였다.《전국책(戰國策) 동주책(東周
策)》

그런데 이 시구(詩句)를 우리 나라 고려 때 명신(名臣) 박인량(朴寅亮)

이 멋있게 잘 써 먹은 예가 있다. 문종(文宗) 때 요(遼)나라가 압록강 동
쪽을 국경으로 삼으려 하자 박인량이 진정표(陳情表)를 지으면서 '온
하늘 아래가 이미 왕의 땅이요 왕의 신하인데 한 치 남짓한 땅을 욕심내
어 반드시 내 땅이니 내가 다스려야 한다고 하십니까?[普天之下 旣莫非
王土王臣 尺地之餘 何必曰我疆我理]' 라고 하여 글을 올리니, 요나라 황
제가 그 문장과 이론에 탄복하여 압록강으로 경계를 삼도록 했다.

【출전】《동사강목(東史綱目)　문종(文宗) 29년》

복 고
腹 稿

배복 초안고

【뜻풀이】 '뱃속에 든 원고'라는 뜻으로 문학작품을 쓰기 전 구상(構想)하는 일을 말한다.

【고사】 초당(初唐) 사걸(四傑)의 한 사람으로 불리우는 왕발(王勃)은 어려서부터 문학적 재능이 특출했다. 어느 해 9월 9일 남창군(南昌郡)으로 아버지를 뵈러 가니 마침 그곳 도독(都督) 염백서(閻伯嶼)가 등왕각(滕王閣)에서 크게 잔치를 베풀면서 자기 사위에게 미리 서문(序文)을 지어오게 해서 손님들에게 자랑하려고 했다. 잔칫날 염백서가 지필묵을 내어 놓고 형식적으로 손님들에게 각기 서문을 지어 제일 잘 된 작품을 현판(懸板)해 걸기를 제안했으나 아무도 짓겠다고 나서는 사람이 없었다.

"제가 지어 보겠습니다."

좌중 사람들이 보니 새파랗게 젊은 처음 보는 낯선 청년이었다. 버릇없어 보이는 젊은이의 당돌함에 도독의 안색이 변했다.

"그래? 그럼 어서 지어 보거라."

그래 놓고는 관원을 시켜 왕발이 짓는 글귀를 수시로 보고하도록 했다. 관원이 보고한 처음 몇 구절을 본 도독이 안심한 듯 말했다.

"꽤나 잘난 체 나서더니 별게 아니지 않느냐?"

"그렇사옵니다."

그러던 도독의 얼굴이 시시각각 변하더니 한 대목에 이르자 자신도 모르게 무릎을 치며 감탄했다. 일동이 들여다보니 과연 고금 천하에 드문 명구(名句)였다.

"지는 노을은 외로이 나는 따오기와 함께 날고, 가을 물은 푸른 하늘과 한빛이로다.[落霞與孤鶩齊飛 秋水共長天一色]"

이렇게 하여 그 유명한 등왕각서(滕王閣序)가 이루어져 후세에 많은 사람들의 입에 회자(膾炙)되고 있다. 이때 다른 사람들이 보기에 왕발이 붓을 들자 곧바로 써 내려간 것처럼 보였으나 사실은 미리 구상을 마친 다음 붓을 들었던 것이다.

왕발의 자(字)는 자안(子安)인데 당고종(唐高宗)이 그 재주를 사랑하여 박사(博士)에 임명하고 투계문(鬪鷄文)을 짓게 했는데 그 내용이 교묘히 꾸민 것을 보고 좋지 않게 여겨 내보냈다고 한다.

【출전】《신당서(新唐書) 왕발전(王勃傳)》

복소무완란

覆 巢 無 完 卵

엎어질복 둥지소 없을무 온전할완 알란

【뜻풀이】 '새둥지가 뒤집히면 안에 든 알도 온전할 수 없다'는 뜻으로, 한 집안 사람이 다 죽는 멸문지화(滅門之禍)를 비유한다.

【고사】 한말(漢末)의 대문장가이자 정치가인 공융(孔融)은 공자(孔子)의 20세 손인데 당시 '건안칠자(建安七子)'의 한 사람으로 불리는 명사였다. 성품이 강직하여 조조(曹操)에게 여러 차례 직간(直諫)을 하다 미움을 받았다. 한번은 조조가 업성(鄴城)을 점령하자 조조의 아들 조비(曹丕)가 그곳 원희(袁熙)의 아내 진씨(甄氏)를 빼앗아 차지하니, 조조에게 비아냥거리는 글을 올렸다.

"옛날 주무왕(周武王)이 은(殷)나라를 정벌하고 주왕(紂王)의 총희(寵姬) 달기(妲己)를 빼앗아 주공(周公)에게 주었다고 합니다."

조조가 불쾌한 어조로 물었다.

"그런 이야기가 어느 책에 나오는가?"

"지금 벌어진 일을 가지고 옛날 일을 미루어 보면 그렇다는 말입니다."

이때부터 조조는 공융을 제거하기로 마음을 먹었고, 결국 조정을 비난했다는 죄목을 씌워 잡아들이라는 명령을 내렸다. 포졸이 들이닥쳐 8세와 9세 된 어린 두 아들이 아무 것도 모른 체 천진난만하게 놀고 있는 것을 본 공융이 포졸에게 간청했다.

“저 어린 것들은 전혀 상관이 없으니 부디 살려 주기 바라오.”

그러자 놀고 있던 두 아들이 아버지 앞으로 달려와 말했다.

“아버님, 구차하게 더 이상 말씀하지 마세요. 새둥지가 엎어지면 그 안에 온전한 알이 남아 있겠어요?”

마침내 공융의 두 아들 역시 붙잡혀 가 함께 죽음을 당했다.

【출전】 《세설신어(世說新語) 언어(言語)》

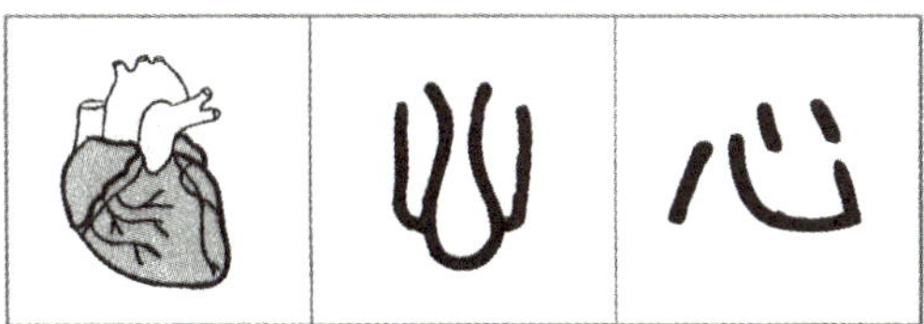

복수불반분

覆水不返盆

엎어질복 물수 아닐불 돌이킬반 동이분

【뜻풀이】 한번 엎질러진 물은 다시 그릇에 담을 수 없다. 곧 한번 저지른 일은 다시 되돌릴 수 없다는 뜻으로 또 한 번 이혼한 아내는 다시 받아들일 수 없다는 비유로도 쓰이는 말이다.

【고사】 중국 주(周나)라 문왕(文王)과 무왕(武王) 2대를 섬긴 건국 공신 태공망(太公望)의 고사로 전한다. 주무왕(周武王)의 아버지 문왕(文王 : 西伯)이 하루는 꿈을 꾸고 사냥을 나갔다가 위수(渭水)에서 낚시질을 하고 있는 한 초라한 노인을 보았다. 그의 성은 강(姜)으로 혹 여상(呂尙)이라고 했는데, 뛰어난 능력을 가지고 있으면서도 인정을 받지 못해 날마다 끝이 굽지 않은 낚시 바늘로 낚시질을 하고 있었다고 한다. 서백은 그가 오랫동안 기다렸던 주나라를 일으켜줄 인물로서 성인(聖人)임에 틀림없다고 믿고 스승으로 모셔와 태공망(太公望)이라 부르고 스승으로 삼았으며 무왕의 태부(太傅)를 역임한 뒤 제(齊)나라에 봉해졌다.

태공망 여상은 이처럼 늦게 출세했기에 그전까지는 끼니조차 잇기 어려운 가난한 서생(書生) 처지였다. 젊은 시절 책만 읽으며 생계를 잇는 일에는 아주 무능했으므로 그의 아내 마씨(馬氏)는 일찌감치 친정으로 돌아가 버렸다. 그러다가 후에 남편이 출세하였다는 말을 듣고서 집으로 돌아와 다시 아내로 맞아 달라고 간청했다. 그러자 여상은 아무 말 없이 동이의 물을 들어 마당에 쏟아 부은 다음 마씨에게 말했다.

“저 물을 주워서 그릇에 담아 보시오.”

쏟아진 물을 다시 주워 담을 수 있을 리 없었다. 말없이 고개를 떨구고 있는 마씨에게 여상은 이렇게 말했다.

“한번 엎질러진 물은 다시 그릇에 담을 수 없는 것처럼, 한번 헤어진 아내는 다시 받아들일 수 없는 법이오.”

【출전】《습유기(拾遺記)》

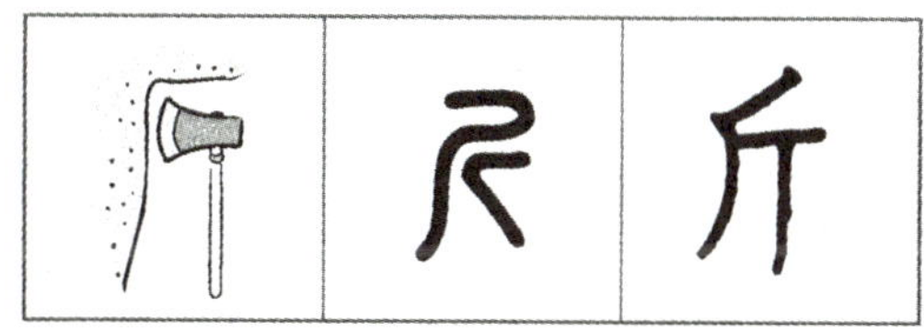

負郭無田

부곽무전

질부 성곽곽 없을무 밭전

【뜻풀이】 '성곽(城廓) 가까운 곳에 좋은 전답이 없다'는 뜻으로 가업(家業)이 전혀 없음을 뜻한다.

【고사】 전국시대의 유세객(遊說客) 소진(蘇秦)은 제나라를 섬기면서 귀곡선생(鬼谷先生)에게서 수업했다. 제후들에게 유세를 하기 위해 몇 년 동안 실패하고 초라한 행색으로 돌아왔더니 형제는 물론 처첩들까지도 비웃으며 빈정댔다.

"집안일이나 힘쓰면 얼마나 좋을까? 본업을 버리고 혀로 행세하려고 하니 저런 꼴이 되었지!"

그 뒤 그의 주장대로 진(秦)나라를 제외한 여섯 나라가 연합하여 서쪽의 진나라에 대항해야 한다는 합종설(合縱說)이 채택되어 소진은 종약장(從約長)이 되어 여섯 나라의 재상(宰相)을 겸대하게 되었다. 조나라 왕을 만나기 위해 고향인 낙양(雒陽)을 지나게 되었는데 따르는 수레와 위세가 제후(諸侯)와 방불했으며 심지어는 천자(天子)인 주현왕(周顯王)은 길을 소제하고 사람을 보내 노고를 치하하기까지 했다. 소진이 보니 그동안 자신을 괄시(恝視)했던 형제와 형수와 제수, 처첩들까지 환영 나온 일행 가운데 끼어서 감히 자기를 똑바로 쳐다보지 못하고 엎드려서 얻어먹기를 기다리고 있었다. 소진이 형수에게 빈정거렸다.

"전에는 그리 거만하더니 지금은 어찌 그리 고분고분하십니까?"

그러자 형수가 땅에다 얼굴을 묻고는 기어드는 목소리로 대답했다.

"그야 서방님의 지위가 높고 돈이 많기 때문이지요."

솔직한 형수의 말을 들은 소진이 탄식했다.

"똑같은 사람인데도 부귀하면 형제 친척들도 두려워하고 빈천하면 무시하게 마련인데 하물며 다른 사람들이야 오죽하겠는가? 내게 만약 낙양성 가까운 곳에 몇 마지기의 전답이 있었더라면 오늘날 내가 어찌 여섯 나라의 재상 인(印)을 찰 수 있었겠는가?"

그리고는 1천 금을 내려 친척과 친구들에게 고루 나누어 주었다.

【출전】《사기(史記) 소진열전(蘇秦列傳)》

부인지인
婦人之仁

【뜻풀이】 '아녀자의 정(情)'이란 뜻으로 우유부단(優柔不斷)하고 과단성(果斷性)이 부족함을 비유한다.

【고사】 처음 항우(項羽)를 따르다가 유방에게로 투항한 한신(韓信)이 다시 도망쳤을 때 한신(韓信)을 뒤쫓아가 데려온 소하(蕭何)가 유방(劉邦)에게 권하여 한신으로 하여금 대장을 삼아 예우(禮遇)하게 되었다. 하루는 한가한 틈을 타 유방이 한신에게 물었다.

"소하 승상이 틈만 나면 한 장군을 칭찬하던데 장군께서는 과인을 위해 어떤 좋은 계책을 쓸 생각이오?"

한참 생각하던 한신이 대답했다.

"대왕의 생각에 항우와 대왕을 비교해 누가 더 용맹하다고 여기십니까?"

유방이 한참 생각한 후 대답했다.

"아무래도 내가 그만 못할 것 같다."

한신이 절을 올리며 말했다.

"저도 그렇게 생각합니다. 그러나 염려하지 마십시오. 제가 본 항우는 대왕만 여러 가지 면에서 못합니다."

"어떤 점에서 그런가?"

"항우가 화를 내어 한번 호통을 치면 1천 명의 군사가 모두 놀라 자빠

질 정도입니다. 그러나 훌륭한 장수를 가려 쓸 줄 모르니 이는 한갓 필부(匹夫)의 용기에 불과합니다. 또한 그는 사람을 보면 공경하고 말이 자상하며 아픈 사람을 보면 울면서 음식물을 나누어 줄 정도로 정이 많습니다. 그러나 전쟁터에서 공로를 세워 봉작(封爵)해야 할 자가 있어서 도장을 새겨 놓고도 아까워서 주지 못해 장수들이 불평을 하니 이는 한갓 부인의 어짊[婦人之仁]에 불과합니다."

한신의 부추김을 받은 유방은 기분이 좋아져 한신을 너무 늦게 만난 것을 한탄했다.

【출전】 《사기(史記) 회음후열전(淮陰侯列傳)》

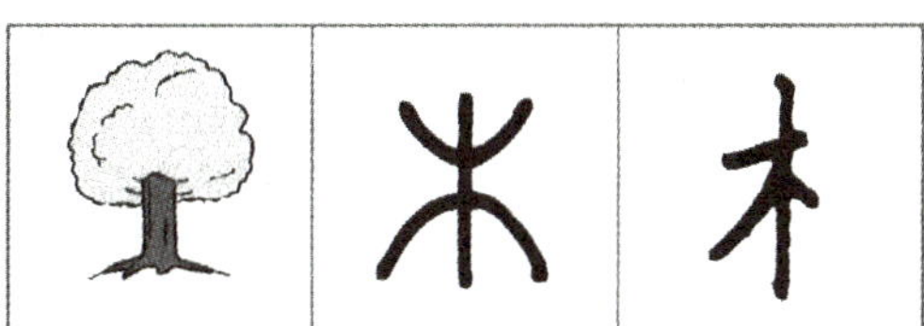

負重致遠

부중치원

질부 무거울중 이를치 멀원

【뜻풀이】 '무거운 짐을 지고 멀리 간다'는 뜻으로, 갖은 어려움과 고통을 견딘 자가 중책(重責)을 감당할 수 있음을 비유하는 말이다.

【고사】 중국 삼국(三國) 때 촉(蜀)의 유비에게 방통(龐統)이란 뛰어난 모사(謀士)가 있었다. 오(吳)나라의 장수 주유(周瑜)와 친하게 지낸 사이여서 주유가 병사(病死)하여 조문을 가자 평소 방통의 명성을 들어온 오나라의 많은 명사들이 그를 보러 찾아왔는데 그 중에는 육적(陸績)과 고소(顧劭) 같은 유명 인사도 있었다. 그들과 대화를 나누던 도중 방통이 인물평을 했다.

"육적은 발이 빠른 좋은 말과 같고, 고옹은 무거운 짐을 지고 멀리 가는[負重致遠] 노둔한 소와 같다."

그런 평을 듣고 기분이 좋은 두 사람이 제안했다.

"이후 천하가 태평해지면 우리 함께 천하를 요리하기로 합시다."

어떤 사람이 방통에게 물었다.

"아까 하신 말씀은 육적이 고소보다 낫다는 말씀이었습니까?"

"아니오. 말은 고작 한 사람을 태우고 달리지만 소는 무거운 짐을 싣고 하루에 3백 리를 갈 수 있소."

그런 말을 전해들은 고소가 숙소로 방통을 찾아와 이야기 끝에 이렇게 물었다.

“저에 대해 하신 말씀은 잘 들었습니다. 저와 선생을 비교하면 어떻다고 생각하십니까?”

한참 생각하던 방통이 대답했다.

“세상을 다스리고 인재를 골라 쓰는 기술은 내가 귀하보다 못하고, 임금에게 비책(秘策)을 건의하고 전술을 펴는 것은 내가 귀하보다 조금 낫습니다.”

【출전】《삼국지(三國志) 촉서(蜀書) 방통전(龐統傳)》

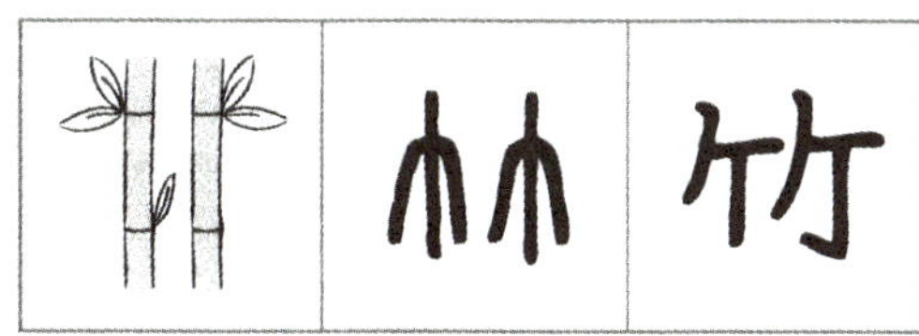

焚書坑儒

분서갱유

태울분 글서 구덩이갱 선비유

【뜻풀이】 진시황(秦始皇)이 서적을 불태우고 유생을 구덩이에 묻은 사건.

【고사】 진시황 34년에 박사(博士) 순우월(淳于越)이 옛 제도에 의거하여 황제의 자제들에게 땅을 떼어 봉(封)해주기를 건의하자 승상 이사(李斯)가 반대하면서 말했다.

"유생들이란 옛일을 들어 지금의 제도를 비방하고 사사로이 배워서 조정을 비방합니다."

그러고는 진기(秦記), 의약(醫藥), 복서(卜筮), 종수(種樹)에 관한 서적 외에 민간에 소장된 시(詩), 서(書)와 제자백가(諸子百家)의 서적을 모조리 불태우고 거기에 대해 이야기하는 자는 사형에 처하며 옛 일을 들어 지금을 비난하는 자는 멸족시키는 법을 제정하고, 이듬해 함양(咸陽)에 사는 방사(方士)와 유생(儒生) 및 제생(諸生) 4백 60여 명을 땅에 묻어 버렸다.

【출전】 《사기(史記) 진시황본기(秦始皇本紀)》

242

불 균 수 약
不 龜 手 藥
아닐불 터질균 손수 약약

【뜻풀이】 엄동설한(嚴冬雪寒)에 바르면 손이 트지 않는 약은 사용하기에 따라 큰 효과를 볼 수 있다는 뜻이다. 같은 인재(人材)라도 쓰기에 따라 효과가 다르다는 비유로 쓰인다.

【고사】 송(宋)나라에 대대로 겨울철 손에 바르면 손이 트지 않는 약을 잘 만들어 솜을 세탁하는 직업으로 겨우겨우 생활하는 집안이 있었다. 어떤 사람이 그 약방문(藥方文)을 사서 잘 활용하면 크게 유용할 것이라는 생각이 들어 비싼 값을 주고 사서 오왕(吳王)을 찾아가 유세(遊說)했다.

"이 손 트지 않는 약을 사용해서 한 겨울에 월(越)나라와 수중전(水中戰)을 펼치면 틀림없이 이길 수 있습니다."

오왕은 그 말이 그럴 듯해서 그 사람을 장수로 삼아 월나라와 싸워 크게 이겨 영주(領主)로 봉(封)하였다. 이처럼 같은 약을 사용해서 어떤 사람은 영주가 되기도 하고 어떤 사람은 세탁을 하며 가난하게 살았던 것이다.

【출전】 《장자(莊子) 소요유(逍遙遊)》

비방지목 誹謗之木

헐뜯을비 헐뜯을방 어조사지 나무목

【뜻풀이】 조정에 불만을 알리게 하기 위해 세운 나무. 요(堯)임금이 나무 기둥을 궁궐 앞에 세워놓고 정치의 잘못을 그 나무 아래에 와서 알리라고 했다는 데서 유래한 말로 진선지정(進善之旌)도 같은 의미이다.

【고사】 고대 중국의 요순시대는 유교의 이상(理想) 국가로서, 가장 잘 다스려진 태평성대의 모범이다. 그때의 이야기이다. 요임금은 어질고 자애롭고 총명한 천자로서, 하늘을 공경하고 사람을 사랑하는 정치를 폈다. 그는 허술하고 초라한 오막살이에서 검소하게 살면서 오직 백성을 위한 정치를 펴기에만 마음을 썼다.

그런 요임금이지만 자기가 하는 정치에 혹시 잘못된 점이 있을까 염려하여 궁궐 문 앞에 큰 북을 달아 놓았으며, 궁궐 다리에는 네 개의 나무를 엮어 기둥을 세워 두었다. 그 북은 '바른 말을 아뢰는 북[敢諫之鼓]'이라 하여, 누구나 정치의 잘못을 그 북을 쳐서 말하도록 하였고, 나무 기둥은 '비방하는 나무[誹謗之木]'라 하여, 누구든 정치에 불만이 있는 사람은 그 나무 기둥에 불평을 써서 알리도록 하였다고 한다.

【출전】 《사기(史記) 효문본기(孝文本紀)》

【뜻풀이】 '하릴없이 허벅지에 군살만 찐다'는 뜻으로, 원대한 뜻을 이루지 못하고 세월만 허송한다는 탄식이다.

【고사】 삼국시대 촉(蜀)의 유비(劉備)가 형주자사(荊州刺史) 유표(劉表)에게 가서 몸을 의탁하고 있자, 그곳의 호걸들이 많이 모여들었다. 한번은 유비가 변소에 가서 허벅지에 군살이 오른 것을 보고는 자신도 모르는 사이에 눈물을 흘렸다. 유표가 무슨 일이냐고 묻자 유비는 이렇게 말했다.

"제가 전쟁터를 달리느라 말안장에서 내린 적이 없어 살이 찔 겨를이 없었습니다. 그런데 지금 보니 더는 말을 타지 않아 허벅지에 살이 다시 쪘습니다. 세월은 달리듯 가서 곧 늙게 되었는데 공업(功業)을 이룰 날은 아득하기만 하니, 자연 마음이 슬퍼집니다."

【출전】 《삼국지(三國志) 촉지(蜀志) 선주전(先主傳)》

빈자일등 貧者一燈

가난빈　사람자　한일　등불등

【뜻풀이】 '가난한 사람이 켜는 등불 하나가 부자가 켜는 만 개의 등불보다 더 값지다'는 뜻인데 두 경전(經傳)에 나타난 이야기가 약간 다르다.

【고사】 옛날 부처님이 아사세왕(阿闍世王)의 초청을 받아 궁궐에 가서 설법하고 밤에 기원정사(祇園精舍)로 돌아가려 할 때 왕이 길에 수만 개의 등불을 밝혀 공양하였다.

이때 한 가난한 노파가 거리에서 구걸한 돈으로 기름을 사서 등불 하나를 밝히니, 그 빛이 유난히 밝았고, 새벽이 되자 다른 등불은 다 꺼졌으나 그 등불만은 더욱 빛났다.

이를 본 부처님께서 제자 목련(木蓮)에게 "이 노파는 일찍이 80억 겁(劫) 부처님께 공양하였으니, 30겁 후에도 부처가 될 것이다."라고 하였다 한다.《아사세왕수결경(阿闍世王受訣經)》

부처님이 사위국(舍衛國)의 한 정사(精舍)에 계실 때의 일이다. 그 나라에 난타(難陀)라는 한 가난한 여인이 있었는데 그녀는 다른 사람들처럼 부처에게 공양을 바치고 싶었으나, 구걸을 하며 살고 있는 처지여서 마음대로 되지 않았다.

한번은 하루 종일 구걸을 하여 1전을 얻었다. 그 돈으로 기름을 사서 부처에게 등불을 공양하려고 했으나 기름장수는 그렇게 적은 양은 팔 수 없다고 했다.

그러다 난타의 간절한 소망을 알게 된 기름장수는 훨씬 많은 양의 기름을 주어 난타는 등을 만들어 부처에게 공양했다.

　난타의 등불은 다른 많은 등 사이에서 유난히 밝게 빛나는 듯했는데 이상하게도 밤이 지나면서 다른 등불은 다 꺼졌으나 난타의 등은 꺼지지 않은 채 계속 밝게 타는 것이었다.

　부처님은 이에서 난타의 정성스런 마음을 알고 그 후 그녀를 비구니로 받아들였다고 한다.

【출전】 《현우경(賢愚經) 빈녀난타품(貧女難陀品)》

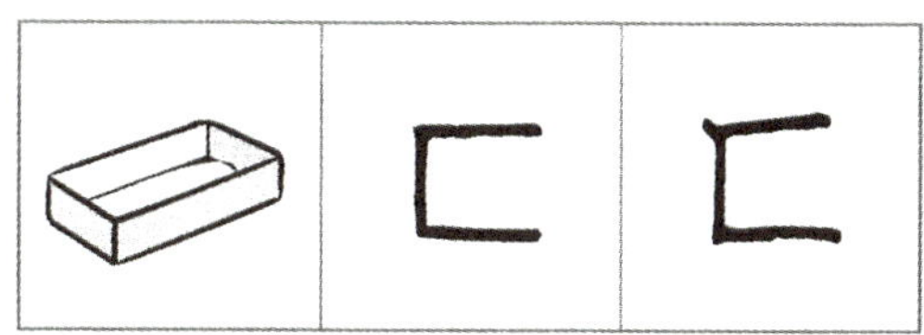

貧賤者驕人
빈천자교인

가난할빈 천할천 사람자 교만할교 사람인

【뜻풀이】 가난하고 미천한 사람만이 남에게 거만할 수 있다는 뜻이다.

【고사】 전국시대 위문후(魏文侯)의 아들 격(擊)이 길에서 전자방(田子方)을 만나 수레에서 내려 길에 엎드려 인사를 하는데도 전자방이 예(禮)를 갖추지 않자, 격이 노해서 말했다.

"부귀한 자가 남에게 교만하게 굽니까, 빈천한 자가 교만하게 굽니까?"

전자방이 대답했다.

"그야, 빈천한 자가 교만하지 부귀한 자가 어찌 감히 남에게 교만하게 굴겠습니까? 임금이 남에게 교만하면 나라를 잃고 대부(大夫)가 교만하면 그 집을 잃게 됩니다. 나라를 잃고 집을 잃은 자를 대우한다는 말을 저는 듣지 못했습니다. 반면 선비는 본래 빈천한 자이니, 어디를 간들 빈천하기밖에 더하겠습니까?"

이에 격이 사과하였다.

【출전】 《사기(史記) 위세가(魏世家)》

사면초가 四面楚歌

넉사　낯면　나라이름초　노래가

【뜻풀이】 사방에서 초(楚)나라의 노래 소리가 들린다는 뜻으로, 적이 주위를 포위하고 고립되어 있는데 외부의 원군(援軍)은 끊어졌다는 비유. 또는 주위에 자신에 반대하는 사람이 많아 고립된 처지를 비유하는 말.

【고사】 초왕(楚王) 항우(項羽)와 한왕(漢王) 유방(劉邦)이 막판 패권(覇權)을 다툴 때 일이다. 항우가 해하(垓下)란 곳에 진을 치고 있는데 군사는 적고 군량도 떨어져 사기가 떨어져 있었다. 외곽에는 한나라 군사와 제후(諸侯)의 군사가 겹겹으로 포위하고 있어 꼼짝못 하고 밤을 새우는데, 밤중에 갑자기 사방에서 초나라 노래 소리가 들려 왔다. 고향의 노랫소리를 들은 군사들은 고향 생각에 더욱 전의(戰意)를 잃고 말았다. 항우는 밤중에 이런 상황이 벌어지자 깜짝 놀라서 말했다.

"한나라가 이미 우리 초나라를 다 차지하였는가? 어찌 한나라 군중에 저처럼 초나라 사람이 많단 말인가?"

이는 한나라의 모사 장량(張良)의 계책을 써서 항복한 초나라 군사를 시켜 초나라의 노래를 부르게 한 것이다.

【원문】 項王軍壁垓下　兵少食盡　漢軍及諸侯兵圍之數重　夜聞漢軍四面皆楚歌　項王乃大驚曰　漢皆已得楚乎　是何楚人之多也

【출전】 《사기(史記) 항우본기(項羽本紀)》

사 목 지 신
徙 木 之 信

【뜻풀이】 백성들에게 정령(政令)을 믿게 하기 위해 나무토막을 이 곳에서 저곳으로 옮겨 놓으면 상금을 준다고 하여 실제로 그렇게 하였다는 고사.

【고사】 상군(商君 : 商鞅)이 진(秦)나라를 법치국가(法治國家)로 만들기 위해 법을 제정해 놓고 백성들이 믿지 않을까 염려되어 공포하기 전에 시험해 보기로 했다.

세 길 되는 나무토막을 도성 남문에다 세워 놓고 그걸 북문으로 옮기는 자가 있으면 10금을 준다는 방(榜)을 내걸었더니, 백성들은 괴이하게 여길 뿐 믿지 않았다.

그래서 50금을 준다고 방을 고쳐 붙였더니, 어떤 사람이 북문으로 나무토막을 옮겨 놓았다.

그러자 그 사람에게 약속대로 50금을 주었더니, 이후부터 진나라 백성들이 조정의 명을 믿기 시작했다.

【출전】 《사기(史記) 상군열전(商君列傳)》

射石爲虎

쏠사 돌석 할위 범호

【뜻풀이】 바위를 호랑인 줄 잘못 알고 쏘았더니 화살이 박혔다는
뜻으로, 용맹하고 활을 잘 쏘는 사람을 일컫는 말이다.

【고사】 한(漢)나라의 장군 이광(李廣)이 사냥을 나갔다가 숲 속에 웅크
리고 있는 호랑이를 쏘고는 가서 보니 호랑이가 아닌 바위였는데 화살
촉이 박혀 있었다. 그래서 다시 쏘아 보니, 이번에는 박히지 않았다고
한다.

【출전】《사기(史記) 이장군열전(李將軍列傳)》

사 지
四 知

【뜻풀이】 하늘이 알고 귀신이 알고, 네가 알고 내가 안다는 뜻으로, 곧 세상에 비밀이란 있을 수 없다는 말이다.

【고사】 후한(後漢) 안제(安帝) 때, 양진(楊震)이란 사람이 있었는데 그는 관서(關西) 사람으로 박학하고 청렴결백하여 '관서의 공자(孔子)'라 칭송을 받았다.

그가 동래군 태수로 임명되어 가는 도중 창읍에서 묵게 되었는데, 저녁 늦게 현령 왕밀(王密)이 찾아왔다.

왕밀은 양진이 전에 형주자사(荊州刺史)로 있을 때, 그의 학식을 높게 여겨 시험에서 뽑아준 사람이다.

지나온 이야기를 한참 재미있게 하더니 왕밀이 소매 속에서 은밀히 황금 열 근을 꺼내 놓았다. 깜짝 놀란 양진이 단호히 거절하며 말하였다.

"나는 옛 친구로서 자네의 학식이 아까워 추천한 것이었네. 그런데 자네는 내가 어떤 사람인지를 잊었나 보군. 어서 이걸 거두어 돌아가게."

"아닙니다. 지금은 밤중이고 방안에는 태수님과 저뿐이어서 아무도 아는 사람이 없습니다."

"당치 않은 소리 말게. 이미 하늘이 알고[天知], 귀신이 알고[神知], 그리고 자네가[子知] 알고, 또 내가 알고[我知] 있는데 어찌 아는 사람이 없다고 하는가!"

양진의 꾸지람에 왕밀은 부끄러워하며 물러갔다. 양진은 더욱 청렴결백하여 그 후 태위(太尉)에까지 승진하였다.

【원문】 當之郡 道經昌邑 故所擧荊州茂才王密爲昌邑令 謁見 至夜懷金十斤以遺震 震曰 故人知君 君不知故人 何也 密曰 暮夜無知者 震曰 天知 神知 我知 子知 何謂無知 密愧而出

【출전】 《후한서(後漢書) 양진전(楊震傳)》

사 회 부 연
死 灰 復 燃

죽을사　재회　다시부　불탈연

【고사】 전한(前漢) 경제(景帝) 때 한안국(韓安國)은 춘추시대 각 학파의 학문을 두루 섭렵하여 양효왕(梁孝王)을 섬기다 오(吳)·초(楚) 일곱 나라가 반란을 일으킬 때 군사를 이끌고 나가 싸워 큰 전공을 세움으로써 이름이 크게 알려졌다. 전쟁이 끝난 후 양효왕이 분수에 넘치게 천자(天子)의 예(禮)를 쓴다고 모함을 받아 위태롭게 되자 한안국이 일을 잘 처리하여 모함에서 벗어날 수 있었다.

　이 일로 한안국은 경제와 양효왕의 어머니인 두태후(竇太后)의 신임을 받게 되었다.

　그 후, 한안국이 죄를 지어 옥에 갇혀 문초를 받게 되었을 때 옥관(獄官) 전갑(田甲)이란 자가 한안국을 박대하면서 모욕을 주자, 참다 못한 한안국이 하루는 전갑에게 쏘아붙이며 말했다.

　"꺼진 불이라 하여 어찌 다시 불이 붙을 날이 없겠느냐? 그때 보자!"

　그러자 전갑이 대꾸했다.

　"불이 붙으면 물로 끄면 되지!"

　그런데 마침 그 무렵 양나라에 내사(內史) 한 사람이 결원되어 충원하는데 두태후가 한안국의 공로를 생각해 황제에게 적극 추천하면서 한안

국은 다시 옥에서 풀려나게 되었다. 이 소식을 들은 전갑이 도주하려고
출근을 하지 않자 한안국이 엄포를 놓았다.

"출근을 하지 않으면 가족까지 혼내주겠다."

이튿날 전갑이 정중히 사죄하니 한안국이 웃으며 말했다.

"꺼진 불이 다시 살아났으니 어서 끄지 않고 무엇 하느냐?"

그러고는 아무 일도 없었다는 듯이 잘 대해 주었다.

【출전】 《사기(史記) 한장유열전(韓長孺列傳)》

殺 妻 求 將

죽일살 아내처 구할구 장수장

【뜻풀이】 오기(吳起)가 자기 아내를 죽여 장수가 되기를 바랐다는 뜻으로, 자신의 공명(功名)과 이욕(利慾)을 위해서는 못 할 일이 없음을 비유한 말이다.

【고사】 오기는 처음 위(衛)나라 사람으로 용병(用兵)에 능했다. 증자(曾子)의 문하에서 공부하여 노(魯)나라에서 벼슬할 때였다.

그때 제(齊)나라가 노나라를 공격해 오자 노나라 임금이 오기를 장수로 삼아 내보내고자 하는데, 오기가 제나라 여자에게 장가든 것이 마음에 걸려 망설여졌다.

이를 안 오기는 즉시 아내를 죽여서 자기가 제나라와 무관함을 밝혀 마침내 장수가 될 수 있었다.

【출전】 《사기(史記) 손자오기열전(孫子吳起列傳)》

삼 감
三 鑒

석삼   거울감

【뜻풀이】 자신의 잘잘못을 비추어 보는 세 가지 거울.

【고사】 당태종(唐太宗)이 역사상 영명(英明)한 군주로 기록된 데에는 위징(魏徵) 같은 훌륭한 신하들이 많이 있었고 태종 또한 그들의 말을 잘 들어 주었기 때문이다. 하루는 태종이 위징에게 물었다.

"왜 어떤 군주는 지혜롭게 되고 어떤 군주는 혼암(昏暗)하게 되는가?"

"일을 처리하면서 각 방면 여러 사람들의 의견을 두루 들으면 현명한 임금이 되고, 한쪽 말만 지나치게 들으면 혼암한 군주가 됩니다. [兼聽則明 偏聽則暗]"

위징이 죽은 후 당태종은 조정에서 신하들에게 이렇게 술회(述懷)했다.

"나는 그 동안 정사를 하면서 나를 비추어 보는 세 가지 거울이 있었으니 나의 의관(衣冠)을 단정하게 하는 거울이 그 하나요 전 사람들의 발자취와 교훈을 비추어 보는 역사서(歷史書)가 그 둘이요, 그리고 마지막으로 내가 처리하는 정사의 잘잘못을 비추어 주는 간의대부(諫議大夫) 위징이란 거울이었다. 그런데 이제 그 중 하나가 없어졌다."

그러고는 다시 당부했다.

"천하의 일에는 선과 악이 있는데 선인을 임용하면 국가가 안정되고 악인을 임용하면 국가가 위태롭게 된다. 이후에 인재를 임용하면서 감정이나 애증(愛憎)에 의하지 말아야 할 것이며 내 잘못을 보거든 위징처럼 기탄 없이 간쟁(諫諍)해야 한다.

【출전】《신당서(新唐書) 위징전(魏徵傳)》

삼 고 초 려
三 顧 草 廬

【뜻풀이】 현인(賢人)을 초빙하기 위해 초가집을 세 번 찾아갔다는 뜻으로 정성을 다하여 인재(人才)를 등용함을 비유한 말이다.

【고사】 후한(後漢) 말 관우(關羽), 장비(張飛)와 의형제를 맺고 한(漢)나라 부흥을 기치로 군사를 일으킨 유비(劉備)는 조조의 군사에게 늘 고전(苦戰)을 면치 못했다. 그 이유는 군기(軍紀)를 잡고 계책을 세워 군사를 통솔할 군사(軍師)가 없어서였다. 유비는 은사(隱士)인 사마휘(司馬徽)에게 군사로 추대할 만한 인물을 천거해 달라고 청했다.

"복룡(伏龍)이나 봉추(鳳雛) 중 한 사람을 얻으시오."

복룡과 봉추가 누구인지 물었으나 사마휘는 거기까지만 말하고는 입을 다물었다. 후에 양양 땅에 사는 제갈량(諸葛亮)의 별명이 복룡이란 것을 알게 된 유비는 당장 예물을 가지고 제갈량의 초가집을 찾아갔다. 그러나 제갈량은 마침 집에 없었다. 며칠 후 유비가 다시 찾아갔으나 역시 제갈량은 없었다. 일부러 피하는 것이라고 생각한 관우와 장비가 불평하며 말했다.

"지난번에 다시 오겠다고 했는데, 또 없다니 이건 너무 무례한 것이 아닙니까?"

그러나 유비는 고개를 저었다.

"훌륭한 인물을 얻는 것은 원래 어려운 법이다."

이렇게 말하고는 관우와 장비의 만류에도 불구하고 다시 세 번째로 제갈량의 초가집을 찾아갔다.

제갈량은 유비의 열의에 감동하여 마침내 군사가 되어 줄 것을 승낙하고 같이 초가집을 나섰다. 이후로 제갈량은 과연 유비의 기대대로 적벽대전(赤壁大戰)에서 조조의 백만 대군을 격파하는 등 수많은 전공을 세웠으며 그의 지모(智謀)와 용맹, 충성심은 역사상 길이 빛나게 되었다.

【출전】《삼국지(三國志) 촉지(蜀志) 제갈량전(諸葛亮傳)》

삼 년 불 비
三 年 不 飛

석삼　해년　아닐불　날비

> **【뜻풀이】** 3년 안에는 날지 않는 새란 뜻으로 한 번 날면 크게 날아 큰일을 성취할 것이란 비유이다.

【고사】 B. C. 613년경의 일이다. 초나라 장왕(莊王)은 왕위에 오른 지 3년이 지나도록 나라 일은 돌보지 않고 술과 여색에만 빠져서 왼쪽에는 진희(秦嬉)라는 여인을 안고 오른쪽에는 월녀(越女)를 끼고 앉아 방탕하게 지내고 있었다. 간(諫)하는 말도 귀찮아 문 앞에 현판까지 붙여 놓았다.

"감히 간하는 자가 있으면 죽이리라."

이때 신하 가운데 바른 말을 잘하는 오거(伍擧)라는 이가 있어 왕께 들어가 간했다.

"초나라 정원에 큰 새 한 마리가 날아와 앉았는데 3년이 지나도록 날지도 않고 울지도 않는데[三年不飛亦不鳴] 이 새는 어떤 새이겠습니까?"

장왕이 대꾸했다.

"날지 않는 이 새가 한 번 날아오르면 하늘 끝에 닿을 것이요, 울지 않는 이 새가 한번 울면 사람들을 놀라게 할 것이다.[飛則衝天 鳴則驚人]"

오거가 받았다.

"날지도 않고 울지도 않는 동안 만약에 한 사냥꾼이 있어 몰래 화살을 쏜다면 창졸간에 죽고 말 것인데 어찌 하늘을 뚫고 날아오를 것이며 사람을 놀라게 할 수 있겠습니까?"

이 말에 크게 깨달은 장왕은 당장 진희와 월녀를 버리고, 악기를 모조리 없앤 다음 손숙오(孫叔敖)를 재상에 임명하고 나랏일을 맡겼다. 이렇게 하여 초장왕은 춘추오패(春秋五霸)의 한 사람이 되어 위엄을 온 천하에 떨칠 수 있었다.

【출전】 《오월춘추(吳越春秋)》

삼 령 오 신
三 令 五 申

석삼 명령령 다섯오 거듭신

【뜻풀이】 세 번 명령하고 다섯 번 거듭 경계하고 당부함.

【고사】 춘추시대 병법가(兵法家) 손자(孫子 : 孫武)가 오왕(吳王) 합려(闔閭)를 찾아가 만나자 오왕이 물었다.

"그대가 지은 병서(兵書) 12편(篇)은 잘 읽어보았네. 그 병법대로 하면 여자들도 훈련시킬 수 있는가?"

"그럼요, 충분히 훈련시킬 수 있습니다."

"그러면 우선 궁녀들을 모아줄 터이니 한번 시험해 보게나."

오왕이 궁중의 궁녀 180명을 모아 주자 손자는 두 부대로 나누고 왕의 총애를 받는 두 미녀를 각각 분대장으로 삼은 다음 창을 들려 세우고 명령했다.

"지금부터 내 명령에 따른다. 내가 '앞으로' 하면 앞으로 가고, '좌로' 하면 왼쪽으로, '우로' 하면 오른쪽으로 향한다. 모두 알았는가?"
"예"

대답은 그렇게 했으나 막상 훈련이 시작되자 모두 킬킬대며 명령을 따르지 않았다.

"명을 따르지 않으면 군령에 의해 목을 베겠다."

거듭 엄명을 내렸으나 궁녀들은 웃기만 할 뿐 명을 따르지 않았다. 이에 손자가 두 분대장을 앞으로 나오게 해서 명령했다.

"대원들이 명을 따르지 않은 것은 일차적으로 지휘를 맡은 그대들의 책임이니 참수형(斬首刑)에 처하겠다."

단상에서 이런 광경을 지켜보고 있던 왕이 급히 심부름꾼을 보내 말렸다.

"장군의 용병술은 잘 알았소. 그러나 나는 그 두 미녀가 아니면 밥을 달게 먹지 못하고 잠을 제대로 못 자니 부디 살려 주기 바라오."

손자가 심부름꾼을 통해 왕에게 말했다.

"장수가 군진(軍陣)에 나와서는 비록 임금의 명이라도 듣지 않는 경우가 있습니다."

그러고는 두 미인을 처형하여 군중에 조리를 돌리고 나서 다시 훈련을 시작했더니 그제야 제대로 군대의 모양이 갖추어지게 되었다. 이에 손자가 왕에게 보고했다.

"이제 비로소 쓸 만한 군대로 양성할 수 있게 되었습니다. 지금부터는 이들에게 물이나 불길 속으로 뛰어들라고 하더라도 명령을 따를 것입니다."

【출전】《사기(史記) 손자오기열전(孫子吳起列傳)》

상산사호
商山四皓

【뜻풀이】 진(秦)나라 말기 난리를 피해 상산에 은거해 살던 네 노인.

【고사】 동원공(東園公), 기리계(綺里季), 하황공(夏黃公), 각리선생(角里先生)을 말하는데 모두 나이가 80세를 넘어 머리가 세어 사호(四皓)라 불렀다.

한고조(漢高祖)가 건국 후 이들을 불렀으나 응하지 않다가 후에 태자(太子)를 폐(廢)하려고 할 때 여후(呂后)가 장량(張良)의 계책을 써서 이들을 불러들여 마침내 태자 폐지의 논의를 중지시켰다.

【출전】 《사기(史記) 유후세가(留侯世家)》

삼인성호
三人成虎

석삼 사람인 이룰성 범호

【뜻풀이】 저자에 호랑이가 나타났다고 하면 처음에는 믿지 않지만 세 사람이 거듭 말하면 믿게 된다는 뜻으로 허황된 소문도 여러 사람이 전하면 믿게 됨을 비유한다.

【고사】 전국시대 위(魏)나라의 태자와 방총(龐葱)이 조(趙)나라에 인질(人質)로 가게 되었다. 방총은 자신들이 나라에 없는 동안 갖은 모략중상(謀略中傷)이 있을까 염려되어 왕에게 다짐을 받았다.

"왕께서는 어떤 한 사람이 와서 저자에 호랑이가 나타났다고 말하면 믿겠습니까?"

"믿지 않겠지."

"두 번째 와서 말하면 믿겠습니까?"

"아마 의심은 할 것이다."

"그러면 세 번째 사람이 와서 저자에 호랑이가 나타났다고 말하면 믿으시겠습니까?"

"그때는 믿을 것이다."

"그렇습니다. 시장에 호랑이가 나타날 리 없지만 세 사람이 와서 말하면 믿게 됩니다. 이제 저희들이 조나라로 가는데, 조나라는 시장보다 더 멀고 왕께 저희를 모함하려는 자들은 세 사람뿐만이 아닐 것이니 대왕께서는 잘 살피십시오." 왕은 알았다고 대답했으나 그들이 떠나자마자 참소하는 말이 이르렀다.

【출전】《전국책(戰國策) 위책(魏策) 2》

상 가 지 구
喪 家 之 狗

【뜻풀이】 초라한 모습으로 이곳저곳 먹이를 찾아 기웃거리는 초상
집 개의 모습이란 뜻으로, 실의(失意)에 잠겨 떠돌아다니
는 사람을 빈정거리는 말이다.

【고사】 공자(孔子)가 노(魯)나라의 대사구(大司寇)로 있다가 벼슬을 그
만두고 노나라를 떠나 십수 년을 방랑하면서 이상정치를 펼 수 있는 나
라를 찾아 천하를 주유(周遊)할 무렵, 정(鄭)나라에 있을 때였다. 한번은
제자들이 공자를 놓쳐 찾아 나섰는데 자공(子貢)이 한 행인에게 공자의
모습을 설명하고는 못 보았느냐고 물어보았다. 그러자 그 행인은 이렇
게 대답했다.

"동문 옆에 서 있는 한 노인을 보았지요. 이마는 요(堯)임금 같고, 목은
순(舜)임금과 우(禹)임금 때의 현상(賢相) 고요(皐陶)와 같았으며, 어깨
는 정자산(鄭子産) 같았으나 허리 아래로는 우임금에게 세 치쯤 미치지
못하는 것 같았는데 그 지친 모습이 마치 초상집 개 같았습니다."

자공에게서 그 이야기를 듣고 난 공자는 웃으며 말했다.

"내 용모에 관한 묘사는 맞다고 할 수 없으나 초상집 개처럼 후줄근하
다는 말은 맞는 말이로구나."

【출전】 《사기(史記) 공자세가(孔子世家)》

상궁지조
傷弓之鳥

【뜻풀이】 화살에 맞아 상처를 입은 새란 뜻으로 어떤 화난(禍難)을 겪은 나머지 놀란 마음이 채 가시지 않음을 비유한다.

【고사】 전국 때 천하가 합종(合從)을 하자 조(趙)나라에서 위가(魏加)란 사람을 초(楚)나라에 보냈다. 위가가 초나라 춘신군(春信君)을 만나 물었다.

"귀하에게는 어떤 장수가 있습니까?"

춘신군이 대답했다.

"임무군(臨武君)을 장수로 삼을까 하오."

"별로 좋은 생각이 아닌 듯합니다."

"왜 그렇게 생각하시오."

"제가 어릴 때 활쏘기를 좋아했으니 활 쏘는 일로 비유해 말씀드려도 되겠습니까?"

"좋습니다."

"옛날 경리(景臝)란 무사가 위왕(魏王) 앞에서 공중을 나는 기러기를 빈 활을 쏘아 맞혀 떨어뜨렸더니 위왕이 무척 감탄하자 경리가 말했지요. '이 기러기는 병이 들고 약한 놈이어서 쉽게 잡을 수 있었습니다.' 하니 위왕이 '어떻게 그런 줄 아는가?' 하고 물었습니다. 경리가 말하기를 '그놈이 날아올 때 매우 느리고 소리가 슬펐습니다. 느리게 난 것

은 화살에 맞은 상처가 아물지 않았기 때문이요 소리가 처량한 것은 무
리에서 떨어진 지 오래이기 때문입니다.' 라고 했습니다. 지금 귀하께서
장군으로 삼으려는 임무군은 전에 진(秦)나라와 싸움에서 여러 차례 패
해 겁을 먹은 사람이어서 진나라에 대적할 장수로는 불가합니다."

【출전】 《전국책(戰國策) 초책(楚策) 4》

새옹지마
塞翁之馬

【뜻풀이】 변방 노인의 말이라는 뜻으로, 화복(禍福)은 일정하지 않아서 화가 복이 되기도 하고, 복이 화가 되기도 한다는 비유이다.

【고사】 변방의 한 노인이 있었는데 까닭 없이 기르던 말이 집을 나가 호(胡) 땅으로 들어갔다. 사람들이 와서 안 되었다고 위로하자 그 노인은 이렇게 말하였다.

"이번 일이 복이 될 줄을 어찌 알겠소.?"

그런데 몇 달 후 집을 나갔던 말이 준마(駿馬) 여러 마리를 이끌고 집으로 돌아왔다. 사람들이 와서 잘된 일이라고 축하하자 노인은 이렇게 말했다.

"이번 일이 화(禍)가 될 줄을 어찌 알겠소?"

좋은 말이 많아지자 그 집 아들이 말을 타고 다니다가 낙마(落馬)를 했다. 사람들이 와서 위로하자 노인은 아무렇지 않다는 듯이 말했다

"이번 일이 복이 될 줄 어찌 알겠소?"

1년 후 호인(胡人)들이 대거 침범해 변방 가까운 곳 장정들은 징집되어 열 명 중 아홉 명은 죽었는데, 그 집 아들은 징집을 면해 무사할 수 있었다.

【출전】 《회남자(淮南子) 인간훈(人間訓)》

噬臍莫及

씹을서 배꼽제 없을막 미칠급

【고사】 주나라 장왕(莊王) 때 초나라 문왕(文王)이 신(申)나라를 치기 위해 신나라와 가까운 거리에 있는 등(鄧)나라를 지나가게 되었다. 등나라 임금은 자신의 조카가 왔다고 하면서 문왕을 반갑게 맞이했다.

그러자 세 현인(賢人)이 등나라 임금에게 이렇게 진언했다.

"우리 등나라를 멸망시킬 자는 반드시 이 사람일 것입니다. 지금 도모하지 않으시면 후일 후회해도 '서제막급(噬臍莫及)'이어서 소용이 없게 됩니다."

그러나 등 나라 임금은 그 말을 듣지 않았는데 10년 후 과연 초 문왕에게 멸망당하고 말았다.

【출전】《춘추좌씨전(春秋左氏傳) 장공(莊公) 6년》

서 족 기 성 명
書 足 記 姓 名

【뜻풀이】 학문은 성명을 쓸 정도만 배우면 된다는 뜻으로 글을 많이 배울 필요가 없다.

【고사】 항우(項羽)의 이름은 적(籍)이요 자(字)가 우인데 키가 8척이 넘고 힘이 구정(九鼎)을 들 정도였으며 재주가 보통사람보다 뛰어났다. 항우가 젊어서부터 글공부를 했으나 성취하지 못해 그만두고, 검술을 배웠으나 역시 성취하지 못하자 그의 숙부 항량(項梁)이 꾸짖으니 항우가 말하였다.

"글은 성명이나 적을 줄 알면 충분하고 검술은 한 사람을 상대하여 싸우는 것이어서 배울 게 못 되니, 저는 만 사람을 대적할 수 있는 병법을 배우겠습니다. [書足以記名姓而已 劍一人敵 不足學 學萬人敵]"

진(秦)나라 말기 군사를 일으켜 진섭(陳涉)에게 호응하여 차츰 세력을 키워 유방(劉邦)과 각축전을 벌였으나 실패하고 말았다.

【출전】 《사기(史記) 항우본기(項羽本紀)》

섭족부이
躡足附耳
밟을섭 발족 붙일부 귀이

【뜻풀이】 발로 밟고 귀엣말을 한다는 뜻으로 낮은 목소리로 계획을 의논함을 이른다.

【고사】 진(秦)나라 말기 유방(劉邦)의 한(漢)과 항우(項羽)의 초(楚)가 한창 각축전(角逐戰)을 펼칠 때였다. 한번은 유방이 형양(滎陽)에서 항우의 군사에게 오랜 기간 포위당해 곤경에 처하게 되었는데 이때 부하 장수 한신(韓信)이 유방에게 사람을 보내 글을 올렸다.

"이곳 제(齊)나라 사람들은 속임수가 많고 교활하여 반복무상(反覆無常)한데 초(楚)와 연접해 있어 지금은 비록 평정했으나 언제 반란을 일으킬지 모릅니다. 그러니 우선 저를 임시로 제왕(齊王)에 봉해 이곳을 진무(鎭撫)하게 해 주십시오."

원래 유방이 한신에게 군사를 나누어 주어 조(趙)와 제((齊)를 치도록 했기 때문에 지금 한신이 두 곳을 다 평정하고 자신을 제왕에 봉해 주기를 자청한 것이다.

그런데 유방은 한신의 세력이 점점 커지는 것이 못마땅했다. 더군다나 지금 자신이 포위되어 있는 틈을 타서 이런 서신을 보낸 것은 협박이나 다름없지 않은가? 생각이 이에 미치자 서신을 가지고 온 사자에게 버럭 고함을 질렀다.

"내가 지금 초군(楚軍)에게 포위되어 날마다 원군(援軍)을 기다리고 있는데 도와줄 생각은 하지 않고 스스로 제왕이 되겠다고?"

이때 그 자리에 모신(謀臣) 장량(張良)과 진평(陳平)이 함께 있었다. 그들 생각에 지금은 한신의 원군이 절실할 때였다. 그래서 슬그머니 발로 유방의 발등을 밟아 제재하며 귀엣말을 했다.

"지금은 우리가 여러 면에서 불리할 때여서 한신의 청을 거절해서는 안 됩니다. 우선 그를 제왕에 봉해서 도움을 받아야 합니다. 그렇지 않으면 그가 반란을 일으킬지 모릅니다."

두 사람의 말을 들은 유방이 즉시 말을 바꾸어 호통을 쳤다.

"대장부가 남쪽 북쪽을 달리며 제후들을 평정했으면 마땅히 진짜 제왕이 되어야지 어찌 임시 제왕이란 말이냐?"

유방이 즉시 장량을 보내 한신을 제왕에 봉하자 신이 난 한신도 즉시 구원군을 보내 유방의 포위를 풀어 주었다.

【출전】《사기(史記) 회음후열전(淮陰侯列傳)》

洗 兒 錢

씻을세 아이아 돈전

【뜻풀이】 어린아이를 씻길 때 친한 사람들이 주는 돈.

【고사】 당(唐)나라 풍속에 어린애가 출생한 3일 후나 혹은 한 달이 될 때 친한 사람들이 모여 경하(慶賀)하며 몸을 씻길 때 주는 돈을 세아전이라 한다. 현종(玄宗) 때 반란을 일으킨 안록산(安祿山)이 궁중을 출입하면서 양귀비(楊貴妃)를 어머니라고 불렀는데 귀비와 현종은 세아전을 주었다고 한다.

【출전】 《부풍전신록(扶風傳信錄)》

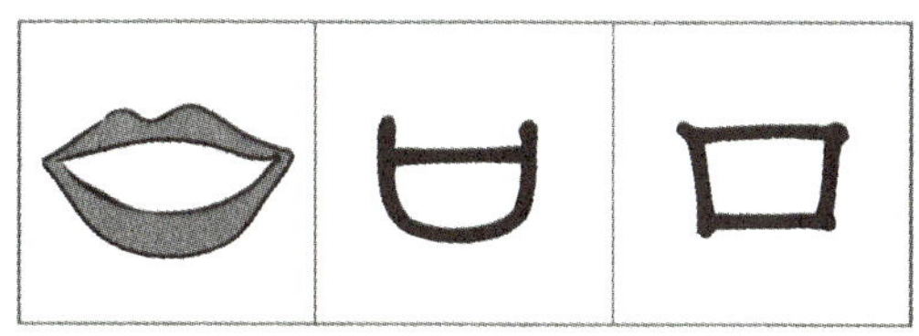

소상반죽
瀟湘斑竹

【뜻풀이】 소상강 가의 갈색 반점(斑點)이 있는 대나무.

【고사】 요(堯)임금의 두 딸 아황(娥皇)과 여영(女英)이 순(舜)임금의 부인이 되었다. 순임금이 죽자 소상강 가에서 피눈물을 흘리며 울다가 강물에 뛰어들어 죽었는데, 그 때 흘린 피눈물이 대나무에 묻어 반죽이 되었다고 한다.

【출전】 《박물지(博物志)》

276

소 제 천 하
掃 除 天 下

쓸소 덜제 하늘천 아래하

【뜻풀이】 집안 청소보다는 천하를 소제하겠다는 뜻으로, 하찮은 지절(志節)에 얽매이지 않고 천하를 다스리는 데 뜻을 둔다는 비유이다.

【고사】 후한(後漢) 때 사람 진번(陳蕃)은 15세 때부터 독립하여 집 한 채를 따로 지어 살았는데 평소 집안 청소를 하는 일이 없었다. 그래서 항상 방안은 지저분하고 정원에는 잡초가 무성하게 우거졌다. 하루는 아버지의 친구 설근(薛勤)이 찾아왔다가 눈살을 찌푸렸다.

"집안 청소라도 조금 하고 살지 그러는가?"

그러자 진번이 대답했다.

"남자 대장부라면 마땅히 천하를 소제해야지 어찌 집안 청소 따위나 하겠습니까?"

그 말은 당시 조정을 어지럽히고 있던 환관(宦官)들을 제거해 나라를 바로잡겠다는 뜻이어서 설근은 자못 기특하다는 생각이 들었다. 후에 벼슬하여 바른 말을 하다 뜻이 맞지 않아 잠시 물러나 있다가 태위(太尉) 이고(李固)의 천거로 낙안태수(樂安太守)가 되었다. 이때부터 환관들의 세력을 제거하는 데 앞장서 이름을 떨쳐 사람들의 존경을 받았으며 그의 일거일동은 당시 사람들의 표준이 되었다.

【출전】 《후한서(後漢書) 진번전(陳蕃傳)》

손산지외
孫山之外

성씨손　메산　어조사지　바깥외

【뜻풀이】 이름이 손산이란 사람 다음에 있다는 뜻으로, 합격자 발표 명단에 이름이 없는 것을 에둘러서 하는 말이다.

【고사】 봉건시대에는 관리를 과거(科擧)를 통해 임명하는 것이 통례였기 때문에 가난하거나 미천한 자들이 신분 상승을 위해 평생 과거시험에 매달렸다.

송(宋)나라 소주(蘇州)에 손산(孫山)이란 익살스런 사람이 살았는데, 어느 해 과거의 1차 시험인 향시(鄕試)에 같은 동네 사는 한 서생과 함께 응시했는데 합격자 발표를 보니 자신은 붙었으나 그 서생의 이름은 보이지 않았다.

집으로 돌아오니 가족 친지들이 몰려와 축하를 해 주는데 하객 가운데 그 서생의 아버지도 끼어 있었다.

서생의 아버지가 물었다.

"우리 아이는 어떻게 되었는지 모르는가? 아직껏 돌아오지 않고 있어 답답하네."

손산은 그 아버지에게 차마 자신만 합격하고 아들은 낙방했다는 말을 할 수가 없어 한참 생각하다 시 한 구절을 지어 우회적으로 일러 주었다.

"합격자 명단 맨 끝이 저 손산이요 맥의 아드님 이름은 손산 밖에 있었습니다.[解名盡處是孫山 賢郞更在孫山外]"

【출전】 《과정록(過庭錄)》

송 양 지 인
宋 襄 之 仁

【뜻풀이】 송양공(宋襄公)의 어짊이란 뜻으로, 한갓 착하기만 할 뿐 지혜롭지 못함을 비웃는 말이다.

【고사】 춘추시대 송양공이 강국인 자기 나라와 상의 없이 초(楚)나라에 조회(朝會)했다는 말을 듣고 정나라를 공격했다. 그러자 초나라에서 정나라를 구원하기 위해 군사를 보내 홍수(泓水)를 사이에 두고 대치하게 되었다. 양공은 '인의(仁義)'라고 쓴 깃발을 군문(軍門)에 달게 하고는, 초나라 군사가 강을 건너오고 있는데도 공격 명령을 내리지 않았다. 사마(司馬) 공손고(公孫固)가 아뢰었다.

"초나라 군사가 이처럼 날이 밝은 다음에 강을 건너는 것은 우리를 얕잡아보기 때문입니다. 강을 반쯤 건널 때 공격하면 반드시 이길 수 있습니다."

양공이 말했다.

"그대는 저기 세워 놓은 '인의(仁義)'라는 깃발이 보이지 않은가? 강을 건너고 있는 군사를 어찌 차마 공격할 수 있겠는가! 다 건너오면 그때 맞아 치면 된다."

적군이 강을 다 건너자 공손고가 다시 양공에게 권하였다.

"초나라 군대가 진(陣)을 치기 전에 공격해야 이길 수 있습니다."

"그게 무슨 말인가! 아직 채 진을 치지 못하고 좌왕우왕하고 있는 군대를 어찌 공격하겠는가? 진을 다 치기를 기다리자."

초나라 군사가 진을 다 친 후 공격했으나 송나라 군사는 강한 초군의 상대가 되지 못해 위험에 빠진 양공을 공손고가 겨우 구해 돌아와야 했다.

【출전】 《십팔사략(十八史略)》

수 어 지 교
水 魚 之 交

【뜻풀이】 물과 물고기의 만남. 곧 물고기가 물을 만난 듯이 군주와 신하의 사이가 친밀한 것을 비유하는 말. 일반적으로 서로 큰 도움이 되는 사이를 뜻하기도 한다.

【고사】 중국 천하가 조조(曹操), 손권(孫權), 유비(劉備) 세 사람에 의해 삼분(三分)되어 있던 이른바 삼국정립(三國鼎立) 시대의 일이다. 처음 이 셋 중에서 가장 약했던 것은 유비였다.

그에게는 관우(關羽), 장비(張飛), 조운(趙雲) 등 용장은 있었으나, 같이 일을 도모할 만한 책략가가 없었다.

이런 점을 통감한 유비가 제갈공명(諸葛公明)을 군사(軍師)로 맞게 되었다.

당시 제갈공명은 어지러운 세상을 피해 융중산(隆中山)에 초가를 짓고 은둔해 있었는데, 유비는 예의를 다해 세 번씩이나 그의 집을 찾아감[三顧草廬]으로써 제갈공명을 모셔오는 데 성공했다.

이후 제갈공명이 제시하는 정책에 따라 한나라 부흥의 일을 진행시켜 나갔다.

유비는 제갈공명의 인품과 지혜에 반하여 침식을 항상 같이했고, 제갈공명도 자기를 알아주는 군주에게 충성을 바쳤다.

처음에는 관우와 장비가 제갈공명에 대한 예우가 너무 지나친 것이라고 불평한 적이 있었다.

그때 유비는 이렇게 말했다.

"내가 공명을 얻은 것은 마치 고기가 물을 얻은 것과 같다. 그러니 두 번 다시 그런 소리를 하지 말거라. [孤之有孔明 猶魚之有水也 顧諸君勿復言]"

【출전】 《삼국지(三國志) 촉지(蜀志) 제갈량전(諸葛亮傳)》

수주대토
守株待兎

【뜻풀이】 나무그루터기를 지키면서 토끼가 와서 부딪쳐 죽기를 기다린다는 뜻으로, 한번 겪은 좁은 경험이나 식견을 변통할 줄 모르고 고수함을 비유한다.

【고사】 송(宋)나라의 한 농부가 밭을 갈다가 토끼 한 마리가 달려오더니 밭 가운데 있던 나무 그루터기에 부딪쳐 죽는 것이었다.

그걸 본 그 농부는 이튿날부터 아예 쟁기를 벗어 놓고 또다시 토끼가 와서 부딪쳐 죽기를 기다렸으나, 토끼는 잡지 못하고 웃음거리만 되었다고 한다.

【출전】 《한비자(韓非子) 오두(五蠹)》

수지오지자웅
誰 知 烏 之 雌 雄

【뜻풀이】 누가 까마귀의 암수를 알겠는가라는 뜻으로 진위를 구별하기 어렵다는 비유이다.

【고사】 자사(子思)가 한 때 위후(衛侯)를 섬기면서 구변(苟變)이란 장수를 천거하니 위후가 달갑지 않게 여기며 말했다.

"나도 그가 훌륭한 인물인 줄 알지만 일찍이 백성들에게 계란 세 개를 더 거두어 먹은 일이 있었기 때문에 임용하지 않은 것입니다."

"인재(人材)를 등용하는 것은 목수가 나무를 골라서 쓰는 것과 같아서 장점은 취하고 단점은 버리는 것입니다. 훌륭한 목수는 큰 재목에 다소 썩은 부분이 있더라도 버리지 않습니다. 지금 임금께서 장수를 선발하면서 계란 두 개 때문에 간성(干城)과 같은 장수를 버리시니, 이런 말이 이웃나라에 들리게 해서는 안 됩니다.[不可使聞於隣國]"

또 위후의 잘못된 계책을 듣고도 신하들이 한목소리로 찬성하자 자사가 일침(一針)을 놓았다.

"지금 위나라는 임금은 임금답지 못하고 신하는 신하답지 못하여 옳고 그름을 살피지 않고 자신을 칭찬하는 것만 좋아하니, 어디서 선(善)이 나오겠습니까? 《시경(詩經)》에 말하기를 '모두 내가 성인이라고 하니, 누가 까마귀의 암수를 구별하겠는가 [俱曰予聖人 誰知烏之雌雄]' 라고 하였는데 이는 위나라의 군신과 같습니다."

【출전】 《자치통감(資治通鑑) 위열왕(威烈王) 25년》

순망치한 脣亡齒寒

입술순 망할망 이빨치 추울한

> **【뜻풀이】** 입술이 없으면 이빨이 시리게 된다는 뜻으로, 서로 의지하는 사이여서 이해(利害)가 관계된다는 비유이다.

【고사】 춘추시대 진(晉)나라 임금이 괵(虢)나라를 치겠다면서 우(虞)나라에 길을 빌려 달라고 요구했다.

우나라 임금이 어떻게 해야 할지 망설이자 궁지기(宮之奇)란 신하가 반대했다.

"안 됩니다. 괵나라는 우리 나라와 안팎을 이루는 사이여서 괵나라가 망하면 우리 나라도 곧 망하게 됩니다. 저는 듣건대 속담에 '수레의 두 바퀴는 서로 의지하고 입술이 없게 되면 이빨이 시리다.[輔車相依 脣亡齒寒]'라고 하였는데, 이는 우리 나라와 괵나라를 두고 한 말입니다."

그러나 임금은 그 말을 받아들이지 않고 길을 빌려 주었는데 진나라는 괵나라를 치고 돌아오는 길에 우나라까지 아예 병탄해 버렸다.

【출전】 《춘추좌씨전(春秋左氏傳) 희공(僖公) 5년》

승당입실
升 堂 入 室

오를승 마루당 들입 방실

【뜻풀이】 학문이나 기예가 최고의 경지는 아니나 상당한 경지에 이름을 비유한다.

【고사】 공자(孔子)의 제자 가운데 자로(子路) 중유(仲由)는 많은 일화를 남긴 특이한 인물이었다. 공자보다 나이가 9세 아래였는데 성품이 비루 하고 용력을 숭상하였으며 뜻이 굳었다.

공자의 제자가 되기 전에는 용감성을 나타내기 위해 머리에다 수꿩 깃 을 꽂고 수퇘지 모양의 장식을 차고 다녔는데 공자가 예를 갖추어 제자 로 맞이한 것이다.

한번은 자로가 공자에게 물었다.

"군자도 용맹을 숭상합니까? [君子尙勇乎]"

공자가 대답했다.

"의를 으뜸으로 삼아야 한다. 군자가 용맹을 좋아하면서 의가 없으면 난리를 일으키게 되고 소인이 용맹을 좋아하면서 의가 없으면 도적이 된다.[義之爲上 君子好勇而無義則亂 小人好勇而無義則盜]"

공자가 자로를 두고 평했다.

"한 마디 말로 옥사(獄事)를 판결할 수 있는 자는 자로일 것이다. 자로 는 용맹을 좋아함이 나보다 지나쳐 적용할 곳이 없어 천수(天壽)를 다하 지 못할 것이다. 해어진 헌 솜옷을 입고 여우털 갖옷을 입은 귀인들 틈에 서 있어도 부끄러워하지 않을 자는 자로일 것이다. 자로는 마루에는 올랐으나 아직 방안에는 들어가지 못했다. [片言可以折獄者 其由也與 由也好勇過我 無所取材 若由也 不得其死然 衣弊縕袍 與衣狐裘 者立而 不恥者 其由也與 由也升堂矣 未入於室也]"

　공자의 예언대로 자로는 궤외(簣瞶)의 난에 나가 싸우면서 갓끈이 풀리자 "군자는 죽더라도 관을 쓰지 않을 수 없다. [君子死而冠不免]" 하고는 갓끈을 고쳐 매다가 살해되었다.

【출전】 《사기(史記) 중니제자열전(仲尼弟子列傳)》

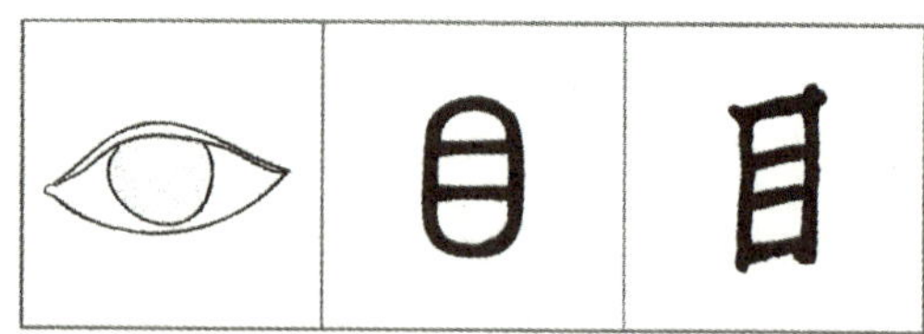

시 불 재 래
時 不 再 來

때시 아닐불 다시재 올래

【뜻풀이】 좋은 기회는 두 번 다시 오지 않으니 놓쳐서는 안 됨.

【고사】 춘추시대 월(越)나라 구천(句踐)이 즉위한 3년에 오(吳)나라를 대대적으로 공격했다가 도리어 크게 패해 회계산(會稽山)에서 포위당해 자신은 오왕의 신하가 되고 아내는 첩이 되게 해달라고 애원해 겨우 풀려나 3년 후에야 귀국할 수 있었다. 본국에 돌아온 구천이 모신(謀臣)인 범려(范蠡)에게 가르침을 청했다.

"내가 왕위에 오른 후 어린 나이에 술과 사냥을 즐기다 마침내 오나라에게 견디기 어려운 모욕을 당했소. 부디 복수할 계책을 일러 주시오."

범려가 대답했다.

"아직은 때가 아니니 기다려야 합니다."

1년 후 구천이 들으니 오왕 부차(夫差)가 여색(女色)에 빠져 어진 신하를 멀리하는 등 정사를 게을리 해 백성들이 원망하고 있다는 소식이었다. 다시 범려에게 오나라 칠 계책을 세우라고 하자 범려가 말했다.

"인사(人事)로 보아서는 복수를 할 기회가 온 듯하나 아직 천시(天時)가 이르지 않았으니 조금 더 기다려야 합니다."

몇 년 뒤 오나라에서 정직한 충신 오자서(伍子胥)를 죽이고, 또 흉년이 들어 백성들이 굶주린다는 첩보가 들어왔는데도 범려는 거듭 때가 아니라며 반대했다.

그러다 오나라 백성들의 마음이 이반(離反)하여 흩어지고 있다는 보고를 접하고서야 월왕에게 권했다.

"이제 오나라를 칠 때가 되었으니, 어서 대군을 이끌고 진격하십시오. 저는 듣건대 '때를 얻으면 게을리 하지 말고 좋은 기회는 두 번 다시 오지 않는다. 하늘이 준 기회를 취하지 않으면 잃고 놓치면 도리어 재앙을 받는다.[臣聞之 得時無怠 時不再來 天予不取 反爲之災]'라고 하였습니다."

마침내 구천은 이 전쟁에서 오나라를 멸망시켰으며 오왕은 자살하고 말았다.

【출전】《국어(國語) 월어(越語) 하(下)》

阿 堵 物
아 도 물

언덕아 담장도 만물물

【뜻풀이】 원래는 '이 물건'이라는 말로, 돈을 가리키는데, 후일 돈을 빌릴 때 돈이란 말 대신 쓰게 되었다.

【고사】 위진(魏晉) 시대의 진(晉)나라가 몰락하고 있을 때의 일이다. 왕연(王衍)은 죽림칠현(竹林七賢)의 한 사람인 왕융(王戎)의 종제(從弟)로서 명문 출신이었다.

요직을 두루 거쳤지만 정사는 뒷전으로 미룬 채 오로지 청담(淸談)으로 세월을 보냈다.

그는 세속적인 것들을 혐오했는데, 특히 금전에 관한 말은 입에 담기를 꺼려했다. 하루는 그의 아내가 남편을 시험하려고 자고 있는 사이에 하녀에게 명하여 침대 주위에 돈을 깔아놓게 했다. 잠을 깬 왕연은 발밑에 깔린 돈을 보고는 소스라치게 놀라 소리쳤다.

"어서 이 물건들을 치우거라.[擧却阿堵物]"

【출전】 《세설신어(世說新語) 규잠(規箴)》

※ 돈이란 말조차 입에 담기 싫어하던 터라 돈을 치우라고 하지 않고 이렇게 말한 것이다.

애 색 이 천 사
愛 色 而 賤 士

【뜻풀이】 미인만 좋아하고 선비는 천대함.

【고사】 전국시대에 제(齊)나라 맹상군(孟嘗君), 조(趙)나라 평원군(平原君), 초(楚)나라 춘신군(春申君) 위(魏)나라 신릉군(信陵君)을 전국사공자(戰國四公子)라 하였는데 모두 의협심이 강하고 선비들을 좋아하여 많은 식객(食客)을 둔 것으로 유명하다.

평원군은 조나라 혜문왕(惠文王)의 동생으로 이름이 승(勝)이었다. 그도 식객 수천 명을 두었는데 이웃집에 절름발이가 살고 있었다. 한번은 평원군의 애첩이 다락에 올라가 아래를 내려보다가 그 절름발이가 절룩거리며 걷는 것을 보고는 크게 소리를 내어 웃었다. 이튿날 아침 그 사람이 평원군을 찾아와 따졌다.

"저는 듣건대 당신이 선비를 좋아하여 사방에서 선비들이 천릿길을 멀지 않게 여기며 찾아온 것은 선비를 귀히 여기고 첩을 천히 여겨서일 것입니다. 제가 불행히 다리를 절름거리는데 어제 당신의 애첩이 저의 그런 모습을 보고는 웃었습니다."

"미안하게 되었구려. 그래 어떻게 해 주면 되겠소?"

"그 애첩의 머리를 베어 주십시오."

평원군이 웃으며 무심코 대답했다.

"잘 알겠으니, 그만 가보시오."

방안으로 들어온 평원군은 어이가 없었다.

"뭐? 그만한 일로 내 애첩의 목을 베어 달라고?"

끝내 애첩의 머리를 베지 않았는데, 그때부터 웬일인지 문객(門客)들이 하나 둘 떠나가는 게 아닌가? 평원군이 이상하게 여겨 물었다.

"제가 여러분에게 크게 잘못한 것이 없는데 왜 이처럼 떠나시오?"

그러자 한 문객이 나서서 대답했다.

"공자께서 이웃집 사람과의 약속을 지키지 않아서입니다. 애첩을 죽이지 않은 것은 그 미인을 사랑하고 선비를 천히 여긴 것[愛色而賤士]이어서 떠나는 것입니다."

이에 평원군이 그 애첩의 머리를 베어 몸소 들고 그 절름발이 집으로 찾아가 사과하니, 그제야 흩어졌던 문객들이 다시 모여 들었다.

【출전】 《사기(史記) 평원군우경열전(平原君虞卿列傳)》

愛 屋 及 鳥

사랑애 집옥 미칠급 새조

> **【뜻풀이】** 어떤 사람을 깊이 사랑하면 그 사람이 사는 지붕 위에 앉아 있는 새까지도 사랑하게 됨.

【고사】 은(殷)나라 마지막 주왕(紂王)은 역사상 포악하기로 유명한 군주였다. 당시 그를 섬기던 서백(西伯) 희창(熙昌)이 제후들의 인심을 얻어 세력이 커지자 옥에 가두는 등 갖은 박해를 가했다.

옥에서 나온 희창은 기산(岐山) 지방으로 옮겨 자신을 따르는 제후들을 규합하여, 후에 아들 발(發)이 나라를 세워 무력으로 은왕조(殷王朝)를 멸망시켜 도탄(塗炭)에서 헤매는 백성을 구하도록 하였으니 이가 주문왕(周文王)과 주무왕(周武王) 부자이다.

문왕은 병략(兵略)에 뛰어난 여상(呂尙 : 姜太公)을 군사(軍師)로 초빙하여 인근의 작은 나라들을 겸병하니 세력이 날로 커지게 되었으나 대업(大業)을 다 이루지 못하고 죽고 만다.

그 아들 무왕이 문왕을 계승하여 군사의 일은 강태공에게, 내정(內政)은 두 아우인 주공(周公) 단(旦)과 소공(김公) 석(奭)에게 맡겨 나라의 기초를 세운 것이다.

때가 무르익자 주무왕은 마침내 은나라 정벌을 선포하니 인심을 잃을 대로 잃은 주왕은 대항 한 번 제대로 못 하였다. 주나라 군사가 파죽지세(破竹之勢)로 수도 조가(朝歌)를 함락시키자 스스로 불에 타 죽고 결국 은나라는 망하고 만다. 주왕국(周王國)을 세운 무왕이 은나라의 유신(遺臣)을 어떻게 대우해야 할지 고민하자 군사(軍師)인 강태공(姜太公)이 말했다.

"신은 듣건대 그 사람을 사랑하는 자는 그 사람이 사는 지붕 위에 앉아 있는 새까지 사랑하고, 그 사람을 미워하면 그 집 하인들까지 미워한다[愛其人者 兼愛屋上之鳥 憎其人者惡其余胥]고 합니다."

이에 무왕은 은나라의 관리와 백성을 잘 대우하여 나라를 안정시켰다.

【출전】《설원(說苑) 귀법(貴法)》

약 법 삼 장
約 法 三 章

【뜻풀이】 세 가지 법이란 뜻으로, 기본적인 간단한 법조문.

【고사】 한고조(漢高祖) 유방(劉邦)이 진나라를 격파하고 수도 함양(咸陽)에 들어가 그곳 부로들과 약속하였다.

"그동안 진나라의 가혹한 법에 고생 많았습니다. 진나라에서는 비방한 자를 멸족시키고 마주서서 이야기를 나눈 자들 까지 저자에서 죽였지만 나는 이제 왕 노릇하면서 부로들과 세 가지 법조항만 두기로 약속하니, 살인한 자는 죽이고, 사람을 다치게 하거나 도둑질한 자는 거기에 상응한 죄를 주겠습니다. 나머지 진나라 법은 모두 없애니, 여러 관원과 백성들은 모두 옛날처럼 편안히 살기 바랍니다.[殺人者死 傷人及盜抵罪 餘悉除去秦法 諸吏民 皆案堵如故] 내가 여기에 온 까닭은 부로들을 위해 해로움을 제거하려 함이지 침탈하고 포악하게 하려는 것이 아니니 두려워하지 마십시오."

이에 백성들이 기뻐하여 유방이 왕이 되지 않을까 염려하게 되었다.

【출전】 《사기(史記) 고조본기(高祖本紀)》

羊 頭 狗 肉

염소양 머리두 개구 고기육

【뜻풀이】 밖에는 양 머리를 걸어 놓고 안에서는 개고기를 판다는 뜻으로, 겉과 속이 판이하게 다름을 이르는 말. 양두마육(羊頭馬肉)도 같은 말이다.

【고사】 춘추시대 제나라 영공(靈公)은 궁중의 여인들에게 남장(男裝)을 시켜 놓고 즐기는 별난 취미가 있었다. 그러자 이런 이상한 취미는 곧 백성들 사이에도 유행되어 남장한 여인이 날로 늘어나 마침내 영공이 재상 안영(晏嬰)에게 남장한 여인을 처벌하라는 금령(禁令)을 내렸다.

그랬는데도 좀처럼 남장 여인이 줄어들지 않자 안영에게 그 까닭을 물으니 안영은 이렇게 대답했다.

"임금께서 궁중의 여인들에게는 남장을 하게 하시면서 궁궐 밖의 여인들만 못하게 금지하는 것은 이는 곧 '밖에는 양 머리를 걸어 놓고 안에서는 말고기를 파는[懸羊頭於門 買馬肉於內]' 격입니다."

영공은 그날로 당장 궁중 여인들에게도 남장 금지령을 내렸다. 그러자 이튿날부터 제나라에서는 남장 여인을 찾아볼 수 없었다.

【출전】 《항언록(恒言錄) 권 6》

양 두 사
兩 頭 蛇

두양 머리두 뱀사

【뜻풀이】 머리가 둘 달린 전설상의 뱀으로 독(毒)은 없는데 이 뱀을 보는 사람은 죽는다고 한다.

【고사】 춘추시대 초(楚)나라 재상 손숙오(孫叔敖)가 어렸을 때 일이다. 하루는 나가서 놀던 손숙오가 울면서 집으로 돌아왔다. 어머니가 왜 우느냐고 묻자 손숙오는 더 서럽게 울면서 대답했다.

"오늘 놀다가 양두사를 보았습니다. 죽을 날이 멀지 않았기 때문에 슬퍼서 웁니다."

"그래 그 뱀은 지금 어디 있느냐?"

"제가 듣건대 양두사를 보는 사람은 모두 죽는다고 하기에 다른 사람이 보고 또 죽을까 싶어 죽여서 묻어 버렸습니다."

어린 아들의 이런 말을 들은 어머니가 단호하게 말했다.

"걱정하지 말거라. 너는 죽지 않는다. 듣건대 남을 위해 음덕(陰德)을 베푼 자는 복을 받는다고 한다. 그러니, 복을 받으면 받았지 죽을 리 있겠느냐?"

어머니 말대로 손숙오는 죽지 않고 훌륭한 재상이 되었다.

【출전】 《신서(新書) 춘추(春秋)》

양상군자
梁上君子

【뜻풀이】 들보 위에 숨어 있는 군자(君子)라는 뜻으로, 도둑을 점 잖게 부르는 말이다.

【고사】 후한(後漢) 때 사람 진식(陳寔)은 사람이 점잖아 남의 단점을 말하지 않았다. 한번은 흉년이 들어 도처에서 도둑이 들끓었다. 하루 밤에는 자기 방 들보 위에 도둑이 숨어 기회를 노리고 있는 것을 발견하였다. 진식은 모른 체하고 자리에서 일어나 자손들을 자기 방으로 불러놓고 이렇게 훈계(訓戒)하였다.

 "대저 사람은 스스로 노력하지 않으면 안 된다. 선(善)하지 못한 사람이라도 본디부터 악한 것이 아니라 습성이 들면 그렇게 되니, 저 들보 위에 숨어 있는 군자[梁上君子]가 바로 그런 경우이다."

 그러자 도둑은 깜짝 놀라 스스로 내려와 땅에 엎드려 자신의 죄를 빌었다.

【원문】 時歲荒民儉 有盜夜入其室 止於梁上 寔陰見 乃起自整拂 命呼子孫 正色訓之曰 夫人不可以不自勉 不善之人 未必本惡 習以性成 遂止於此 梁上君子是矣 盜大驚 自投於地 稽顙歸罪

【출전】 《후한서(後漢書) 진식전(陳寔傳)》

양 주 학
揚 州 鶴

【뜻풀이】 양주자사(揚州刺史) 벼슬을 지내고, 학을 타고 하늘을 날고 싶다는 뜻으로, 모든 일이 뜻대로 됨을 비유하는 말.

【고사】 여러 객(客)들이 모여 각자 소원을 말하였다.

"나는 양주자사가 되고 싶다."

"아니, 나는 다 쓰지 못할 정도로 돈이 많았으면 좋겠다."

"나는 신선이 되어 학(鶴)을 타고 하늘을 훨훨 날았으면 소원이 없겠다."

이런 이야기를 다 듣고 있던 마지막 객이 말하였다.

"나는 말일세, 허리춤에 돈 10만관(貫)을 차고 학을 탄 채 양주의 하늘을 나는 것이 소원이네."

세 가지 소원을 겸하고 싶다는 말이었다.

【출전】《연감유함(淵鑑類函) 조학(鳥鶴) 3》

兩虎相鬪

양호상투

두양 범호 서로상 싸울투

【뜻풀이】 두 마리 호랑이가 싸운다는 뜻으로, 두 당사자가 싸우는 사이 제삼자가 이득을 보게 된다는 비유이다.

【고사】 전국시대 한(韓)나라와 위(魏)나라가 서로를 침공하여 전쟁이 1년이나 계속되자 진혜왕(秦惠王)이 모신(謀臣) 진진(陳軫)에게 물었다.

"두 나라가 저처럼 오래 싸우니 어떤 사람은 과인에게 중간에서 조정해 말리라 하고, 어떤 사람은 그냥 두라고 해서 결정하지 못하고 있는데 어떻게 하는 것이 좋은가?"

"제가 변장자(卞莊子)란 사람의 이야기로 답을 대신하겠습니다. 변장자가 집안 머슴을 데리고 호랑이 사냥을 갔는데 호랑이 두 마리가 마침 소를 잡아놓고 그 고기를 먹고 있는 중이었지요. 변장자가 달려들어 때려잡으려고 하자 머슴이 '두 호랑이가 고기를 먹다가 나중에는 반드시 서로 싸울 것입니다. 싸우게 되면 큰놈은 다치게 되고 작은 놈은 죽게 마련이니 그때 달려들어 잡으면 한꺼번에 두 마리를 다 잡을 수 있습니다.' 라고 하면서 말렸습니다. 그 말을 그럴 듯하게 여긴 변장자가 기다렸더니 과연 고기를 먹다 부족하자 서로 싸워 한 마리는 죽고 한 마리는 상처를 입어 두 마리를 한꺼번에 쉽게 잡을 수가 있었지요. 마찬가지로 지금 두 나라가 1년 남짓 싸우고 있으니 머지않아 작은 나라는 망하고 큰 나라도 국력이 쇠퇴하게 될 것이니 그 때 두 나라를 모두 차지하면 됩니다."

혜왕은 그 말대로 기다렸다가 두 나라와 싸와 크게 이겼다.

【출전】《사기(史記) 장의열전(張儀列傳)》

養 虎 遺 患

기를양 호랑이호 남길유 근심환

【뜻풀이】 호랑이를 길러 근심거리를 남긴다는 뜻. 곧 남의 사정을 봐주다가는 훗날 오히려 자신이 당할 수도 있음을 경고하는 말, 또는 훗날 말썽의 소지가 될 우려가 있는 일을 하는 것을 비유하는 말이다.

【고사】 수년에 걸쳐 지루하게 계속된 항우와 유방의 대결이 끝나갈 무렵이었다. 한때는 서초패왕(西楚霸王)이라 일컬으며 유방을 이기는 것처럼 보였던 항우는, 충성스런 참모 범증(范增)마저 떠나보낸 후 유방에게 계속해서 패해 후퇴를 거듭하고 있었다.

기원전 203년 가을, 항우는 유방에게 밀리던 끝에 마지못해 유방의 강화에 응하고 인질로 잡아 두었던 유방의 부모처자를 돌려준 다음 철수하게 되었다.

그때 유방의 참모인 장량(張良)과 진평(陳平)이 이때야말로 천하의 패권을 잡는 데 다시없는 호기(好機)라고 여겨 유방을 설득했다.

"지금 한왕께서는 이미 천하의 태반을 차지하셨고, 제후들도 거의 우리 편으로 들어오고 있습니다. 그러나 초나라의 병사들은 지쳐 있고, 군량마저 모자랍니다. 이는 바로 하늘이 초나라를 멸망시키려고 하는 좋은 기회이니, 이때를 놓치지 말고 공격해야 합니다. 지금 공격하지 않으면 '호랑이를 길러 스스로 우환을 남기는 일[養虎自遺患也]'이 될 것입니다."

"

이들의 설득에 유방은 곧 철수하고 있는 항우를 추격하기 시작했다. 초나라로 돌아가던 항우는 드디어 뒤쫓아온 유방의 군대에 겹겹이 포위되었고, 초군은 사면초가(四面楚歌) 속에서 완전히 멸망하고 말았다. 항우도 스스로 자결함으로써 오랜 숙명적 대결은 이로써 막을 내리게 된다.

【출전】《사기(史記) 항우본기(項羽本紀)》

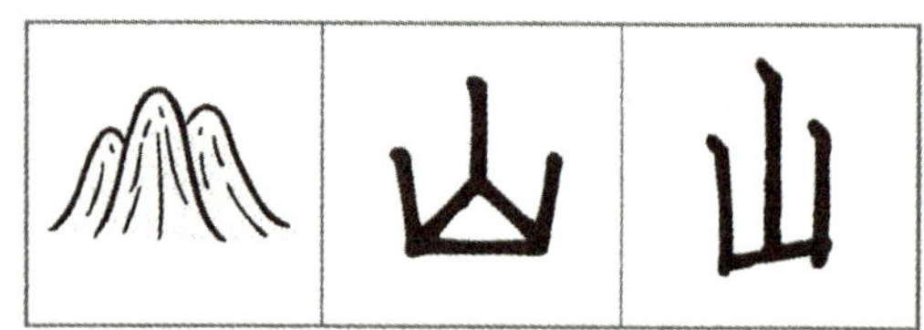

여도지죄
餘桃之罪

【뜻풀이】 먹던 복숭아가 너무 맛이 있자 임금에게 권하여 총애를 받았는데, 총애가 식은 후에는 그 일 때문에 죄를 받았다는 고사에서 총애란 덧없는 것이므로 받을 때 더욱 삼가야 한다는 비유이다.

【고사】 전국시대 위(衛)나라에 미자하(彌子瑕)라는 희첩(姬妾)이 있었다. 그는 용모가 무척 아름다워 임금으로부터 특별한 총애를 받았는데 한번은 어머니의 병 소식을 듣고 급한 나머지 허락도 받지 않고 임금의 수레를 타고 갔다. 임금의 수레를 몰래 탔으니 발을 자르는 형벌에 처해야 한다는 신하들의 말에 임금은 미자하가 효성이 지극하여 그런 것이라고 오히려 칭찬했다.

또 한번은 미자하가 임금과 함께 과수원을 거닐다가 먹고 있던 복숭아 맛이 하도 좋아 그 복숭아를 임금에게 갖다 바쳤다. 임금은 자신이 먹던 것임을 잊고서 바친 것은 충성심의 발로 때문이라며 또 칭찬했다.

그러다가 세월이 흘러, 미자하에 대한 임금의 사랑이 점차 식어갔다. 그러자 임금은 그때 허락 없이 수레를 몰래 탄 죄와 자신이 먹다 남은 복숭아를 임금에게 먹인 것은 임금을 무시한 처사라며 죄를 물었다.

【출전】 《한비자(韓非子) 세난(勢難)》

여요동행 與堯同行

더불여 요임금요 같을동 갈행

【뜻풀이】 요(堯)임금이 천하를 허유(許由)에게 양여(讓與)하려 한 것처럼 훌륭한 일이라는 뜻이다.

【고사】 전국시대 연(燕)나라는 중원(中原)에서 가장 먼 동쪽에 위치한 나라로 여러 만족(蠻族)과 이웃해 있어서 크고 작은 난리가 끊어지지 않았다. 역왕(易王)에 이르러서야 왕(王)이란 호칭을 사용하였는데 그 아들 쾌왕(噲王) 때에 이르러 다시 나라가 망할 지경이 되었다.

이때는 유세가(遊說家) 소진(蘇秦)이 죽고 그 동생 소대(蘇代)가 형을 대신해 유세를 계속했는데 일찍이 소진은 연나라 상국 자지(子之)와 인척을 맺은 사이였다. 제(齊)나라 선왕(宣王) 밑에서 일하던 소대가 연나라로 사신을 오자 쾌왕이 물었다.

"제선왕(齊宣王)은 어떤 인물이오."

"패업(覇業)을 이룰 인물이 되지 못합니다."

"왜 그렇게 생각하시오?"

"신하들을 믿지 못합니다."

소대의 이런 말 가운데는 은근히 당신은 상국(相國) 자지의 말을 잘 듣고 신임하라는 뜻이었다. 이후 자지에 대한 쾌왕의 신임이 더 두터워지자 녹모수(鹿毛壽)란 신하가 쾌왕에게 말했다.

"나라를 자지에게 넘겨주시는 게 좋겠습니다. 사람들이 요(堯)임금을 훌륭하다고 칭송하는 것은 천하를 허유(許由)에게 양도하려 하였기 때문입니다. 요임금은 허유가 틀림없이 천하를 받지 않을 것을 알고 있었기 때문에 아름다운 명성만 얻고 천하는 실제로 잃지 않았습니다. 마찬가지로 지금 왕께서 나라를 자지 상국에게 넘겨준다고 해도 자지는 틀림없이 받지 않을 것입니다. 그러면 대왕께서는 요임금과 같은 일을 하시게 됩니다.[與堯同行]"

　이렇게 하여 자지가 왕 노릇을 하자 백성들이 불복(不服)하여 사방에서 난이 일어나 나라가 거의 망할 지경에 이르렀다가 소왕(昭王) 때에 가서 회복되었다.

【출전】《전국책(戰國策) 연책(燕策) 1》

역발산기개세
力拔山氣蓋世

힘력 뽑을발 메산 기운기 덮을개 세상세

【뜻풀이】 산을 뽑을 만한 항우(項羽)의 기개가 온 세상을 덮을 듯 했다는 뜻.

【고사】 해하(垓下)에서 기진맥진하여 사면초가(四面楚歌)에 처한 항우 (項羽)가 밤중에 일어나 장막 안에서 술을 마시는데 곁에 항상 따르는 총희(寵姬)인 우미인(虞美人)만 모시고 있었다. 술이 거나해지자 항우가 일어나 강개한 어조로 자신의 처지를 비관하는 자작시(自作詩) 한 수를 읊었다.

산을 뽑을 만한 기운 온 세상을 뒤덮었는데	(力拔山兮氣蓋世)
시세가 불리하여 오추마가 달리지 않네	(時不利兮騅不逝)
오추마가 나아가지 않으니 어떻게 하랴 ?	(不逝兮可奈何)
우미인이여 우미인이여 이제 어찌 하랴	(虞兮虞兮奈若何)

오추마는 항우가 항상 타던 애마(愛馬)였다. 우미인이 일어나 노래에 맞춰 춤을 추니 항우의 눈에서 눈물이 흐르고 소란에 깨어 구경하던 병사들도 모두 눈물을 흘렸다.

그날 밤 항우는 휘하 군사 8백 명을 이끌고 포위망을 뚫고 남쪽으로 달렸다. 새벽에야 항우 일행이 탈주한 사실을 깨달은 한군(漢軍)이 바짝

뒤쫓았다.

　회수(淮水)를 건너고 나니 따르는 군졸이 100여 명에 불과했다. 음릉(陰陵)이란 곳에 이르러 길을 잃고 농부에게 물으니 왼쪽으로 가라고 해서 갔더니 길은 없고 큰 못이 나왔다.

농부에게 속임을 당한 것이다. 다시 동쪽으로 간신히 빠져나오니 따르는 군사가 28명뿐인데 수천 명의 한군이 추격해 왔다. 항우가 따르는 군사를 향해 비장한 각오를 밝혔다.

　"내가 군사를 일으킨 지 이제 8년이 되었다. 70여 차례의 싸움에서 적을 만나는 대로 격파해서 패배를 몰랐다. 그런데 오늘 이처럼 곤경에 처하게 되었으니 이는 하늘이 나를 망하게 하려는 것이지 내가 싸움을 잘하지 못해서가 아니다. 이제 내가 그걸 증명하기 위해 혼자 싸워 포위를 풀 터이니 잘 보거라."

　항우가 달려나가는 곳에 한군의 목이 추풍낙엽(秋風落葉)처럼 잘려 나갔다. 포위를 뚫고 나와 항우가 따르는 기병을 돌아보며 물었다.

　"어땠느냐?"

　"과연 장군의 말씀대로였습니다."

　항우 일행이 오강(烏江)에 이르자 마침 배가 기다리고 있었다. 그곳 정장(亭長)이 말했다.

　"저쪽 강동(江東)이 비록 좁기는 하나 사방 천리가 되고 인구가 많으니 그곳으로 건너가 거기서 왕 노릇을 하면 되지 않겠습니까?"

　항우가 웃으며 대답했다.

　"하늘이 나를 망하게 하려는데 어떻게 건너겠는가? 또 내가 처음 강동 자제 8천 명을 거느리고 서쪽으로 나왔다가 다 죽어 지금 한 사람도 돌아가지 못하는데 내가 무슨 면목으로 그곳에서 왕 노릇을 하란 말인 가?"

항우는 자기가 타던 말을 그 정장에게 주고 다른 군사들에게도 말에서 내려 걸어가게 하여 백병전(白兵戰)을 펼쳐 수백 명을 죽이고 자신도 10여 군데나 상처를 입었다. 항우가 보니 자신을 바짝 쫓는 자가 같은 고향 사람 여마동(呂馬童)이란 자였다.

"그대는 내 고향 사람이 아닌가? 내가 듣건대 한나라에서 내 목을 바치는 자에게 1천금과 1만호(戶)를 상(賞)으로 준다고 하니, 내가 그대에게 그 상을 받도록 하겠다."

그러더니 스스로 목을 베어 자결함으로써 파란만장(波瀾萬丈)한 생을 마쳤다.

【출전】《사기(史記) 항우본기(項羽本紀)》

역자이식
易子而食

【뜻풀이】 전쟁이나 흉년으로 먹을 것이 없어 서로 자식을 바꾸어 잡아먹음.

【고사】 진(秦)나라가 조(趙)나라를 포위하자 조나라 평원군(平原君)이 모수(毛遂)와 함께 초나라로 가서 합종(合從)을 약속하고 조 나라로 돌아오자 진나라 군사가 이미 수도 한단(邯鄲)을 포위하고 있어 사태가 위급했다. 그저 위(魏)나라와 초나라의 원군만 기다리고 있는데 이동(李同)이란 자가 고했다.

"지금 나라가 망하게 생겼는데 공자께서는 걱정도 되지 않으십니까?"

"그게 무슨 말이오? 나라가 망하면 나는 포로가 될 터인데 어찌 걱정이 되지 않겠소?"

이동이 정색하고 말했다.

"지금 한단 백성들은 진나라의 포위망에 갇혀 식량을 구하지 못해 뼈를 태워 밥을 지으며 아들을 서로 바꾸어 잡아먹고[炊骨易子以食] 있습니다. 그런데도 공자의 집에는 수백 명의 애첩과 하녀들이 비단 옷을 입고 기름진 음식을 배불리 먹고 지내고 있습니다. 백성과 군사들은 해진 옷을 입고 술지게미도 마다하지 않으며 나무를 깎아 화살을 만들어 싸우는데 댁에는 번쩍거리는 좋은 기물과 악기가 가득합니다. 그러고도 조나라를 보전할 수 있다고 태평하게 지내십니까?"

"그러면 어떻게 해야겠소?"

"먼저 공자의 부인 이하 애첩들을 모두 군대에 편입시켜 일을 돕게 하고, 집안 기물을 모두 팔아 군사들을 먹이십시오."

평원이 그 말대로 따르자 결사대 3천 명이 모였다. 이동이 그 3천 명을 거느리고 나가 용감히 싸우다 전사했는데 곧 초나라와 위나라의 구원군이 와서 한단을 보전하게 되었다.

【출전】 《사기(史記) 평원군우경열전(平原君虞卿列傳)》

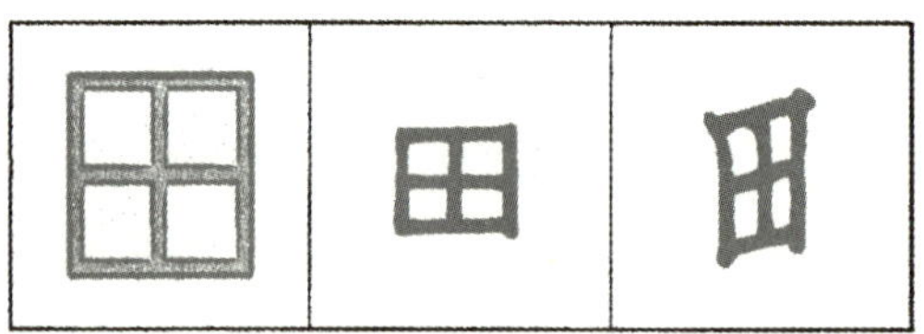

역 황 매 우
酈 況 賣 友

> **【뜻풀이】** 역황이란 사람이 친구를 팖. 친구를 팔아 자신의 부귀 영화를 꾀하는 비유이다.

【고사】 전한 때 사람 역기(酈寄)는 자(字)가 황(況)으로 역상(酈商)의 아들이다. 고조(高祖)가 죽고 여태후(呂太后)가 집권하자 여씨(呂氏)들이 발호(跋扈)하여 여록(呂祿)은 조왕(趙王)에 봉해져 병권을 장악하고 여산(呂産)은 양왕(梁王)에 봉해져 상권(相權)을 장악했다.

얼마 후 여태후마저 죽자 그동안 명색만 유지하고 있던 태위(太尉) 주발(周勃)과 승상 진평(陳平)이 여씨 일족을 타도하려고 의논했으나 뾰족한 수가 없었다.

주발이 말을 꺼냈다.

"계책을 쓰지 않고는 그들을 제거할 수 없습니다. 역황이 평소 여록과 친분이 두터우니 그를 이용해 설득해 보기로 합시다."

"순순히 듣지 않으면 그의 아버지 역상을 위협하면 될 것이오."

대신들의 부탁을 받은 역황이 여록을 찾아가 말했다.

"우리 고조께서 유씨(劉氏)가 아닌 자들은 왕(王)을 삼지 못한다고 명하셨는데 그대들은 셋이나 왕에 봉해졌소. 그대들이 믿었던 태후마저 승하하여 지금 조정 대신들이 성토하려고 하니 미리 작위와 토지를 내어 놓는 것이 좋을 것 같소."

"다른 사람들과 상의해 보겠소."

그 의견에 따르기로 했는데 마지막에 고모인 여수(呂須)의 반대에 부 딪혀 실행하지 못했다. 주발이 다시 역황을 불렀다.

"거사를 하려면 북군(北軍)을 장악해야 하는데 대장 여록이 꼼짝 않고 군영 안에 버티고 있어 손을 쓸 수가 없으니 그대가 밖으로 유인해 내면 내가 그 틈에 들어가 장악하겠네."

명을 받은 역황이 여록을 군영으로 찾아가 꾀었다.

"함께 밖으로 바람이나 쐬러 가세."

여록은 그 말을 믿고 군영 밖으로 나왔다가 변을 당했으며 역황은 그 공으로 후(侯)에 봉해졌는데 세상에서 그가 '부귀 영화를 탐내 친구를 팔았다'고 쑥덕댔다.

【출전】《한서(漢書) 역상전(酈商傳)》

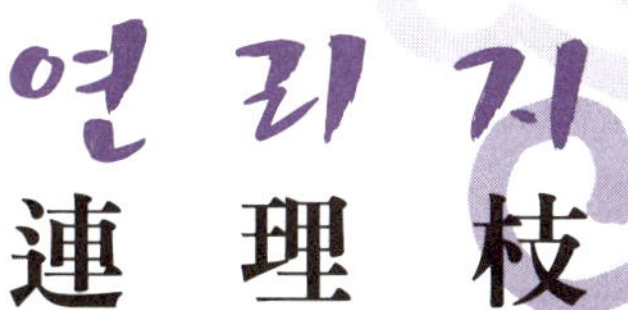

> **【뜻풀이】** 두 나무의 가지가 서로 붙어 하나가 된 나무로, 부부의
> 사랑이 지극함을 비유한다.

【고사】 삼국(三國) 오(吳)나라 손권(孫權) 때 오군(吳郡) 해염(海鹽)이란 고을에 사이 좋게 지내는 부부가 있었는데 남편 육동미(陸東美)는 행실이 바르고 아내 주씨(朱氏)는 뛰어난 미모를 지녀 사람들이 모두 부러워했다. 결혼한 지 여러 해가 되었는데도 두 사람의 사랑은 더욱 두터워져 어디를 가거나 항상 부부가 어깨를 나란히 하며 붙어 다녔다.

어느 한가한 날 부부가 정담을 나누다가 화제가 죽음에 이르게 되었다. 아내가 말했다.

"앞으로 우리 둘 가운데 누구 하나가 먼저 죽으면 슬픔이 어떻겠어요?"

"당신 말이 옳소. 나도 그런 생각을 안 해본 것은 아니지만 차마 꺼내지 못했을 뿐이오."

세상에 남아 있을 날이 얼마 되지 않은 것을 느낀 두 사람의 사랑은 더욱 깊어만 갔는데 얼마 후 아내 주씨가 먼저 세상을 떠났으며 아내를 잃은 남편도 비통한 나날을 보내다 얼마 후 아내의 뒤를 따랐다.

가족들은 부부가 해로(偕老)하지 못한 것을 불쌍하게 여겨 두 사람을 합장(合葬)했는데 1년 후 무덤에서 개오동나무 한 그루가 나더니 두 가지로 뻗어 자라기 시작했다. 그러다 크게 자란 후에는 두 가지가 다시 붙었는데 그 나무 가지에 항상 큰 기러기 한 쌍이 사이좋게 앉아서 서로 부리를 비비며 정답게 지내는 것이었다.

이런 소식을 들은 손권은 그곳 지명을 부부가 어깨를 나란히 하고 다녔다 해서 '비견(比肩)' 이라 하고, 무덤을 '쌍재분(雙梓墳)' 이라 했다고 한다.

【출전】《태평광기(太平廣紀) 총묘(冢墓)》

연목구어
緣 木 求 魚

【뜻풀이】 나무에 올라가 물고기를 잡으려 한다는 뜻으로, 불가능한 일이나 잘못된 방법으로 목적을 이루려고 함을 비유하는 말. 헛수고만 하고 아무 소득이 없을 경우에 쓴다.

【고사】 전국시대, 때 인의사상(仁義思想)과 왕도정치(王道政治)를 주장하며 각국을 다니며 유세하던 맹자(孟子)가 제(齊)나라로 갔다. 제선왕(齊宣王)에게 패도정치(覇道政治)의 폐해에 대해 강조하던 맹자는 다음과 같이 결론짓는다.

"임금님의 대망이란 천하통일을 이룩하여 사방의 오랑캐들까지 복종케 하려는 것이 아닙니까? 그러나 무력(武力)으로 그 욕망을 이루려는 것은 마치 '나무에 올라가 물고기를 구하는 것[緣水求魚]'과 같습니다."

"그토록 무리한 일입니까?"

"그보다 더 심하지요. 나무에 올라가 물고기를 구하는 일은 물고기만 잡지 못할 뿐 탈은 없습니다. 그러나 패도를 쫓다가 실패하면 나라가 멸망하게 됩니다."

【출전】 《맹자(孟子) 양혜왕(梁惠王) 상(上)》

연작안지홍곡지지
燕 雀 安 知 鴻 鵠 之 志

【뜻풀이】 제비나 참새 따위가 어찌 기러기나 백조의 큰 뜻을 알 수 있겠냐는 뜻으로 예사 사람은 큰 인물의 원대한 이상(理想)을 알지 못한다는 뜻으로 쓰인다.

【고사】 진시황(秦始皇)이 죽고 2세 호해(胡亥)가 즉위하자 금방 나라가 어지러워졌다. 환관 조고(趙高)가 정사를 주무르기 시작하여 정승 이사(李斯)를 죽이고 스스로 정승이 되더니 마침내는 황제 자리까지 넘보게 되었다.

이런 혼란한 틈을 타 사방에서 반란이 일어났으니, 그 중 진승(陳勝)과 오광(吳廣)은 농민군을 이끌고 대택향(大澤鄉)에서 거병(擧兵)하였다.

진승은 젊은 날 날품팔이를 하던 인물이었는데, 그런 시절에도 그는 큰 꿈을 버리지 않고 친구들에게 이렇게 말했다.

"우리 이 다음 세상에 이름을 날리게 되더라도 서로 잊지 말도록 하세."

그 말에 친구들은 코웃음을 쳤다.

"우리처럼 가난하고 천한 농사꾼들이 언제 이름을 날리게 될 날이 있겠는가?"

친구들의 비웃는 말에 진승이 말했다.

"제비나 참새가 어찌 기러기나 백조의 큰 뜻을 알겠는가!"

그 후 진승은 자신이 꿈꾸던 대로 반란군의 우두머리가 되어 한때 초왕(楚王)이라 자칭하기도 했다.

【출전】 《사기(史記) 진섭세가(陳涉世家)》

연 저 지 인
吮 疽 之 仁
빨연 등창저 어조사지 어질인

【뜻풀이】 장수가 병사의 종기를 몸소 빨아줄 정도로 사랑함.

【고사】 춘추시대 위(魏)나라의 장수가 된 오기(吳起)는 전쟁터에 나가 평소 부하들과 생활을 같이 함으로써 부하들의 신망을 받았다. 장수라고 해서 혼자서 말을 타는 일도 없었으며 잠자리에도 자리를 까는 일이 없었다. 그래서 병사들은 전쟁터에서 죽기를 한정하고 용감하게 싸웠다. 한번은 어떤 병사가 등창이 나서 고생하는 것을 본 오기는 몸소 입으로 종기의 고름을 빨아내어 낫게 해주었다. 그랬더니, 그 소식을 들은 그 사병의 어머니가 통곡을 하기에 마을 사람들이 까닭을 물었다.

"집의 아들은 졸병인데, 장군이 종기를 빨아 주었으면 영광스러운 일인데, 왜 우십니까?"

"그렇지 않소. 왕년에도 오 장군이 그 애의 아버지 종기를 빨아 주었는데, 얼마 후 싸움에서 그 애 아비는 발꿈치도 돌리지 않고 제자리에서 꼼짝 않고 싸우다가 죽었지요. 그러니, 이번에는 우리 아들이 언제 어디서 죽을지 모릅니다. 그래서 이처럼 통곡하는 것이라오."

【출전】 《사기(史記) 손자오기열전(孫子吳起列傳)》

염 지
染 指

물들**염**　　손가락**지**

【뜻풀이】 손가락을 국 솥에 담가 찍어 먹는 다는 뜻으로, 맛있는 음식을 먹게 되거나 또는 자기의 것이 아닌 것을 차지하게 됨의 비유한다.

【고사】 춘추시대 초나라 사람이 정령공(鄭靈公)에게 큰 자라 한 마리를 바쳤다. 그날 자공(子公)과 자가(子家)가 함께 조정에 들어가는데 자공의 식지(食指)가 움직였다. 그러자 자가에게 손가락을 보이며 말하였다.

"전일 이처럼 식지가 움직이면 꼭 맛있는 별미(別味)를 먹었는데 오늘 이처럼 또 움직이니 틀림없이 별미를 먹을 것이네."

"설마 그런 괴이한 일이 있겠는가?"

궁궐로 들어가니 주방에서 자라국을 끓이고 있지 않은가? 두 사람이 의미심장한 웃음을 웃자 영공이 이상하게 여겨 자가에게 왜 웃느냐고 물었다.

자가가 오는 도중 식지가 움직인 일을 말해 주자 영공은 주방에 일러 자공에게 자라국을 나누어 주지 말도록 했다. 다른 사람들이 자라국을 맛있게 먹는 것을 본 자공이 참지 못하고 벌떡 일어나 주방으로 달려가 손수 솥에 손가락을 담가 국을 떠서 먹고는 나왔다.

이를 본 영공이 자기의 명령을 듣지 않은 것을 노해 죽이려고 하니, 자공이 선수를 쳐 영공을 죽이려 자가와 의논하였다.

자가가 말했다.

"가축이 늙어도 죽이기를 꺼려하는 법인데 더군다나 나라의 임금이겠는가?"

자가가 자기 말을 듣지 않자 자공은 오히려 영공에게 자가를 모함하려고 하니 자가도 어쩔 수 없이 자공을 도와 여름에 영공을 시해(弑害)하고 말았다.

【출전】《춘추좌씨전(春秋左氏傳) 선공(宣公) 4년》

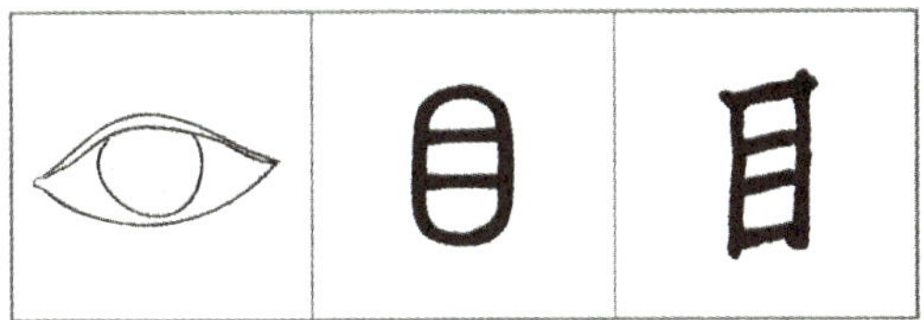

영척반우
甯 戚 飯 牛

편안녕 겨레척 밥먹일반 소우

【뜻풀이】 영척이란 사람이 소를 먹인다는 뜻으로, 재능을 지니고도 곤궁하여 현달(顯達)하지 못함을 비유한다.

【고사】 춘추시대 위(衛)나라에 영척(甯戚)이란 현인이 있었다. 스스로 왕자(王者)를 도와 큰 사업을 성취할 수 있다고 자부하였는데 제환공(齊桓公)이 인재를 중용한다는 말을 듣고 찾아가 만나보기로 했다. 집이 가난한 터라 변변히 타고 갈 수레가 없어 소가 끄는 수레를 타고 노자 한 푼 없이 길을 떠났다.

며칠을 가 제나라 성문 밖에 이르니 마침 제환공이 몸소 교외에 나와 손님을 맞이하느라 밤중에도 도성문이 활짝 열려 있었다.

한쪽 모퉁이에 수레를 세우고 소에게 꼴을 먹이면서 생각하니 자신의 미천한 신세가 너무 한심스러워 자신도 모르게 노래를 불렀다.

"남산은 희고 말쑥하며 흰 돌은 곱고 찬란하네. 나의 생애 불우하여 요순 시절 만나지 못함 한탄하네. 몸에 걸친 짧은 홑옷 길이가 겨우 무릎에 닿네. 황혼부터 소를 먹이기 시작해 한밤중에 이르렀네. 칠흑처럼 컴컴한 밤 끝이 없으니 언제나 동이 터 날이 새려나? [南山白白淨淨 白石晶瑩燦爛 嘆我生不逢時 未遇堯舜當權 身穿短布單衣 長只及我小腿邊 黃昏開始喂牛 一直忙到夜半 黑夜漫漫無邊呵 何時盼到明天]"

영척의 노래를 들은 제환공이 수하에게 말했다.

"저 소를 먹이는 사람의 노래가 예사롭지 않구나. 가서 모셔오너라."

영척이 오자 환공은 수레 뒷자리에 태우고 궁궐로 돌아와 국상(國相)을 삼아 후일 패자(覇者)가 되었다.

【출전】 《여씨춘추(呂氏春秋) 거난(擧難)》

예상우의곡
霓 裳 羽 衣 曲

【뜻풀이】 예상과 우의는 신선(神仙)이 입는 옷으로, 아름답기 그지 없는 선경(仙境)의 음악을 뜻한다.

【고사】 당현종(唐玄宗) 때 어느 추석날이었다. 현종이 거울처럼 맑고 대낮처럼 휘영청 밝은 달빛을 정신없이 감상하고 있는데 방사(方士) 나공원(羅公遠)이 다가와 물었다.

"저 달나라 유람을 해 보시겠습니까?"

"마음이야 굴뚝같지만 어떻게 오르겠느냐?"

"제가 모시고 가겠습니다."

그러더니 품에서 막대 하나를 꺼내 공중을 향해 휙 하고 던지자 그 막대가 길게 펼쳐져 은빛 큰 다리를 이루었다. 나공원이 현종께 청했다.

"자, 어서 저 다리로 해서 오르시지요!"

10여 리 남짓을 오르자 차가운 기운이 엄습하면서 눈앞에 우뚝 솟은 화려한 궁전들이 나타났다.

"폐하, 이곳이 바로 월궁(月宮)입니다."

현종이 정신을 바짝 차리고 보니 궁전 앞뜰에 백설처럼 하얀 비단 옷을 입은 선녀들이 음악 소리에 맞추어 하늘하늘 춤을 추는 것이 분명 천상이 틀림없어 보였다. 당현종은 본래 풍류(風流)를 즐기는 황제여서 음률과 춤에 조예가 있었는데 아무리 보아도 처음 듣는 곡이요 춤이었다.

현종이 나공원에게 물었다.

"이 춤과 음악은 이름이 무엇인가?"

"이는 천상의 선악(仙樂)·선무(仙舞)로 예상우의곡(霓裳羽衣曲)과 예상우의무(霓裳羽衣舞)라고 합니다."

현종은 머리 속으로 그 악보를 외어 가지고 황궁으로 돌아와 악사(樂師)를 시켜 곡을 완성시키고 양귀비(楊貴妃)에게 천상의 선녀들이 입은 하얀 비단옷을 지어 입혀 춤을 추게 하니 이를 예상우의무라고 한다.

【출전】《태평광기(太平廣記) 일사(逸史)》

오 설 상 재
吾 舌 尚 在

나오　　혀설　아직상　있을재

【뜻풀이】 내 혀가 아직 제대로 있느냐는 뜻으로, 실패를 다시 만회(挽回)할 수 있다는 비유이다.

【고사】 전국 때 소진(蘇秦)의 합종책(合從策)에 맞서 여섯 나라가 횡으로 연대하여 진(秦)나라를 섬겨야 한다는 연횡설(連衡說)을 주장한 사람은 장의(張儀)이다. 그 역시 소진과 함께 귀곡선생(鬼谷先生)에게 학술을 배웠는데 소진은 그의 학술이 장의만 못하다고 여겼었다. 처음 제후에게 유세하면서 초(楚)나라의 재상과 함께 술을 마셨는데 재상이 구슬을 잃어버리자 자리에 참석했던 사람들이 장의를 의심하며 말했다.

"장의가 가난하니 행실이 바를 리 없다. 틀림없이 그의 짓이다."

그러고는 여러 사람이 잡아 묶어 놓고는 몰매를 때렸으나 장의가 끝까지 버티자 풀어주었다. 집으로 돌아오니 아내가 쫑알거렸다.

"당신이 그놈의 유세인지 뭔지를 배우지 않았더라면 어찌 이런 험한 꼴을 당했겠수?"

장의가 아내에게 물었다.

"여보, 내 혀가 아직 붙어 있는지 보구려!"

"혀는 아직 멀쩡하우."

"그러면 되었소."

그 후 소진이 종약장(從約長)이 되어 여섯 나라의 재상을 겸임했다는 말을 듣고 장의가 조나라로 소진을 찾아갔으나 소진은 아래 사람을 시켜 한참 동안 머물게 하다가 며칠 후에야 만났다. 장의를 당하(堂下)에 앉히고 하인들이 먹는 음식을 대접하며 말했다.

"자네 같은 재능으로 어쩌다 이 지경이 되었는가? 자네를 도와주지 못한 것이 유감일세."

소진을 친구라고 여겨 멀리 찾아왔다 모욕만 당한 장의는 생각했다.

"제후들은 섬길 것이 못 되니 지금부터 진(秦)나라를 위해 일해야겠다."

그러고는 진나라로 들어가 후일 진나라로 하여금 천하를 통일하는 기초를 닦게 했다.

【출전】《사기(史記) 장의열전(張儀列傳)》

오 십 보 소 백 보
五 十 步 笑 百 步

다섯오 열십 걸음보 웃을소 일백백 걸음보

【뜻풀이】 전쟁터에서 50보를 도망친 사람이 1백 보를 도망친 사람을 비웃는다는 뜻. 곧 정도의 차이는 있으나 본질적으로는 마찬가지인 것을 가리킬 때 쓰이는 말이다.

【고사】 전국시대 양(梁)나라 혜왕(惠王)이 맹자를 초빙했다. 양나라는 원래 위(魏)나라였는데, 강성한 진(秦)나라의 압박에 견디다 못해 도읍을 대량(大梁)으로 옮긴 후 양나라로 불리웠다. 그러나 제(齊)나라와의 싸움에서 늘 패하는 바람에 국력이 더욱 떨어져 혜왕은 국력을 회복하기 위해 유세중인 맹자에게 자문을 구했다. 맹자가 오자 혜왕은 반색을 하며 이렇게 말했다.

"노선생께서 천리 길을 멀다 않고 이렇게 와 주셨으니, 과인에게 무슨 이익을 주시겠습니까?"

혜왕은 무슨 부국강병의 비책이라도 전해 줄까 하는 기대로 맹자를 반갑게 맞았다. 그러나 맹자는 정색을 하며 이렇게 말했다.

"왕께서는 하필 이익을 말씀하십니까? 저는 오직 인의(仁義)에 대해 아뢸 뿐입니다."

"그 인의의 정치라면 과인은 평소부터 힘써 왔습니다. 하내(河內) 지방에 흉년이 들면 젊은이들을 하동 지방으로 옮기고 늙은이와 아이들에게는 하동에서 곡식을 가져다가 나누어 주도록 하였습니다. 반대로 하동에 흉년이 들면 하내의 곡식으로 구호하도록 힘쓰고 있습니다. 그런데

도 백성들은 저에게 모여들지 않고, 이웃나라 백성의 숫자가 줄어들지
도 않고 있습니다. 대체 어찌 된 일일까요?"

맹자는 다음과 같이 차근차근 설명해 나갔다.

"왕께서 전쟁을 좋아하시니 전쟁에 비유해서 말씀드리겠습니다. 전쟁
터에서 육박전이 벌어지려고 하는데, 겁이 난 병사 두 명이 무기를 버리
고 도망쳤습니다. 그런데 오십 보를 도망친 병사가 1백 보를 도망친 병
사를 보고 비겁하다고 비웃는다면 대왕께서는 어떻게 생각하십니까?"

【출전】 《맹자(孟子) 양혜왕(梁惠王) 상(上)》

오 옹 즉 약 옹
吾 翁 卽 若 翁

【뜻풀이】 나의 아버지가 바로 너의 아버지란 뜻이다.

【고사】 초(楚)의 항우와 한(漢)의 유방의 군사가 성고(成皐)에서 대치하고 있을 때 초나라 군사는 군량이 떨어졌는데 그때 유방의 아버지가 항우의 진영에 억류되어 있었다.

다급해진 항우가 유방의 아버지를 높은 도마 위에다 올려놓고 유방을 향해 외쳤다.

"급히 항복하지 않으면 내가 네 아버지를 삶아 죽이겠다."

그러자 유방이 대꾸했다.

"내 아버지가 네 아버지이니 알아서 마음대로 하거라. 일찍이 우리가 초회왕(楚懷王)을 섬기면서 의형제(義兄弟)를 맺지 않았느냐? 삶거든 나도 한 그릇 나눠주면 좋겠다."

그 말을 들은 항우가 노하여 참으로 삶아 죽이려 하자 항백(項伯)이 말렸다.

"천하를 다스리는 사람은 사사로이 집안 일 따위는 생각하지 않으니, 죽여봐야 무익(無益)할 것입니다."

【원문】 楚軍食少 項王患之 爲高俎置太公其上 告漢王曰 今不急下 吾烹太公 漢王曰 吾與羽 俱北面受命懷王 約爲兄弟 吾翁卽若翁 必欲烹而翁 幸分我一杯羹 項王怒 欲殺之 項伯曰 爲天下者 不顧家 雖殺之 無益也

【출전】《통감절요(通鑑節要) 한기(漢記)》

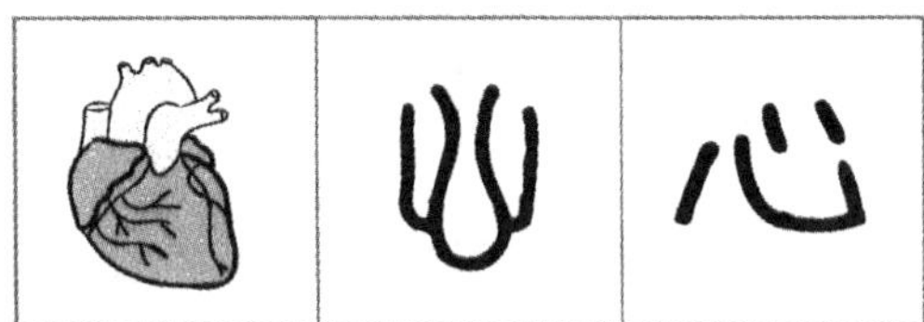

오 월 동 주
吳 越 同 舟

【뜻풀이】 사이가 좋지 않은 오(吳)나라 사람과 월(越)나라 사람이 같은 배를 탔다는 뜻으로, 적대감(敵對感)을 갖고 있는 사람들이 자리를 같이함. 또는 비록 사이가 좋지 않은 사이라도 함께 환난(患難)을 당하게 되거나 이해가 일치되면 공동 협력하게 된다는 뜻이다.

【고사】 평소 사이가 나쁜 오나라와 월나라 사람이라도 같은 배를 타고 강을 건너다가 중간에서 바람을 만나 위급한 지경에 이르게 되자 서로 손을 내밀어 구원하게 되었다.

【원문】 夫吳人與越人相惡也 當其同舟而濟 遇風 其相求也 如左右手

【출전】 《손자병법(孫子兵法) 구지(九地)》

五日京兆

오일경조

다섯오 날일 서울경 조짐조

【뜻풀이】 경조윤(京兆尹) 자리에 겨우 5일 재직할 사람이란 뜻으로, 재직 기간이 짧음을 비유하는 말이다.

【고사】 한(漢)나라 장창(張敞)은 법을 적용함이 각박하여 인심을 잃었다. 그가 양운(楊惲)의 죄에 연좌되어 대신들이 벼슬 삭탈할 것을 주청하니 임금은 그 재능을 아껴 윤허하지 않아 결국 경조윤 자리에 그대로 있을 수 있었다.

하루는 서순(絮舜)이란 관리에게 무슨 일을 조사하라고 맡겼더니 그가 집으로 가면서 투덜댔다.

"겨우 닷새나 있을까말까 한 경조윤인데 내가 어찌 그 말대로 조사하겠는가?"

그런 말을 들은 장창은 즉시 서순을 잡아다 가두고는 사람을 시켜 말을 전했다.

"겨우 닷새 갈 경조윤이라더니 맛이 어떠한가? 겨울이 다 지나가 죽을 때가 되었는데 살아날 방도가 있겠는가?"

장창은 마침내 서순을 저자에서 처형했는데 죄 없는 자를 죽였다고 해서 다시 탄핵을 받게 되었다. 그런데 그때 기주(冀州)에 도적이 성행하자 천자는 장창의 공로를 생각해 그를 기주자사로 임명하였다.

밖에서는 이렇게 큰일을 과감히 해내는 장창이었지만 집에서는 위엄이 없었던지 아내의 눈썹을 그려 주었는데 그런 소문이 장안에 퍼져 어사가 임금께 아뢰었다.

"장창은 체면을 생각하지 않고 그 아내의 눈썹을 그려 주기까지 했다고 합니다."

선제(宣帝)가 장창에게 사실 여부를 묻자 장창이 이렇게 대답했다.

"제가 알기로 부부 사이의 사사로운 일 가운데는 눈썹을 그려 주는 일보다 더한 것이 있는 줄 아옵니다."

【출전】 《한서(漢書) 장창열전(張敞列傳)》

옹치선후 雍齒先侯

성씨옹 이빨치 먼저선 임금후

【뜻풀이】 옹치란 장수가 제일 먼저 후작(侯爵)에 봉해졌다는 뜻이다.

【고사】 한고조(漢高祖)가 하루는 복도에서 한가로이 밖을 내려다보고 있는데 여러 장수들이 두세 명씩 짝을 지어 소근대는 모습이 보였다. 그래서 장량(張良)에게 무슨 일이냐고 물으니, 장량이 대답했다.

"폐하께서 선비로 발신(發身)하여 이제 천자의 자리에 오르셨는데 벼슬에 봉한 자는 소하(蕭何)와 조참(曹參) 등 몇 몇 친한 자들뿐이요 원수를 진 자들은 모두 죽임을 당했기 때문에 모여서 모반을 꾀하고 있는 것입니다."

"그러면 어떻게 해야 하는가?"

장량이 대답했다.

"폐하께서 평소 가장 미워하는 자가 누구입니까?"

"옹치(雍齒)란 놈이 나와 원수진 일이 있어서 자주 나를 욕보였다. 내가 진즉 죽이려고 했으나 공로가 많아서 차마 죽지 못하고 있다."

"그러시면 맨 먼저 옹치부터 벼슬을 주십시오. 그렇게 하면 그걸 본 다른 사람들이 '옹치 같은 자도 벼슬을 받았으니 우리는 더 말할 게 있는가?' 하여 조용해질 것입니다."

고조는 그 말대로 술자리를 베풀어 옹치를 대접하고 십방후(什方侯)에 봉했다.

【출전】 《통감절요(通鑑節要) 한기(漢紀)》

와 각 상 쟁
蝸 角 相 爭

달팽이와 뿔각 서로상 다툴쟁

【뜻풀이】 달팽이의 왼쪽 뿔과 오른쪽에 있는 나라끼리 싸운다는 뜻으로 사소한 하찮은 일 때문에 일어난 분쟁을 비유한다.

【고사】 달팽이의 왼쪽 뿔에 있는 나라를 촉씨(觸氏)라 하고, 오른쪽에 있는 나라를 만씨(蠻氏)라고 하는데 영토 때문에 싸움이 벌어져 죽은 군사의 시체가 수만이요 15일 동안 추격한 후에 돌아왔다.

【원문】 有國於蝸之左角者曰觸氏 有國於蝸之右角者曰蠻氏 時相與爭地而戰 伏屍數萬 逐北旬有五日而後返

【출전】 《장자(莊子) 칙양(則陽)》

와신상담 臥薪嘗膽

누울와 섶신 맛볼상 쓸개담

【고사】 춘추(春秋) 때 월왕(越王) 구천(勾踐)은 오(吳)와의 전쟁중 회계
(會稽)에서 패하여 포로가 되어 갖은 수모를 다 겪고 석방되었다.

나라로 돌아온 구천은 그날부터 복수를 결심하고 편안한 잠자리 대신
섶 자리에서 잠을 자고 자리 옆에다 항상 쓰디쓴 쓸개를 두고 씹으면서
회계의 수치스런 패전을 잊지 않으려고 노력했다.

그런 결과 몇 년 후 구천은 군사를 이끌고 오나라를 공격하여 오의 수
도 고소(姑蘇)를 점령하고 왕 부차(夫差)를 항복시켜 치욕을 씻었다.

【출전】 《사기(史記) 월왕구천세가(越王勾踐世家)》

完 璧 歸 趙

완전할완 구슬벽 돌아올귀 나라이름조

【뜻풀이】 구슬을 온전히 하여 조(趙)나라로 돌아옴. 원래의 물건을 완전한 상태로 하여 본래의 주인에게 돌려준다는 뜻이다. 완벽은 흠이 없는 보배로운 구슬. 흔히 완벽(完璧)이라 한다.

【고사】 전국시대 조(趙)나라 혜문왕(惠文王)이 초(楚)나라의 화씨벽(和氏璧)을 얻자 진소왕(秦昭王)이 글을 보내 자기 나라 열다섯 성(城)과 구슬을 바꾸자고 청했다.

조나라에서는 인상여(藺相如)가 자원하여 구슬을 가지고 진나라에 갔는데 가면서 이렇게 말했다.

"성이 우리 나라에 편입되면 구슬을 진에 주겠지만, 그렇지 않으면 구슬을 온전히 가져오겠습니다."

인상여가 진나라에 가서 구슬을 바쳤는데도 진나라에서 성을 줄 생각을 하지 않자 인상여는 꾀를 내어 구슬을 돌려받은 다음 종자를 시켜 몰래 조나라로 가지고 돌아가게 했다.

【출전】 《사기(史記) 염파인상여열전(廉頗藺相如列傳)》

왕후장상영유종호
王侯將相寧有種乎

【뜻풀이】 왕후(王侯)와 장상(將相)이 어찌 씨가 따로 있겠느냐는 뜻으로, 사람의 신분(身分) 귀천(貴賤)은 타고나는 것이 아니며, 노력에 따라 누구라도 높은 지위에 오를 수 있다는 말이다.

【고사】 진(秦)나라 시황제(始皇帝)가 죽고 이듬해 2세 황제 호해(胡亥)가 즉위했다. 호해는 용렬한 인물이어서 환관 조고(趙高)의 손에서 놀아나게 되었다. 조고의 전횡(專橫)에 견디다 못해 백성들의 원성이 폭발할 지경이 되자 드디어 진승(陳勝)과 오광(吳廣)이 농민군을 이끌고 반란을 일으켰다. 반란을 일으킨 과정은 다음과 같다.

국경 수비병으로 징용되어 어양(漁陽)으로 가고 있었던 진승의 무리는 9백여 명이었다. 그런데 마침 큰비가 내려 길이 막히는 바람에 기일 안에 목적지에 도착할 수 없게 되었다. 도착한다 하더라도 지연된 벌로 처형될 것이 분명했다. 그래서 반기(叛旗)를 들기로 하였다.

"왕후 장상이 어찌 씨가 따로 있다더냐.[王侯將相寧有種乎]"

진승 등은 이렇게 부르짖으며 우선 호송관리를 죽이고 궐기하였다. 가혹한 정치에 고통 받던 백성들은 곧 농민군에 가세하여 이로써 진나라의 멸망은 재촉되었던 것이다.

【출전】 《사기(史記) 진섭세가(陳涉世家)》

외 강 중 건
外 强 中 乾

【뜻풀이】 겉으로는 비록 강건해 보여도 속은 허약하다는 뜻이다.

【고사】 춘추시대 진(秦)나라에 흉년이 들어 진(晉)나라에 양식 빌려주기를 청하였는데 진혜공(晉惠公)이 들어 주지 않자 대부 경정(慶鄭)이 간했다.

"진나라는 그동안 우리가 의지하여 많은 도움을 받은 나라인데 이제 그 청을 거절하는 것은 은혜를 저버리는 일입니다. 신의를 저버려 이웃나라를 배반하면 이후 재난이 생겨도 누가 구휼하겠습니까? 신의가 없으면 재난이 생기고 이웃의 원조를 잃으면 반드시 멸망하게 됩니다."

괵역(虢射)이란 신하가 반대했다.

"지금 진나라의 청을 들어준다 해서 우리나라를 미워하는 노여움이 수그러들지 않을 것이요 한갓 적국을 강하게 만드는 계기가 될 것입니다."

"아닙니다. 은혜를 배반하고 남의 재난을 요행으로 여기는 일은 백성들도 하지 않으며 그런 일을 하면 친한 사람도 원수로 여기는데 더군다나 원한이 있는 적국이겠습니까? 그들의 청을 들어주지 않으면 반드시 후회하는 일이 있게 될 것입니다."

과연 배신감을 느낀 진나라에서 크게 군대를 일으켜 진나라를 침략하였다. 적군이 진격해 온 것을 본 진혜공이 경정에게 대책을 물었다.

"적군이 깊숙이 들어왔으니 어떻게 하면 좋은가?"

"이는 임금께서 깊숙이 끌어들인 것이니 후회해도 소용없습니다."

혜공은 경정의 말을 괘씸하게 여겨 이후 더는 일을 의논하지 않았다. 임금이 출전하면서 정나라에서 들여온 소사(小駟)란 말을 타려고 하자 경정이 말렸다.

"안 됩니다. 옛날부터 싸움터에서는 반드시 자기 나라에서 생산된 말을 탔습니다. 그래야 마부가 시키는 대로 잘 따르는데 지금 다른 나라에서 산출된 말을 타면 전쟁터에서 놀라게 될 때 말 탄 사람의 뜻과 상반된 행동을 행동해 위태롭게 됩니다. 이 정나라 말은 겉으로는 강해 보이나 속은 맥이 허약해[外强中乾] 있어 제대로 움직이지 못해 반드시 후회하는 일이 있게 됩니다."

혜공은 끝내 경정의 충고를 듣지 않고 정나라 말을 타고 출전했다가 말이 진흙탕에 빠지자 다급하게 큰소리로 경정을 불러 구해 달라고 소리쳤다. 그러나 경정은 못 본체 떠나면서 말했다.

"남의 간언을 듣지 않다가 자초(自招)한 화인데 어떻게 도피하겠는가?"

그래서 혜공은 진나라의 포로가 되고 말았다.

【출전】《좌전(左傳) 희공(僖公) 14년 · 15년》

요 동 백 시
遼 東 白 豕

멀료 동녘동　흰백　돼지시

【뜻풀이】 요동 지방의 희귀한 흰 돼지란 뜻으로, 하찮은 공을 믿고 망령되이 스스로 높은 체 함을 비유하는 말이다.

【고사】 한(漢)나라 때 팽총(彭寵)이란 사람이 있었는데 공로를 믿고 교만을 떨며 매양 사람들에게 자랑했다. 이를 보다 못한 친구 주부(朱浮)가 편지를 보내 나무랐다.

"자네가 좁은 지방 안에서 하찮은 공을 믿고 교만을 떠는데 내가 옛날 이야기 한 토막을 할 테니 들어 보게. 옛날부터 요동 지방에서 산출되는 돼지는 모두 검은 돼지였는데 어떤 집 돼지가 흰색 새끼를 낳았네. 그 집 사람은 상서(祥瑞)로운 영물(靈物)로 여겨 조정에 바치면 큰 상을 받을 것이라 여겨 여기저기서 많은 여비를 꾸어 가지고 돼지를 안고 북경으로 출발했다네. 며칠을 가다 하동(河東) 지방을 지나면서 보니 그 지방의 돼지는 모두 흰색이지 않은가? 그래서 그제야 자기의 식견이 부족한 것을 깨닫고 그냥 돌아와 빚만 지게 되었다네. 지금 자네는 그 돼지 주인처럼 견문이 좁아서 하늘이 높고 땅이 넓은 줄 아나 이 세상에 자네보다 공로가 더 많은 사람이 수없이 많다는 것을 모르니, 그 요동 사람과 다를 게 무언가?"

【출전】《동관한기(東觀漢紀) 주부(朱浮)》

우 각 괘 서
牛 角 挂 書
소우　뿔각　걸괘　글서

【뜻풀이】 소를 타고 뿔에 책을 고정시키고 읽었다는 고사에서 어렵게 공부함을 형용한다.

【고사】 수(隋)나라 때 사람 이밀(李密)은 명가 자제로 재주가 뛰어나고 책략이 많았는데 가산을 털어 손님 접대를 잘했다. 처음 선조의 공훈으로 동궁천우(東宮千牛)가 되었는데 하루는 양제(煬帝)가 그의 비범한 모습을 보고 우문술(宇文述)에게 물었다.

"저기 얼굴이 검은 숙위(宿衛)는 모습이 비범한데 누구인가?"

"포산군공(浦山郡公) 이관(李寬)의 아들 이밀(李密)입니다."

"그 아이의 행동이 예사롭지 않으니 숙위하지 말고 공부를 하게 하라."

며칠 후 우문술이 이밀을 불러 말해 주었다.

"자네는 귀한 집 자제이니 공부를 해 재학(才學)으로 출세해야지 어찌 숙위 같은 일을 하겠는가?"

우문술의 격려를 받은 이밀은 그날부터 독서를 시작했다. 구산(緱山)이란 산속에 포개(包愷)라는 학자가 유명하다는 말을 듣고 소를 타고 길을 떠났다.

가면서 소 양쪽 뿔에다 한서(漢書)를 고정시키고 읽으면서 길을 가는데 뒤따르던 고관 행차가 세우더니 따르는 자에게 명했다.

"어떤 서생이 저처럼 독서를 열심히 하는지 알아보도록 하라."

　그 고관은 다름 아닌 재상 월국공(越國公) 양소(楊素)였다. 이밀이 불려와 절을 올리자 양소가 물었다.

"무슨 책을 그리 열심히 읽는가?"

"예, 《한서(漢書)》 항우전(項羽傳)을 읽었습니다."

　집에 돌아온 양소가 그 아들 현감(玄感)에게 일러 주었다.

"오늘 보니 이밀이란 젊은이는 너희들보다 훨씬 뛰어나니 잘 사귀어 두거라!"

　아버지의 말대로 현감은 정성껏 이밀과 사귀었다.

【출전】 《신당서(新唐書) 이밀전(李密傳)》

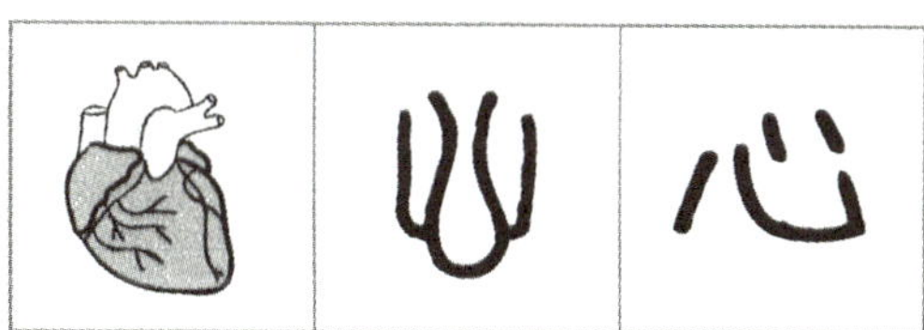

우공이산
愚公移山

【뜻풀이】 어리석은 우공(愚公)이 산을 옮긴다는 뜻으로, 아무리 어려운 일이라도 꾸준하게 노력하면 마침내 성공한다는 전고(典故).

【고사】 북산(北山)에 사는 우공(愚公)은 나이가 90세에 가까운데, 집 앞에 태항산(太行山)과 왕옥산(王屋山) 두 산이 가로막혀 있어 출입하는 데 불편하였다.

노인은 이에 그 산을 평평하게 깎아 버리겠다고 결심하였다. 어떤 사람이 이를 알고 불가능한 일이라며 그의 어리석음을 비웃자 우공은 말하였다.

"그 일을 다 마치기 전에 내가 죽으면 내 아들이 할 것이요, 내 아들이 다하지 못하면 손자가 하여 자자손손이 끊임없이 하면 산은 조금씩이라도 깎여지지 더 높아지지 않을 것인데 어찌 불가능하다고 하는가?"

그리고 매일 산을 깎기 시작했다. 이에 감동한 상제(上帝)는 과아씨(夸娥氏)의 두 아들을 보내 산을 다른 곳으로 옮겨 놓게 하였다는 우화(寓話).

【출전】 《열자(列子) 탕문(湯問)》

우 맹 의 관
優 孟 衣 冠
배우우 맏맹 옷의 갓관

【뜻풀이】 우맹이란 배우가 손숙오(孫叔敖)의 의관을 입고 그를 흉내 낸다는 뜻으로, 배우가 등장하여 어떤 일을 풍자함을 일컫는 말이다.

【고사】 초(楚)나라의 어진 재상 손숙오가 죽자 그 집안 형편이 어려워져 아들이 나무를 해 연명할 지경이 되었는데도 장왕(莊王)은 돌보아 줄 생각을 하지 않았다.

그러자 배우 우맹이 그때부터 생전에 손숙오와 같은 의관을 하고 다니다 하루는 장왕이 베푼 술자리에 찾아가 잔을 올리며 헌수(獻壽)했다. 이에 장왕은 손숙오가 다시 살아난 것으로 생각하고 말하였다.

"손숙오, 그대를 다시 재상으로 임명하고자 하는데 어떤가?"

손숙오(우맹)는 집에 돌아가 아내와 의논해 보겠다고 대답했다. 며칠 뒤 장왕을 찾아간 손숙오가 말하였다.

"아무래도 안 되겠습니다. 제 아내가 말하기를 '당신은 일생 나라를 위해 일해 초나라를 패국(覇國)을 만들었는데도 죽고나자 한 뙈기의 전답도 없어 아들이 나무를 해 생활하고 있습니다. 그런 재상이 되느니 자살하는 것이 더 낫겠소' 라고 하였습니다."

장왕은 그제야 자신의 잘못을 깨닫고 그의 아들에게 봉지(封地)를 주어 손숙오의 제사를 받들게 하였다.

【원문】 優孟故楚之樂人也……楚相孫叔敖知其賢人也　善待之　病且死

屬其子曰 我死 汝必貧困 若往見優孟 言我孫叔敖之子也 居數年 其子
窮困負薪 逢優孟 與言曰 我孫叔敖子也 父且死時 屬我貧困往見優孟
優孟曰 若無遠有所之 卽爲孫叔敖衣冠 抵掌談語 歲餘 像孫叔敖 楚王
及左右不能別也 莊王置酒 優孟前爲壽 莊王大驚 以爲孫叔敖復生也 欲
以爲相 優孟曰 請歸與婦計之 三日而爲相 莊王許之 三日後 優孟復來
王曰 婦言謂何 孟曰 婦言愼無爲 楚相不足爲也 如孫叔敖之爲楚相 盡
忠爲廉以治楚 楚王得以覇 今死 其子無立錐之地 貧困負薪以自飮食 必
如孫叔敖 不如自殺 因歌曰……於是莊王謝優孟 乃召孫叔敖子 封之寢
丘四百戶 以封其祀後十世不絕 此知可以言時矣

【출전】《사기(史記) 골계전(滑稽傳)》

월 단 평
月 旦 評
달월 아침단 평론할평

【뜻풀이】 매월 아침에 하는 인물평(人物評)을 말한다.

【고사】 후한 때 사람 허소(許劭)와 그 종형 허정(許靖)이 항상 향리의
인물을 평론하기 좋아하여 매월 초가 되면 다시 새로운 평을 내 놓았는
데 사람들이 이를 월단평, 또는 월단춘추(月旦春秋)라고 했다고 한다.

【출전】 《후한서(後漢書) 허소전(許劭傳)》

월하빙인

月 下 氷 人

【뜻풀이】 전설(傳說) 가운데 나오는 남녀 혼인의 중매(中媒)를 맡는다는 신(神)이다.

【고사】 두릉(杜陵) 사람 위고(韋固)가 원화(元和) 2년에 여행 중 달빛 아래 계단에 앉아 있는 한 노인을 만났는데, 노인은 손에 무슨 책과 비단 색실 타래를 들고 있었다. 위고가 무슨 책이냐고 물으니, 노인이 말했다.

"이 책은 세상의 혼사에 관한 책인데, 여기에 부부로 정해진 사이를 이 붉은 색실로 발을 묶어 놓으면 부귀와 귀천이 다르고 원수의 집안 사이라도 결국에는 부부의 인연이 맺어진다."

【원문】 (略)杜陵韋固 元和二年 旅次遇一老人倚布囊 坐于階上 向月檢書 固問所尋何書 答曰 天下之婚牘耳 又問囊中何物 答曰 赤繩子耳 以繫夫妻之足 及其生 則潛用相繫 雖讐敵之家 貴賤懸隔 天涯從宦 吳楚異鄉 此繩一繫 終不可逭

【출전】 《속현괴록(續玄怪錄) 정혼점(定婚店)》

위 편 삼 절
韋 編 三 絶

가죽위 엮을편 석삼 끊어질절

【뜻풀이】 책을 묶은 끈이 달아 세 번이나 끊어지도록 독서에 열중한다는 뜻이다.

【고사】 공자(孔子)는 만년에 주역(周易)을 즐겨서, 죽간(竹簡)을 맨 가죽끈이 세 번이나 끊어질 정도로 여러 번 주역을 읽었으며 또 다음과 같은 말도 했다.

"만약 내가 몇 년을 더 살 수 있다면 주역의 뜻과 이치를 환히 알 수 있을 것이다."

【원문】 孔子晚年而喜易 讀易韋編三絶 曰 假我數年 若是 我於易彬彬矣

【출전】 《사기(史記) 공자세가(孔子世家)》

운우지락

雲雨之樂

구름운 비우 어조사지 즐거울락

【고사】 초양왕(楚襄王)이 송옥(宋玉)이란 시인과 함께 운몽(雲夢)의 대(臺)에서 노닐었는데 고당(高唐)을 바라보니 그 위에 구름 같은 기운이 감돌고 있었다. 양왕이 무슨 기운이냐고 물으니, 송옥은 이렇게 대답했다.

"저것은 이른바 조운(朝雲)이라는 것입니다. 선왕(先王: 楚懷王)께서 일찍이 고당(高唐)에 노닐면서 낮잠을 자다 꿈을 꾸었는데 어떤 부인이 나타나 잠자리를 함께 하면서 말하기를 '저는 무산(巫山)의 여자로 고당(高堂)의 나그네가 되었습니다. 임금께서 오신다는 말을 듣고 이렇게 왔습니다.' 라고 하였습니다. 그리고 떠날 때 말하기를, '저는 무산 양지쪽 높은 절벽에 살고 있는데, 아침에는 구름이 되고 저녁이면 비가 됩니다.' 라고 하였습니다. 그래서 그곳에 사당을 세우고 조운묘(朝雲廟)라고 불렀습니다."

【원문】 昔者 楚襄王與宋玉游於雲夢之臺 望高唐之觀 其上獨有雲氣……王問玉曰 此何氣也 玉對曰 所謂朝雲者也 王曰 何謂朝雲 玉曰 昔者 先王嘗高唐 怠而晝寢 夢見一婦人曰 妾巫山之女也 爲高唐之客 聞君游高唐 願薦枕 王因幸之 去而曰 妾在巫山之陽 高丘之岨 旦爲朝雲 暮爲行雨 朝朝暮暮 陽臺之下

【출전】 《문선(文選) 고당부서(高唐賦序)》

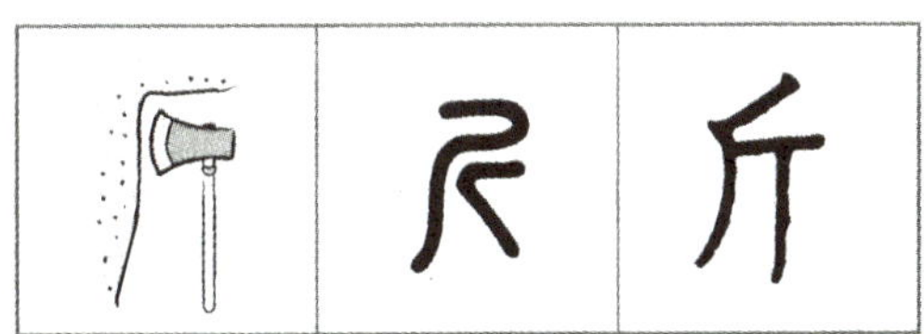

운주유악
運 籌 帷 幄

움직일운 산가지주 휘장유 휘장악

【뜻풀이】 군막(軍幕) 안에서 작전계획을 세운다는 뜻이다.

【고사】 한고조(漢高祖)가 한번은 한가롭게 장수들과 한담을 나누었다.

"여러분들은 어려워하지 말고 숨김없이 말하라. 내가 항우(項羽)와 싸워 천하를 얻은 이유가 무엇이라고 여기는가?"

왕릉(王陵) 등이 말했다.

"폐하께서는 거만하여 남을 잘 모욕하고 항우는 어질고 사람들을 사랑하였습니다. 그러나 폐하께서는 성 하나를 공격하여 빼앗으면 나누어 주어 그 이로움을 함께 하셨으나 항우는 질투심이 많아서 공로를 세우는 자를 해쳤기 때문에 천하를 잃은 것입니다."

그러자 고조가 말했다.

"공은 하나만 알고 둘은 잘 모른다. 장막 안에서 작전계획을 세워 천리 밖에서 승리를 거두는 것은 내가 장량(張良)만 못하고 나라를 진정시키고 백성을 무마하며 군량을 조달하는 것은 내가 소하(蕭何)만 못하며 백만 군대를 이끌고 공격해 승리를 거두는 것은 내가 한신(韓信)만 못하다.

이 세 사람은 다 인걸(人傑)인데 내가 그들을 잘 부렸기 때문이요 항우는 범증(范增) 한 사람이 있었으나 잘 부리지 못하였다."

【출전】《통감절요(通鑑節要) 한기(漢紀)》

유 방 백 세
流 芳 百 世

【뜻풀이】 좋은 명성을 백세 후까지 남기지 않으면 나쁜 명성이 세상에 남게 된다는 뜻이다.

【고사】 동진(東晉) 때 명장(名將) 환온(桓溫)은 명제(明帝)의 사위로 많은 전공을 세워 대사마(大司馬)가 되어 지위가 제후왕(諸侯王)보다 높은 데다가 병권을 쥐고 있었다.

이처럼 지위가 높고 권세가 세상을 기울게 했지만 그는 항상 만족하게 생각하지 않고 언젠가는 자신이 황제가 되겠다는 야심을 품고 있었다.

한번은 이런 자신의 야망을 친근한 자들에게 내비쳤는데도 아무 대답이 없자 자리에서 벌떡 일어나 침상을 어루만지며 외쳤다.

"대장부가 이 세상에 태어나서 훌륭한 명성을 백세에 전하지 못하면 만세에 악명을 남기기에도 부족하지 않겠는가. [大丈夫旣不能流芳百世 不足復遺臭萬載乎]"

61세 때 병이 나서 위독하게 되었는데 환온은 황제가 되겠다는 꿈을 버리지 못하고 수하에 있는 원굉(袁宏)을 불러 자기에게 구석(九錫)을 내린다는 조서(詔書)를 기초하게 해 앞으로 황제가 될 길을 닦았는데 구석이란 신하로서 누릴 수 있는 최고의 아홉 가지 의물(儀物)이다.

【출전】 《진서(晉書) 환온전(桓溫傳)》

유유상종
類類相從

무리류 무리류 서로상 따를종

【뜻풀이】 취미나 성향이 같은 부류끼리 서로 모여 사귄다는 뜻이다.

【고사】 전국시대 순우곤(淳于髡)은 익살을 잘 떨었는데 임금에게도 해학으로 풍자(諷刺)하기를 좋았다. 제선왕(齊宣王)이 갓 즉위하여 대신들에게 재능 있는 인재를 한 사람씩 천거한 일이 있었는데 다른 사람들은 한 사람도 천거하지 못하고 쩔쩔매는데 순우곤은 하루 사이에 일곱 명이나 추천하였다. 선왕이 깜짝 놀라 물었다.

"과인은 듣건대 1천 리에 한 명의 어진 선비가 있거나 1백 세에 한 명의 성인만 나와도 번성한 부국이 된다고 하였소. 그런데 그대는 하루아침에 일곱 명이나 추건하였으니 너무 많다고 생각하지 않소?"

순우곤이 대답했다.

"그렇지 않습니다. 새는 깃털이 같은 것 끼리 모여 살며 짐승은 같은 발굽을 가진 것 끼리 몰려다닙니다.[鳥同翼者而聚居 獸同足者而俱行] 지금 시호(柴胡)나 길경(桔梗) 같은 약초를 시냇가에 가서 찾는다면 몇 세대를 찾아도 찾지 못하지만 높은 산에 올라가 캐면 수레에다 가득 싣고 올 수 있습니다. 이처럼 세상 사물은 각기 같은 부류끼리 모여 삽니다. 그러니 저 같은 현자(賢者)가 어진 선비 찾는 것은 냇가에서 물을 긷게 하는 것이나 부싯돌로 불을 얻게 하는 것과 같으니 어찌 어렵겠습니까? 앞으로 더 천거할 생각이니 어찌 일곱 명뿐이겠습니까?"

【출전】《전국책(戰國策) 제책(齊策) 3》

유자가교

孺子可敎

【뜻풀이】 가르쳐 볼 만한 어린 사람이라는 뜻으로 장래가 촉망되는 젊은이를 뜻한다.

【고사】 유방(劉邦)을 도와 한(漢)나라를 건국하는데 일등공신인 장량(張良)이 젊었을 때의 일이다. 진(秦)나라에게 멸망한 한(韓)나라의 복수를 하기 위해 사재를 털어 자객을 모아 박랑사(博浪沙)에서 진시황(秦始皇)을 저격했으나 실패하여 성명을 바꾸고 하비(下邳)란 곳으로 도망해 숨어 있었다.

하루는 한가로이 거리를 배회하고 있다가 다리에 이르렀는데 거친 베옷을 입은 한 노인이 앞으로 다가와 일부러 신발을 다리 밑으로 떨어뜨리고는 말했다.

"젊은이, 내려가서 내 신발 좀 주워다 주게."

너무 어이가 없어 욕을 해 주려다 꾹 참고 다리 밑으로 내려가 신을 주워오자 노인이 다시 발을 내밀며 말했다.

"내 발에 신기게."

이왕 주워온 신발이므로 꾹 참고 꿇어앉아 신겨 주자 노인은 웃으면서 훌훌 떠나갔는데 저만큼 가던 노인이 다시 돌아와 말했다.

"가르쳐 볼 만한 젊은이군[孺子可敎]. 5일 후 새벽에 다시 이곳으로 나와 만나세."

장량이 무릎을 꿇고 앉아서 대답했다.

"알겠습니다."

5일 후 이른 새벽에 장량이 다리로 나가보니 벌써 나와 있던 노인이 화를 내며 꾸짖었다.

"왜 이렇게 늦었느냐? 갔다가 5일 후 다시 오게."

5일 후 새벽에 가 보니 이번에도 노인이 먼저 나와 기다리고 있었다.

"늙은이와의 약속에 매번 늦어서야 되겠는가? 갔다가 5일 후 다시 오게."

세 번째는 아예 자정이 조금 지나갔더니 한참 후 나타난 노인이 기뻐하며 말했다.

"암, 그래야지! 내가 책 한 권을 줄 테니 열심히 공부하면 왕자(王者)의 스승이 될 것이니 13년 후 해 제북(濟北) 곡성산(穀城山) 아래에 와 황석(黃石)이란 사람을 찾게."

그 책은 강태공(姜太公)의 병법을 적은 책이었는데 장량은 열심히 읽은 끝에 후일 훌륭한 병법가가 되었던 것이다.

【출전】 《사기(史記) 유후세가(留侯世家)》

肉 投 餒 虎
고기육 던질투 굶주릴뇌 범호

【고사】 위(魏)나라에 후영(侯嬴)이란 늙은 은사(隱士)가 국경 문을 지키는 관리로 있었다. 신릉군(信陵君)이 그의 현명함을 알아보고 여러 차례 예물을 보내 청했으나 응하지 않으므로 하루는 크게 잔치를 열어 손님을 모은 다음 그를 초청했다.

손님들의 위차(位次)가 정해져 모두 자리에 앉자 신릉군은 자기 왼쪽 상석을 비워 두고는 자리에서 내려가 누군가를 기다렸다. 한참 후 해진 의관 차림의 한 늙은이가 나타나자 달려가 안내하여 상좌에 앉히는데 그 사람은 전혀 사양하는 기색이 없었으니 그가 바로 후영이었다. 자리에 앉은 후영이 신릉군에게 말했다.

"내 손님 한 사람이 저자 거리에 있는데 함께 가서 데려오면 좋겠소."

"그러시지요."

신릉군이 직접 수레 고삐를 잡고 가서 그 사람을 데려오니 주해(朱亥)란 자였다. 좌중에서 이런 모습을 본 손들이 모두 불평했다.

"저 늙은이가 도대체 누구길래 우리 공자가 저러실까?"

"그래도 그렇지, 도무지 예의를 모르는 늙은이구먼……."

이렇게 하여 신릉군은 후영과 주해를 문객으로 삼을 수 있었다. 그리던 어느 해 자형(姉兄)인 조나라 평원군(平原君)으로부터 구원병을 보내 달라는 청을 받았다. 진나라의 협박을 받은 위왕이 보내려 하지 않자 신릉군은 자기만이라도 달려가 함께 죽을 결심을 하고 후영에게 가서 그런 뜻을 전했다.

"왕이 진나라를 두려워한 나머지 구원군을 보내지 않으니, 나라도 가서 조나라를 위해 평원군과 함께 싸우다 죽을 작정이오."

신릉군의 이런 비장한 말을 들은 후영의 반응은 뜻밖에 냉담했다.

"그래요? 잘 다녀오시기 바랍니다."

신릉군은 괘씸한 생각이 들었다.

"내가 그동안 얼마나 정성껏 받들었는데, 고작 한다는 소리가 잘 다녀오라구?"

한참 가던 신릉군이 되돌아오자 후영이 웃으려 말했다.

"다시 돌아오실 줄 알았습니다. 제 말씀을 자세히 들어보십시오. 공자께서 선비들을 좋아하시어 많은 문객을 두셨는데 지금 어려운 일을 당해 다른 방법이 없어 몸소 달려가 진나라 군사와 싸우려 하시는데 이는 비유하건대 굶주린 호랑이에게 고깃덩이를 던져 주는 것과 같으니[譬若以肉投餒虎] 무슨 공을 세우겠습니까?"

그러고는 진비(晉鄙)의 병부(兵符)를 훔치라는 계책을 일러 주었다.

【출전】 《사기(史記) 위공자열전(魏公子列傳)》

읍참마속
泣斬馬謖

【뜻풀이】 눈물을 흘리면서 사랑하는 부하 마속의 목을 벤다는 뜻으로, 공정한 일 처리를 위해 사사로운 정을 버리는 일을 비유한다.

【고사】 삼국시대 촉(蜀)의 제갈량(諸葛亮)이 대군을 이끌고 출병하여 한중(漢中)을 손에 넣고 기산으로 나아가 위(魏)나라 군사를 무찌르니, 조조는 사마의(司馬懿)를 보내 대치하게 했다.

제갈량은 군량을 수송하기 위해 가정(街亭)지역을 수비할 장수를 물색하니, 마속(馬謖)이 자원하고 나섰다. 마속은 제갈량과 친한 마량(馬良)의 동생으로서 매우 아끼는 장수였다.

제갈량은 상대 장수가 워낙 지략이 뛰어난 사마의였으므로 마속이 제대로 해낼지 망설이지 않을 수 없었다. 그러자 마속이 간청했다.

"제가 만일 가정을 지켜내지 못하면 저는 물론 제 식구들까지 모두 참형에 처해도 원망하지 않겠습니다."

제갈량은 굳은 다짐을 받고 일을 맡겼다. 가정에는 삼면이 절벽을 이룬 산이 있었는데, 제갈량은 그 산기슭의 도로를 사수하라고 명령했다. 그런데 가정에 도착한 마속은 적을 유인해서 역공할 계획으로 산 위에 진을 치고 적을 기다리다가 참패하고 말았다.

그 때문에 군사를 한중으로 후퇴시킨 제갈량은 군령을 어긴 마속을 처형하지 않을 수 없었다.

이듬해 5월, 마속을 처형하는 날, 마속의 처형을 말리는 자들에게 제갈량은 이렇게 말하고 형을 집행하게 했다.

"마속은 아까운 장수이다. 그러나 사사로운 정에 끌려 군율을 저버린다면 이는 마속이 지은 죄보다 더 큰 죄를 짓는 것이 된다."

말은 이렇게 했지만 제갈량은 형장으로 끌려가는 마속을 보고는 얼굴을 가리고 마룻바닥에 엎드려 울었다고 한다.

【출전】 《삼국지(三國志) 촉지(蜀志) 제갈량전(諸葛亮傳)》

응시호보
鷹 視 虎 步

【뜻풀이】 눈빛이 매처럼 날카로우며 걸음걸이가 호랑이 같다.

【고사】 월(越)나라 재상 백비(伯嚭)가 오(吳)나라로 망명해 오자 피리(被離)란 자가 오자서(伍子胥)에게 말하였다.

"그대는 백비의 겉모습만 보고 하신 말씀입니다. 겉모습만으로 어찌 그 속뜻까지 믿을 수 있겠습니까?"

오자서가 말했다.

"나는 백비의 마음속까지는 꿰뚫어보지 못하오."

"제가 백비의 관상을 보건대, 사람을 쏘아보는 것은 날카로운 매의 눈빛이며 걸음걸이는 호랑이의 조심스러운 응시호보(鷹視虎步)의 모습이었습니다. 이는 멋대로 사람을 죽일 잔인한 성품이니 가까이 해서는 안 됩니다."

오자서는 그 말을 믿지 않고 백비와 함께 오왕을 섬기다가 훗날 백비의 참언(讒言)으로 인해 죽음을 당하고 오나라는 월나라에 망하고 오왕 부차(夫差)도 죽음을 당했다.

또 응시낭보(凝視狼步)란 말이 있는데 이는 월왕(越王) 구천(句踐)을 섬기며 오(吳)나라를 멸망시키는 데 큰 공을 세운 범려(范蠡)가 벼슬을 버리고 떠나면서 까닭을 묻는 동료 대부종(大夫種)에게 한 말 가운데 나온다.

“하늘을 나는 새가 다 없어지면 활을 보관하게 되고, 날랜 토끼가 죽으면 사냥개를 삶아 먹게 마련이다. 월왕 구천은 사람됨이 목은 길고 입은 새의 부리처럼 생겼으며 매처럼 날카롭게 보고 걸음걸이가 이리 같아서 환난은 함께 할 수 있어도 평화시에는 함께 즐길 수 없는데, 자네는 왜 떠나지 않는가? [蜚鳥盡 良弓藏 狡兎死 走狗烹 越王爲人長頸鳥喙 鷹視狼步 可與共患難 不可與共樂]”라고 하였는데 대부종은 그 충고를 받지 않고 남아 있다가 모함을 받아 죽었다.

【출전】《오월춘추(吳越春秋) 구천벌오외전(句踐伐吳外傳)》

의 려 지 망
倚 閭 之 望

【뜻풀이】 마을 문에 기대어 아들 돌아오기를 기다리는 어머니의 사랑을 뜻한다.

【고사】 전국시대 제민왕(齊閔王)은 무능한 임금이었다. 백성들을 함부로 죽여 민심이 흉흉해지자 연(燕)나라가 그 틈을 타 침입해 오자 민왕은 거(莒)로 도망하였다. 이를 본 요치(淖齒)가 따져 물었다.

"지금 수백 리 땅에 피비가 내려 옷을 적시고 있는데 알고 계십니까? 또 어느 곳에서는 땅이 깊게 갈라졌는데 알고 계십니까? 궁궐 앞에 사람의 곡성(哭聲)이 들려 찾아가 보면 보이지 않다가 비켜가면 다시 들리는데 알고 계셨습니까?"

"모두 모른다."

요치가 따져 말했다.

"하늘에서 피비가 내려 옷을 적신 것은 하늘의 경고요, 땅이 깊숙이 갈라진 것은 땅의 경계이며 사람의 곡성이 들리는 것은 사람의 경계였는데 왕께서는 이를 경계할 줄 모르셨으니 어찌 벌을 받지 않겠습니까?"

그런 다음 민왕을 죽여 버렸다. 이때 열다섯 살 먹은 왕손가(王孫賈)가 민왕을 따라다니며 섬겼는데 왕이 도망칠 때 그만 왕의 행방을 잃고 말았다.

힘없이 집으로 돌아온 아들을 본 어머니가 꾸짖었다.

"네가 아침 일찍 나가 밤늦게 돌아오면 나는 집 대문 앞에서 너를 기다렸고 네가 저녁에 나가서 돌아오지 않으면 나는 동구 밖 어귀까지 나가서 기다렸다. 그런데 네가 지금 왕을 섬기다가 간 곳조차 모른다니 말이 되느냐?"

어머니의 꾸중을 들은 왕손가가 거리로 뛰쳐나가 외쳤다.

"요치가 난리를 일으켜 왕을 죽였다. 나와 함께 요치를 벌할 사람은 오른쪽 어깨를 벗고 따르시오!"

그러자 따르는 사람이 4백 명이나 되어 요치를 찔러 죽였다.

【출전】《전국책(戰國策) 제책(齊策) 6》

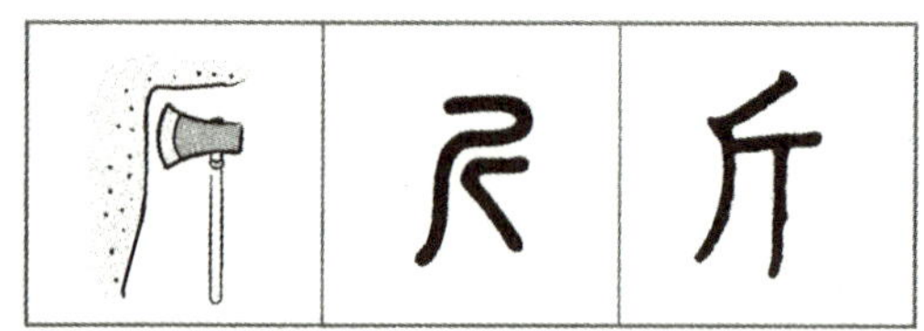

이 광 불 후
李 廣 不 侯

【뜻풀이】 한(漢)나라 명장 이광(李廣)이 봉후(封侯)되지 못했다는 뜻으로 관운(官運)이 없음을 한탄하는 말이다.

【고사】 전한(前漢)의 명장 이광(李廣)은 오랫동안 흉노(匈奴)와 여러 차례 싸움에서 많은 전공(戰功)을 세웠으나 관운이 따르지 않았다. 처음에 그의 종제(從弟) 이채(李蔡)와 함께 문제(文帝)를 섬겨 경제(景帝) 때 이채는 이천석(二千石)이 되고 무제(武帝) 때에는 안락후(安樂侯)를 거쳐 승상(丞相)의 지위에 까지 올랐으나 전공이나 명성에서 앞선 이광은 구경(九卿)에 그쳤으며 그의 휘하에 있던 부장들까지도 높은 지위로 쑥쑥 승진하는데 이광은 그때마다 승진에서 누락되었던 것이다. 답답한 나머지 한번은 왕삭(王朔)이란 점쟁이에게 물었다.

"나는 흉노와 싸움이 있을 때마다 빠져본 적이 없었는데 나보다 전공이 못한 부장 가운데 후(侯)에 봉해진 자만도 수십 명이나 된다. 유독 나만 봉후되지 못한 것은 명운(命運)이 그런가?"

왕삭이 물었다.

"일생 동안 혹시 남에게 원한을 살 만한 일을 저질렀는지 생각해보십시오."

한참 생각에 잠겼던 이광이 대답했다.

"다른 일을 없었으나 내가 농서태수(隴西太守)로 있을 적에 강족(羌族)

이 배반하므로 그들을 유인해 항복받은 다음 9백 명을 한꺼번에 죽인 일이 있었소."

"항복한 자들을 죽였으니 그보다 큰 화(禍)가 어디 있겠소. 장군께서 봉후되지 못한 것은 그 때문입니다."

이광은 그 후 여러 차례 출정하고자 했으나 늙었다는 이유로 번번이 뜻을 이루지 못하였다. 그후 대장군(大將軍) 위청(衛靑)을 따라 출정했다가 패군한 죄를 추궁당하자 자결하면서 부장들에게 말했다.

"나는 그동안 흉노와 크고 작은 싸움에 70여 차나 출전했다. 이제 나이 60여 세가 되어 법관 앞에서 구차하게 변명하고 싶지 않다."

이광의 죽음이 전해지자 온 군중이 통곡하고 백성들까지도 남녀 노소, 이광을 아는 사람이나 모르는 사람을 불문하고 눈물을 흘렸다.

【출전】 《사기(史記) 이장군열전(李將軍列傳)》

이도살삼사
二桃殺三士

【뜻풀이】 복숭아 두 개로 세 사람을 죽인다는 뜻으로, 교묘한 술책을 써서 사람을 죽이는 일을 비유한다.

【고사】 춘추시대 제경공(齊景公)에게는 공손접(公孫接), 전개강(田開疆), 고야자(古冶者)라는 세 용감한 무사가 있어 제 각기 자기의 무공(武功)이 제일이라며 다투어 나라의 근심거리가 되었으나 죽일 만한 명분이 없었다. 이에 안자(晏子)가 계책을 내어 경공에게 건의하였다.

"세 사람에게 복숭아 두 개를 하사하여 서로 공로를 따져 먹게 하소서."

경공이 그 말처럼 세 무사에게 복숭아 두 개를 내려 공로의 순서대로 먹게하니 그들은 서로 상대에게 사양하여 복숭아를 반납한 후 자살(自殺)하고 말았다.

【원문】 公孫接田開疆古冶子 事景公 以勇力搏虎聞 晏子過而趨 三子者不起 晏子入見公曰……請公使人少 饋之二桃曰 三子何不計功而食桃……皆反其桃 挈領而死

【출전】 《안자춘추(晏子春秋) 간하(諫下) 2》

인면도화

人面桃花

【뜻풀이】 아름다운 얼굴과 복사꽃이란 뜻으로, 사랑하는 아름다운 여인을 뜻한다.

【고사】 당나라 때 최호(崔護)라는 준수한 청년이 청명날 혼자서 장안성 남쪽 교외로 놀이를 나갔다. 이곳저곳 정신 없이 구경하다 어떤 곳에 이르니 복사꽃이 만발한 한 장원(莊園)이 나왔다. 안으로 들어가 구경할 셈으로 닫힌 문을 두드리니 한참 후 예쁜 소녀가 나와 누구냐고 물었다.

"봄놀이를 나온 사람입니다. 목이 말라 물을 얻어 마시려고 문을 두드렸습니다."

"안으로 들어오시지요."

안으로 들어가 소녀가 떠다 준 물을 받아 마시며 살짝 훔쳐보니 절색 미인이었다. 소녀도 싫지 않은 기색으로 다소곳이 고개를 숙이고 있다가 최호가 나오자 문밖까지 따라나와 목례(目禮)를 했다.

이듬해 청명날 그 소녀 생각이 난 최호가 다시 그 장원을 찾았더니 웬일인지 문이 굳게 닫혀 있고 인기척이 없었다. 한참을 서성이다 시 한 수를 지어 대문에 붙인 후 돌아왔다.

작년 오늘 이 집 문안에는	(去年今日此門中)
아가씨 얼굴 복사꽃처럼 붉었네	(人面桃花相映紅)
사람은 어디로 갔는지 모르고	(人面不知何處去)
복사꽃만 봄바람에 환히 웃네	(桃花依舊笑春風)

며칠 뒤 최호가 다시 그 집을 찾아갔더니 대문 안에 곡성이 들렸다. 의아하여 급히 대문을 두드렸더니 노인이 나와 최호를 한참 훑어보더니 물었다.

"당신이 내 딸을 죽인 최랑(崔郞)이오?"

"내가 최호입니다만 따님이 죽었다니 무슨 말씀이오?"

"내 딸년이 작년에 당신을 만난 이후 사모하는 정을 잊지 못하였소. 그러다 며칠 전 외출했다가 돌아와 대문에 붙은 당신의 시를 보고는 병이 나 앓아누워 며칠 동안 식음을 전폐하다 오늘 아침에 숨이 끊어졌소."

깜짝 놀란 최호가 노인에게 청했다.

"도리는 아닌 줄 아오나 들어가서 얼굴이라도 한번 보고 싶습니다."

방으로 들어가 한바탕 통곡을 하고 소녀의 얼굴을 들여다보던 최호가 다시 한 번 깜짝 놀라 그녀의 아버지를 불렀다.

"이것 좀 보세요. 눈동자가 움직여요!"

최호의 통곡 소리에 소녀가 눈을 떴던 것이다. 이런 인연으로 두 사람은 부부가 되어 평생을 서로를 사랑하며 살았다고 한다.

【출전】 《맹계(孟棨) 본사시(本事詩) 정감(情感)》

人微權輕

인미권경

【뜻풀이】 미천한 사람은 권한이 가볍다는 뜻으로, 사람의 지위의 낮고 높음에 따라 권한이 달라짐을 나타낸다.

【고사】 춘추시대 진(晉)나라와 연(燕)나라가 연합하여 제(齊)나라를 침범하자 재상 안영(晏嬰)이 경공(景公)에게 사마양저(司馬穰苴)를 대장으로 추천했다.

"사마양저는 대왕의 가까운 친척은 아니지만 재주와 무예가 출중(出衆)하니 그를 대장으로 삼으면 군사를 잘 통솔하여 반드시 승리할 것입니다. 지금 나라가 위태로우니 어서 그를 장군으로 임명하소서."

"그럼 어서 불러오시오."

사마양저를 불러서 이야기를 나누어 본 경공은 그의 뛰어난 지략이 마음에 들어 그 자리에서 즉시 대장으로 임명했다. 그의 작전 계획이 마치 손바닥을 들여다보듯 치밀했던 것이다. 군사를 이끌고 출전하면서 사마양저가 경공에게 이렇게 청했다.

"대왕께서 중한 책임을 저에게 맡기시어 차마 사양하지 못했습니다. 그러나 지위가 미천하면 믿는 사람이 없으니 지위 높은 한 분을 감군(監軍)으로 보내 주시면 고맙겠습니다."

경공은 총신(寵臣) 장가(莊賈)를 감군으로 삼아 딸려 보냈다. 사마양저가 장가와 약속했다.

“날마다 군문(軍門)에서 정해진 시각에 만나기로 합시다.”

이튿날 약속 시간이 지났는데도 장가는 나타나지 않았다. 사마양저가 군사를 독려하여 출정하는데 그제서야 장가가 나타났다.

“왜 늦으셨소?”

“친척들과 작별 인사를 하느라 좀 늦었소.”

사마양저가 정색을 하고는 나무랐다.

“출정 명령을 받으면 집안일을 잊어야 하고, 군영에 나와 약속을 정하면 어버이를 잊어야 하며 싸움이 벌어지면 자신을 잊어야 합니다. 지금 적군이 깊숙이 쳐들어와 군사들은 며칠째 한데서 잠을 자며 임금께서도 잠을 못 주무시고 음식을 제대로 잡수시지 못하고 계시어 백성들의 목숨이 모두 감군에게 달려 있는데 한가로이 전송을 받느라 늦었다는 것이 말이 됩니까?”

그러고는 법리(法吏)를 불러 물었다.

“군법에 약속 기일에 늦으면 어떤 벌을 받아야 하는가?”

“참형(斬刑)에 처하게 되어 있습니다.”

“그렇다면 어서 형을 집행하라!”

꼼짝없이 죽게 된 장가는 급히 경공에게 사람을 보내 살려주기를 애원했으나 그 사람이 도착하기 전에 참형을 받고 말았다. 사마양저는 장가의 시신을 군문에 매달아 모두 구경하게 했고, 결국 이 싸움에서 크게 이겼다.

【출전】《사기(史記) 사마양저열전(司馬穰苴列傳)》

인서지탄
人 鼠 之 嘆
사람인 쥐서 어조사지 탄식탄

【뜻풀이】 사람이나 쥐나 처한 환경에 따라 지위가 크게 달라진다는 탄식.

【고사】 진(秦)나라 승상 이사(李斯)가 젊었을 때 일이다. 창고지기로 있으면서 하루는 변소에서 일을 보는데 쥐란 놈이 몰려와 변을 먹는 것을 보고 불결하다는 생각을 하면서 창고 안으로 들어갔더니 쥐들이 여기저기서 수북이 쌓인 곡식을 훔쳐 먹고 있는 게 아닌가?

'뒷간의 쥐는 더러운 것을 먹으면서도 사람이나 개를 조심하며 살아야 하고, 창고의 쥐는 깨끗한 곡식을 실컷 먹으면서 사람이나 개 걱정을 하지 않는다. 사람도 그처럼 처할 환경을 잘 가려야 한다.'

생각이 이에 미친 이사는 순경(荀卿)을 찾아가 제왕학(帝王學)을 배우고는 학문이 성취되자 순경에게 하직을 고했다.

"제가 보기에 이곳 초왕(楚王)이나 다른 제후들은 섬길 만한 인물이 없습니다. 예로부터 남아가 때를 얻기에 게을리 해서는 안 된다고 하였습니다. 지금 진왕(秦王)이 천하를 병탄하고자 황제(皇帝)를 참칭하고 있으니 지금이야말로 포의(布衣)의 선비가 달려가 유세(遊說)해 볼 만한 때입니다. 미천한 지위에 있는 자가 출세할 계책을 세우지 않는 것은 금수가 고깃덩어리를 보고 먹지 않는 것과 같으며 비천해서 당한 치욕보다 더한 것이 없고 가난보다 더 서글픈 일이 없습니다. 그러므로 저는 서쪽으로 가서 진왕을 섬기겠습니다.”

  이사는 마침내 소원대로 진나라의 승상의 지위에 올랐으나 조고(趙高)
의 악행을 도왔다는 비난을 들어야 했으며 자신도 모함을 받아 명대로
살지 못했다.

 《사기(史記) 이사열전(李斯列傳)》

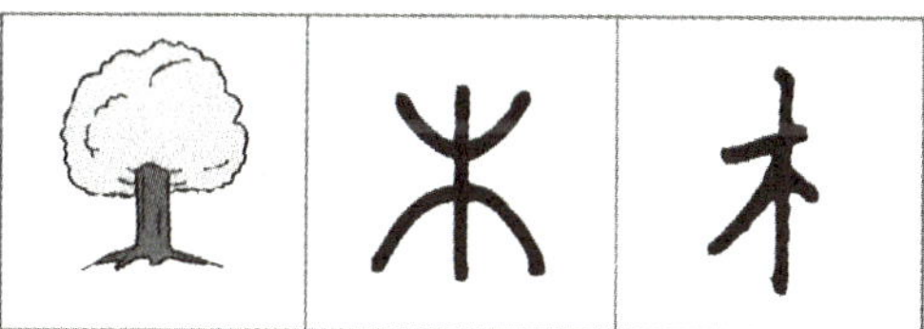

인 심 여 면
人 心 如 面

【뜻풀이】 사람의 마음은 얼굴이 각기 다르듯 같지 않다는 뜻으로, 어떤 일을 보는 시각도 각기 다름을 뜻한다.

【고사】 전국시대 진(晉)나라의 대권(大權)을 쥔 자피(子皮)가 윤하(尹河)란 사람을 신임하여 자기의 봉지(封地)를 다스리게 하자 자산(子産)이 너무 어려서 잘 다스리지 못할 것이라고 반대하면서 말했다.

"당신이 윤하를 사랑한 나머지 그에게 정사를 맡기려 하는데 남을 사랑하면 그 사람을 위하여 신중히 생각해 보아야 합니다. 지금 그에게 정사를 맡기는 것은 칼도 잡을 줄 모르는 사람에게 요리를 시키는 것과 같아 크게 해롭습니다. 그렇게 되면 남을 사랑한다는 것이 도리어 해치는 것이 되니 누가 당신의 사랑을 받고자 하겠습니까?"

자산의 말을 다 듣고 난 자피가 사과했다.

"훌륭한 말씀 듣고 보니 제가 잘못 생각했습니다. 듣건대 군자(君子)는 크고 먼 것을 알고자 힘쓰고 소인은 작고 가까운 것을 알기에 힘쓴다고 하였으니 저는 소인입니다. 언젠가 제가 당신은 나라를 위해 일하고 나는 내 집안을 다스리면서 당신을 돕겠다고 했는데 지금부터는 사소한 내 집안일이라도 반드시 당신의 의견을 듣겠습니다."

자산이 사양하며 말했다.

"사람의 마음이 같지 아니한 것은 각자의 얼굴과 같은데 내가 어찌 감히 당신의 얼굴이 내 얼굴과 똑같아야 한다고 말하겠습니까? 다만 내 마음에 위태롭게 여겨 말씀드리는 것일 뿐입니다."

【출전】 《춘추좌씨전(春秋左氏傳) 양공(襄公) 31년》

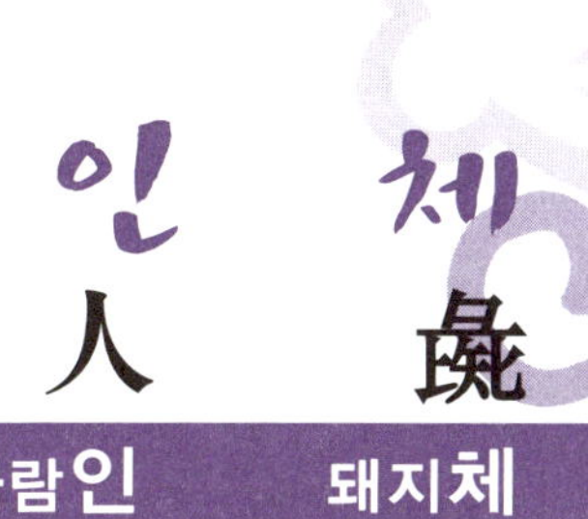

인 체
人 彘

사람인   돼지체

> **【뜻풀이】** 사람 돼지란 뜻으로, 외모는 사람이나 행실이 짐승만도
> 못한 사람을 가리킨다.

【고사】 한고조(漢高祖) 유방(劉邦)에게 본부인 여씨(呂氏) 외에 척 부인(戚夫人)이란 총희(寵姬)가 있어 여의(如意)란 아들을 두었다. 제위(帝位)에 올라, 태자가 너무 나약하다고 여긴 유방이 태자를 여의로 바꾸려고 했으나 신하들의 반대로 뜻을 이루지 못하고 승하하고 말았다.

혜제(惠帝)가 즉위하자 태후가 된 여씨는 맨 먼저 척 부인과 여의 모자에 대한 복수부터 시작한다. 이때 조왕(趙王)에 봉해져 있던 여의는 우선 척 부인을 잡아가두어 머리를 빡빡 깎고 붉은 죄수복을 입혀 날마다 절구질을 하게 했다. 이때 척 부인이 방아를 찧으면서 노래를 불렀다.

아들이 왕인데 어미는 종이네   (子爲王母爲虜)

종일 밤늦도록 방아를 찧으며   (終日春薄暮)

항상 사형수와 같은 대우라네   (常與死爲伍)

서로 삼천리나 떨어져 있으니   (相離三千里)

그 누가 네게 내 사정 알리랴   (當誰使告女)

노래를 들은 여태후가 크게 화를 냈다.

"네가 아들놈에게 의지하려나 본데 어림없는 일이다."

그러고는 조왕 여의를 죽이려고 소환하니, 혜제가 어머니의 뜻을 알고 일부러 교외로 나가 조왕과 함께 궁궐로 돌아와 숙식을 함께 하면서 보호했다. 그러던 어느 날 혜제가 일찍 일어나 사냥을 나갔는데 조왕이 늦잠을 자느라 함께 가지 못하다가 태후에게 짐독(鴆毒)으로 죽임을 당하고 말았다.

아들을 죽인 태후는 이번에는 척 부인이 갇혀 있는 감옥으로 가서 그녀의 손발을 자른 다음 눈알을 빼고 귀를 지져 굴속으로 끌어다 내동댕이치며 '사람돼지[人彘]'라고 불렀다. 몇 달이 지나 태후는 혜제를 불러 인체를 구경시켰다.

"저 돼지 같이 생긴 게 누구인지 알겠느냐?"

한참 굴속을 들여다보다 척 부인임을 알아본 혜제가 비명을 질렀다.

"어찌 차마 이런 일이……"

궁으로 돌아간 혜제는 너무 놀란 나머지 병이 나 자리에 누워 일어나지 못하게 되자 사람을 시켜 태후를 청해 말하였다.

"그런 일은 사람으로서 차마 못할 일입니다. 어머니의 아들인 저로서더는 천하를 다스릴 수 없습니다."

그러고는 그날 음약(淫藥)을 먹고 정사를 보지 않다가 죽었다.

【출전】 《한서(漢書) 외척전(外戚傳)》

일 근 장 안 원
日 近 長 安 遠

【뜻풀이】 해와 장안과의 거리가, 해는 가깝고 장안은 멀다는 뜻. 지난 날 세운 목표에 도달하기가 하늘에 오르기 만큼 어려움을 비유한다.

【고사】 서진(西晉) 말년 중국의 정세가 불안하자 흉노족(匈奴族) 유요(劉曜)가 도성인 장안을 점령하고 나라를 세우니 이것이 전조(前趙)이다. 이처럼 유요가 장안을 점거하자 낭야왕(琅耶王) 사마예(司馬睿)가 진(鎭)을 남쪽으로 옮겨 동진(東晉) 나라를 세우고 건강(建康 : 南京)에 도읍하니 이가 진원제(晉元帝)이다.

진원제는 항상 언젠가는 실지(失地)인 장안을 탈환하겠다는 꿈을 갖고 있었다. 하루는 어린 아들 사마소(司馬紹)를 무릎에 앉히고 재롱을 구경하는데 어떤 사람이 장안에서 오는 길이라며 그곳 소식을 전했다. 장안 소식을 전해 들은 원제가 감상에 젖어 눈물을 흘리자 사마소가 물었다.

"아버지, 왜 눈물을 흘리세요?"

"응, 너도 잘 알아 두거라. 장안은 본디 우리 진나라의 도읍지였으니 언젠가는 반드시 수복해야 한다."

그러고는 다시 물었다.

"네 생각에 장안과 하늘의 해 가운데 어느 것이 더 멀게 느껴지느냐?"

"그야 당연히 해가 멀고 장안이 가깝지요."

"왜 그렇다고 여기느냐?"

"장안과는 이처럼 사람이 왕래하지만 해에서 사람이 왔다는 말은 듣지 못했기 때문입니다."

그 대답이 마치 장안을 회복하기가 쉽다는 말처럼 들린 원제는 아들이 든든하여 기뻤다. 이튿날 신하들과 연회를 즐기던 원제가 아들의 뜻을 자랑하기 위해 다시 사마소를 불러 물었다.

"해와 장안 중 어디가 더 멀고 어디가 가깝다고 했느냐?"

"그야 장안이 훨씬 멀지 않겠어요?"

어제와 전혀 다른 대답에 아연실색(啞然失色)한 원제가 물었다.

"왜 그런가?"

사마소가 머리 위에 떠 있는 해를 가리키며 말했다.

"저것 보셔요. 해는 저처럼 보이지만 장안은 보이지 않잖아요?"

원제는 아들의 재치 있는 말이 그저 흐뭇하기만 하여 너털웃음을 웃었다.

【출전】《세설신어(世說新語) 숙혜(夙惠)》

일 모 도 원
日 暮 途 遠

날일 저물모 길도 멀원

【뜻풀이】 갈 길은 먼데 해는 저물어간다는 뜻으로, 할 일은 많은데 시간이 없거나 힘이 부족함을 비유한다. 일모도궁(日暮途窮)이라고도 한다.

【고사】 춘추시대 초평왕(楚平王)은 간신들의 참소하는 말을 믿고 오자서(伍子胥)의 아버지와 형을 죽였다. 이에 오자서는 부형의 복수를 하기 위해 오(吳)나라로 망명하여 공자(公子) 광(光)의 수하가 되었는데 광이 후에 왕을 죽이고 스스로 왕이 되어 오자서를 중용하였으며 초나라에서는 평왕이 죽고 그 아들이 즉위하니 이가 소왕(昭王)이다.

오자서는 기회 있을 때마다 복수를 위해 오왕에게 초를 칠 것을 건의했는데 몇 년 후 마침내 그 뜻이 이루어져 대군을 이끌고 초나라를 공격해 수도 영(郢)까지 함락시켰다. 영에 입성한 오자서는 맨 먼저 평왕의 무덤을 찾아가 시체를 꺼내 생전에 복수하지 못한 한을 풀기 위해 시체에다 3백 번 채찍질[鞭尸三百]을 했다.

오자서에게는 초나라에 있을 때 친하게 지낸 신포서(申包胥)라는 친구가 있었는데 지난번 오나라로 망명하면서 그에게 말했다.

"내가 기어이 초나라를 멸망시키고 말겠네."

그러자 신포서가 답했다.

"자네가 그렇게 하면 내가 어떻게든 회복시키겠네."

오자서가 초나라 도성에 침입할 때 신포서는 산속으로 피난해 있었다.

오자서가 평왕의 시신을 꺼내 채찍질을 했다는 말을 들은 신포서가 사람을 보내 오자서에게 말했다.

"자네의 복수는 너무 지나치지 않은가? 나는 듣건대 '사람이 많으면 비록 일시 하늘을 이길 수 있지만 하늘이 마음을 먹으면 그 흉폭한 자를 깨뜨린다.[人衆者勝天 天定亦能破人]'라고 했네. 자네도 과거 평왕을 섬겼는데 이제 시신에 매질까지 했으니 극히 천도(天道)에 어긋나는 일이 아닌가?"

오자서가 심부름 온 사람을 통해 신포서에게 말했다.

"내가 갈 길은 먼데 날이 저물었기 때문에 사리에 역행하는 일을 할 수밖에 없었네.[吾日暮途遠 吾故倒行逆施]"

그 후 오왕 합려(闔閭)가 죽고 그 아들 부차(夫差)가 즉위하자 오자서는 간신 태재비(太宰嚭)의 모함을 받아 죽게 되었다. 왕이 칼을 내려 자결을 강요하자 오자서가 죽으면서 하늘을 우러르며 탄식했다.

"내 무덤 가에 반드시 나무를 심었다가 그 나무를 베어 그릇을 만들어 거기다 내 눈을 빼어 오나라 동쪽 문에 매달아 다오. 내 눈으로 직접 오나라가 월(越)나라에게 망하는 꼴을 보겠다."

그 말을 전해들은 합려는 오자서의 시신을 가죽 포대에 넣어 강물에다 던지게 했는데 오나라 사람들이 불쌍하게 여겨 서산사(胥山祠)란 사당을 지어 제사 지냈다.

【출전】 《사기(史記) 오자서열전(伍子胥列傳)》

일 빈 일 소
一 嚬 一 笑
한일 찡그릴빈 한일 웃을소

【뜻풀이】 한 번 찡그리고 한 번 웃는다는 뜻으로, 희노(喜怒)를 나타냄을 비유한다.

【고사】 전국시대 한소후(韓昭侯)는 정(鄭)나라의 미천한 사람 신불해(申不害)를 재상으로 등용하여 부국강병(富國强兵)을 이룩한 현군(賢君)이었다. 그가 입던 바지가 해어지자 버리지 않고 신하를 시켜 잘 보관하게 하니, 모시고 있던 신하가 이렇게 아뢰었다.

"이런 헌 바지를 아랫사람에게 하사하지 않고 보관하라 하시니, 어질지 못하십니다."

소후가 말하였다.

"나는 듣건대 현명한 임금은 한 번 찡그리고 웃는 것도 아낀다고 하니, 어찌 이 헌 바지가 한 번 찡그리고 웃는 것에 비교하랴? 나는 반드시 공로를 세운 자를 기다려 하사하겠다.[吾聞 明主愛一嚬一笑]"

【출전】 《자치통감(資治通鑑) 열왕(烈王) 18년》

一葉知秋

일 엽 지 추

한일　잎엽　알지　가을추

【뜻풀이】 나뭇잎 하나가 떨어지는 것을 보고 가을이 온 것을 알 수 있듯이 한 가지 일을 보고 장차 오게 될 일을 미리 짐작한다는 의미이다. 낙엽지추(落葉知秋)라고도 한다.

【고사】 "고기 한 점을 맛보면 솥 안의 전체 고기 맛을 알며, 깃털과 숯을 달아놓고 건습(乾濕)의 기운을 아는 것은 작은 것으로써 큰 것을 밝히는 것이다. 하나의 나뭇잎이 지는 것을 보고 그 해가 장차 저물어 가는 것을 알며, 병 속의 얼음을 보고서 세상이 추워졌음을 알 수 있으니 가까운 것으로써 먼 것을 논하는 것이다."

【원문】 嘗一臠肉 知一鼎之味 懸羽與炭 而知燥濕之氣 以小明大 見一葉落 而知歲之將暮 睹瓶中之氷 而知天下之寒 以近論遠

【출전】《회남자(淮南子) 설산훈(說山訓)》

【뜻풀이】 하나로 꿰뚫음. 곧 어떤 일을 일관되게 하나의 원리로 꿰뚫는다는 뜻이다. 일관(一貫).

【고사】 공자(孔子)가 자신의 도(道)를 형용한 말로 《논어》 이인(里仁)편에서는 증자(曾子)에게 "삼(參)아, 우리의 도는 한 가지 이치가 만 가지 일을 꿰뚫고 있다.[吾道一以貫之]라고 하였으며 위령공(衛靈公) 편에도 같은 말이 나온다.

일 자 천 금
一 字 千 金

【뜻풀이】 진(秦)나라 여불위(呂不韋)가 《여씨춘추(呂氏春秋)》란 책을 지어놓고 한 글자라도 첨삭(添削)하는 자가 있으면 천금을 주겠다고 한 데서 유래한 것으로, 아주 뛰어난 글자나 시문(詩文)을 비유하는 말이다.

【고사】 진(秦)나라 시황제(始皇帝)의 실제 아버지라는 여불위가 진나라의 국권을 장악하는 지위에까지 올랐다. 그래서 이번에는 자신의 이름을 후세에 남기기 위해 식객들을 시켜 《여씨춘추(呂氏春秋)》26권을 저술해 냈다.

이는 당시 순자(荀子)가 수만 마디의 저서를 냈다는 소식을 듣고 자극을 받아 시작한 것으로, 무려 30여 만 마디에 이르는 대작(大作)이었다. 선진(先秦) 시대의 사상을 총망라한 일종의 백과전서로, 여불위만한 재력과 인적 자원이 없이는 결코 이룰 수 없는 일이었다. 책을 완성하고서 여불위는 그 책을 함양(咸陽)의 성문 앞에 늘어놓고 이런 방문(榜文)을 써 붙였다.

"누구든 이 책에서 한 자라도 빼거나 덧붙일 수 있는 자에게는 천금을 주겠노라."

【출전】 《사기(史記) 여불위열전(呂不韋列傳)》

臨渴掘井

임갈굴정

다다를임 목마를갈 팔굴 우물정

【뜻풀이】 목이 마르게 되자 그제서야 우물을 파기 시작한다는 뜻으로 미리 손쓰지 않고 급하게 되어서야 허둥대면 미치지 못함의 비유이다.

【고사】 춘추시대 노소공(魯昭公)이 나라를 잃고 제(齊)나라로 망명해 오자 제경공(齊景公)이 물었다.

"그대는 아직 나이도 젊은데 나라를 잘 다스리지 않고 어쩌다 이 지경에 이르렀소?"

소공이 대답했다.

"내가 어렸을 때 모든 사람들이 나를 사랑하기만 하고 잘못을 나무란 사람이 하나도 없어 아무것도 배운 바가 없었으며 또 신하들이 간언(諫言)을 했지만 나는 꺼리기만 했을 뿐 따르지 않았습니다. 그래서 안에서 보필해 주는 자가 없었고 밖에서 보좌해 주는 자가 없이 주위에 아첨하는 무리만 들끓었습니다. 이는 비유하자면 가을의 쑥덤불이 뿌리는 연약한데 가지와 잎만 무성하여 바람이 한번 불면 모두 쓰러지는 것과 같은 이치이지요."

소공의 반성하는 말을 듣고 동정심이 간 경공이 안자(晏子)와 의논했다.

"노나라 임금이 그처럼 잘못을 뉘우치고 있으니 우리가 도와서 자기 나라로 돌아가게 해주면 어떻겠는가?"

안자가 반대하였다.

"그렇지 않습니다. 어리석은 자는 후회가 많고 불초한 자는 스스로 잘난 체하게 마련입니다. 일이 그르쳐진 후에 후회하는 것은 비유하건대 난리가 난 뒤에야 군사를 모으고 목이 마른 후에야 급히 우물을 파는 것과 무엇이 다르겠습니까? 아무리 빨리 서둘러도 미치지 못할 것입니다."

【출전】《안자춘추(晏子春秋) 내편(內篇) 잡상(雜上)》

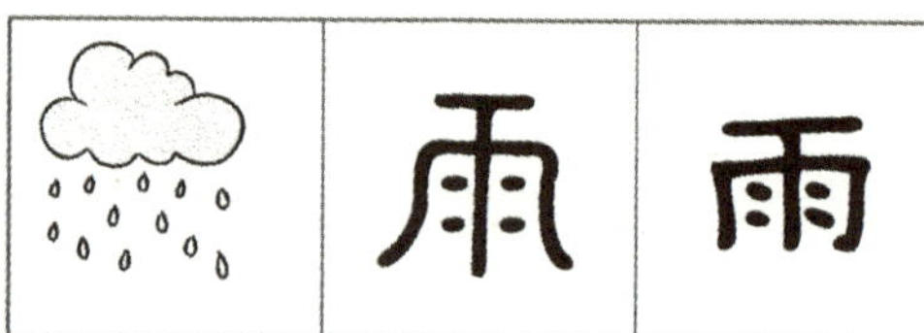

子路負米

아들자 길로 짐질부 쌀미

【뜻풀이】 공자(孔子)의 제자 자로(子路)가 집이 가난하여 몸소 쌀을 사서 지고 와 부모를 봉양했다는 뜻이다.

【고사】 자로가 한번은 공자에게 말하기를 "무거운 짐을 지고 먼 길을 가느라 땅을 가리지 않고 쉬었으며 일찍이 집안이 가난한데다가 부모님은 늙으시어 녹봉의 많고 적음을 가리지 않고 벼슬을 했으며 항상 콩잎 국을 먹고 부모님을 위해 1백 리 밖에서 쌀을 지고 오기도 했습니다.

【원문】 子路見孔子曰 負重涉遠 不擇地而休 家貧親老 不擇祿而仕 昔由也 事二親之時 常食藜藿之實 爲親負米百里之外

【출전】 《공자가어(孔子家語) 치사(致仕)》

자 치 청 운
自 致 靑 雲

【뜻풀이】 스스로 청운(靑雲) 즉, 출세길에 오른다는 뜻으로, 빠른 출세를 뜻한다.

【고사】 전국시대 위(魏)나라 사람 범수(范雎)는 제후들을 찾아다니며 유세를 하고자 하여 먼저 위왕(魏王)을 만나려 했으나 방법이 없어서 대부 수가(須賈)를 섬기게 되었다. 그러던 중 위소왕(魏昭王)의 명을 받고 제(齊)나라에 사신으로 가는 수가를 따라가 몇 달 머무는 동안 제양왕(齊襄王)의 신임을 받아 황금 10근과 술을 하사하기에 사양한 일이 있었다. 이런 일을 안 수가가 귀국한 후 재상 위제(魏齊)에게 이 일을 고자질했다.

"범수가 제나라와 내통하여 우리나라의 비밀을 판 대가로 많은 뇌물을 받았습니다."

크게 노한 위제가 범수를 잡아다 죽도록 곤장을 쳐서 까무러치자 거적에 말아서 변소에다 내버렸다. 한참 후 술 취한 손님이 변소에 와 거적에다 오줌을 누는 바람에 정신이 들어 꿈틀대자 지키던 자가 물었다.

"이제 정신이 좀 드시오?"

"여보시오, 나를 좀 살려 주면 나중에 꼭 보답하겠소."

불쌍하게 여긴 그 사람이 안으로 들어가 위제에게 고했다.

"그 죄인이 죽은 듯하니 밖으로 내다 버려야겠습니다."

술이 잔뜩 취한 위제가 별 생각 없이 승낙했다.

"산으로 끌고 가 묻어 버리거라."

이렇게 간신히 살아난 범수는 성명을 장록(張祿)으로 바꾸고 행세했다. 그러던 중 진(秦)나라에서 왕계(王稽)란 사신이 와 정안평(鄭安平)에게 말했다.

"내가 이번 진나라로 데리고 가 벼슬을 시킬 만한 훌륭한 인재가 있으면 추천해 주시오."

"그렇지 않아도 우리 마을에 사시는 장록 선생이란 현인이 귀하를 한 번 만나 천하의 일을 논하고자 하십니다."

"잘 되었소. 그럼 모시고 오시오."

"그분은 해치려는 사람이 많아서 낮에는 출입을 하지 않으니 밤중에 함께 오겠습니다."

범수를 만나 몇 마디 나누어 본 왕계가 말했다.

"진나라로 모시고 갈 터이니 내일 삼정(三亭) 남쪽에서 만나기로 합시다."

이렇게 하여 왕계와 함께 진나라 국경에 들어와 한참 가다보니 일행의 뒤를 따르는 수레가 있었다. 범수가 물었다.

"우리 뒤를 따르는 자는 누구요?"

"재상 양후(穰侯)가 고을을 순행하는가 봅니다."

"내가 듣기에 양후는 시기심이 많아 다른 나라에서 훌륭한 인물이 들어오는 것을 막는다고 하니, 우선 나를 숨겨 주시오."

과연 뒤따라온 양후가 수레를 세우고 물었다.

"고생이 많구려. 혹시 누구 데리고 온 사람은 없소?"

"없소이다."

"외국에서 온 세객(說客)들이 왕을 만나 이러쿵저러쿵 계책을 올리는데 이는 한갓 나라를 혼란하게 할 뿐이오."

진나라 수도 함양(咸陽)에 들어와 복명을 마친 왕계가 아뢰었다.

"위나라에서 장록 선생이란 현인 한 분을 모시고 왔습니다. 지금 우리 나라의 국세가 계란을 포개 놓은 듯 위태로운데 만약 그를 재상으로 삼기라도 하면 안정되겠기에 데리고 온 것입니다."

"알았으니 우선 머물게 하시오."

이후 범수는 진소왕(秦昭王)의 신임을 받아 응후(應侯)에 봉해지고 국상(國相)의 자리에 올랐다. 소왕이 동쪽으로 한(韓)나라와 위(魏)나라를 정벌하려고 하자 소식을 들은 위나라에서 화평을 청하기 위해 사신을 보내왔는데 그 사신이 바로 전에 범수를 모함한 수가였다. 위나라와 수가는 범수가 이미 그때 죽은 것으로 알 뿐 진나라의 국상이 된 것을 모르고 있었다. 수가가 객관(客館)에 도착하자 범수는 평복(平服) 차림으로 신분을 위장하고 찾아가 수가를 만났다.

"나를 알아보시겠소?"

범수를 알아본 수가가 깜짝 놀라며 물었다.

"아니, 이게 누구신가? 그동안 어떻게 지내셨나?"

"나는 그때 간신히 목숨을 건져 이곳에 와서 품팔이를 하며 그럭저럭 지내고 있습니다."

범수의 말을 들은 수가가 측은한 생각이 들어 술상을 차려오게 해 대접하고 헤어질 때 거친 베 한 필을 꺼내 주며 말했다.

"자네가 그처럼 어렵게 지낸다니 마음이 편치 않네. 변변찮은 것이지만 받아 두게."

그러고는 다시 돌아서서 물었다.

"자네 혹시 지금 국상이 어떤 인물인지 아는가? 그가 나라 일을 전결한다고 하니 한 번 만나보고 싶네."

"예, 제가 모시고 있는 집 주인과 친하게 지내시니 저를 따라오시면 만날 수 있을 것입니다."

범수는 자기의 수레에 수가를 태우고 자신이 직접 수레를 몰아 재상부로 들어와 객실로 안내한 다음 말했다.

"여기서 잠시 기다리시면 안에 들어가 주인께 말씀 올리겠습니다."

한참 기다려도 범수가 나오지 않자 수가가 하인으로 보이는 사람에게 물었다.

"안으로 들어간 범수가 나오지 않으니 웬일인지 알아봐 주겠소?"

"이 집에 범수란 사람은 없는데요."

"아까 나를 태우고 온 사람 말이오."

"그분이 바로 장록 국상이십니다."

그제야 범수에게 속은 것을 깨달은 수가는 의자에서 내려와 무릎을 꿇고 앉아 범수가 나오기를 기다렸다. 한참 후 관복 차림을 한 범수가 나와 꾸짖었다.

"당신은 당신의 죄를 아시오?"

"죽을 죄를 지었으니 죽여 주시오. 나는 그대가 이처럼 스스로 청운에 오를 줄 생각하지 못하였소.[賈不意君自致於靑雲之上]"

"당신의 죄는 죽여 마땅하지만 죽이지 않는 것은 옛정을 잊지 않고 거친 베 한 필을 준 덕택인 줄 아시오. 당신 나라로 돌아가 위왕에게 말해 위제의 목을 베어 바치라고 하시오. 그렇지 않으면 나라가 쑥대밭이 될 것이오!"

말을 마친 범수는 수가를 자리로 올라오게 해 후히 대접해 보냈는데, 수가의 말을 들은 위제는 두려운 나머지 조(趙)나라로 도망하여 평원군(平原君)에게 의탁했다.

【출전】《사기(史記) 범휴채택열전(范雎蔡澤列傳)》

작 병 중 선
雀 屏 中 選

【뜻풀이】 병풍에 그려진 공작새의 눈동자를 맞힌 사람을 사위로
뽑음.

【고사】 수(隋)나라 때 정주총관(定州總管) 두의(竇毅)는 주무제(周武帝)
의 장공주(長公主)에게 장가들어 딸 하나를 두었는데 태어나면서부터
무척 영리했다. 3세 때 머리카락을 치렁치렁 발뒤꿈치에 닿을 정도로
길게 기르니 엄연히 아름다운 처녀로 보일 정도였는데 외할아버지 주무
제의 사랑을 독차지해 궁궐에서 자랐다.

이때 주무제의 황후가 돌궐(突厥) 여인이어서 무제의 총애를 받지 못
한 것을 본 어린 두의의 딸이 외할아버지에게 말했다.

"할아버지, 돌궐 황후를 사랑하셔야 해요. 그래서 돌궐족의 도움을 받
으면 강남과 강동 일대의 외침(外侵)은 걱정하지 않아도 되지 않겠어
요?"

외손녀의 조리 있는 말을 기특하게 여긴 무제는 그 충고를 받아들였
다. 나중에 이런 소식을 들은 두의가 아내와 상의했다.

"딸아이가 용모만 출중한 게 아니라 생각이 그처럼 깊은 줄은 몰랐구
려! 훌륭한 사위를 가려야 하겠소."

그러고는 문에 친 병풍 위에다 공작새 한 쌍을 그리고는 말했다.

"누구든 내 사윗감은 화살 두 개로 이 공작의 눈동자를 쏘아 맞춰야
한다."

이런 소식을 듣고 도성 안 청년들이 몰려와 청혼을 하고 활을 쏘아 보았으나 맞힌 자가 없었다. 그러던 어느 날 이연(李淵)이란 청년이 찾아와 화살 두 개로 두 공작새의 눈을 맞혀 마침내 사위를 삼았는데 이연은 후에 당나라를 세운 당고조(唐高祖)이니, 두씨 딸은 황후가 된 것이다.

【출전】《구당서(舊唐書) 고조두황후전(高祖竇皇后傳)》

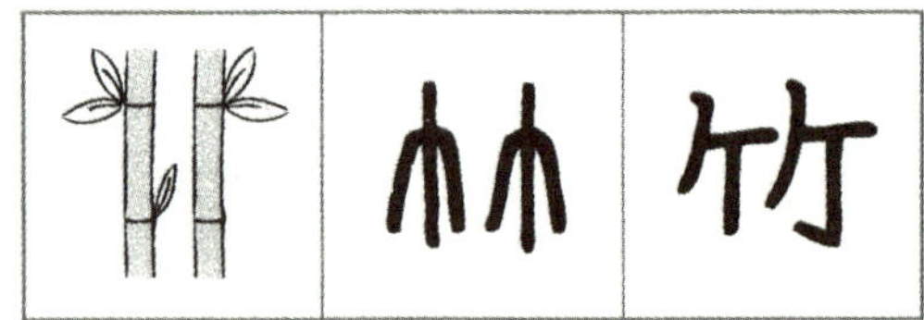

장욕취지 필선여지
將 欲 取 之　必 先 與 之

【뜻풀이】 남의 것을 취하고자 하거든 자신의 것을 먼저 주라는 뜻이다.

【고사】 춘추 말기 진(晉)나라의 권신인 지백(智伯)이 위환자(魏桓子)에게 까닭 없이 땅을 떼어 달라고 요구하자 환자가 이를 거절하였다. 이를 본 임장(任章)이란 신하가 위환자에게 물었다.

"어째서 그의 요구를 들어 주지 않습니까?"

"별다른 이유 없이 달라고 해서 주지 않는 것이다."

"그러지 말고 요구를 들어주십시오. 그렇게 되면 지백이 더욱 교만 방자해져 적을 가볍게 여겨 이웃나라를 괴롭힐 것이며 괴롭힘을 당한 이웃나라들이 서로 뭉쳐 대항하게 될 것입니다.《주서(周書)》에 "적을 패배시키려면 우선 그를 도와주고 그의 것을 빼앗으려고 하거든 반드시 먼저 주라[將欲敗之 必姑輔之 將欲取之 必先與之]"라고 했습니다. 그러하오니 지금 땅을 주지 않아 강한 지백의 과녁이 되는 것보다는 땅을 주어서 천하가 힘을 합쳐 그를 도모하게 하셔야 합니다." 위환자가 그의 요구를 들어 큰 고을 하나를 떼어 주자 지백은 의기양양해져 다음에는 조간자(趙簡子)에게 땅을 요구했다. 조간자가 그 청을 거절하자 조나라의 진양(晉陽) 땅을 포위했다가 한(韓)·위(魏)·조(趙) 연합군에 의해 멸망하고 말았다.

【출전】《전국책(戰國策) 위책(魏策) 1》

전거후공 前倨後恭

앞전 거만할거 뒤후 공손공

【뜻풀이】 전번에는 거만하더니 후에는 공손하게 군다는 뜻으로 태도가 일정하지 않다는 뜻이다.

【고사】 전국시대 유세가 소진(蘇秦)이 귀곡 선생(鬼谷 先生)에게 병서를 배우고 맨 먼저 진혜왕(秦惠王)을 찾아가 10여 차례 연횡설(連橫說)을 주장하는 글을 올렸으나 받아들여지지 않아서 조(趙)나라에서 얻은 검은 초피(貂皮) 갖옷이 다 해지고 1백 근의 황금 노자도 바닥이 나서 돌아올 수밖에 없었다. 파리한 모습에 다리를 헝겊으로 칭칭 동여매고 짚신을 신고 책 보따리를 둘러멘 채 집으로 돌아온 소진의 꼴이 말이 아니었다. 대문 안에 들어서자 아내는 베틀에서 내려오지도 않고 형수는 밥도 차려 주지 않았으며 부모도 외면한 채 말이 없으므로 소진이 이렇게 탄식했다.

"아내가 나를 지아비로 여기지 않고 형수가 시동생으로 여기지 않으며 부모님이 자식으로 여기지 않는 것은 모두 내가 성공하지 못한 탓이다."

그날부터 두문불출하면서 열심히 태공망(太公望)의 《음부경(陰符經)》을 외며 모책을 연구하였다. 책을 읽다가 잠이 오면 송곳으로 허벅지를 찔러 피가 다리까지 흘러내린 적이 한두 번이 아니었다. 이처럼 몇 년 동안 각고의 노력 끝에 학문을 성취한 소진이 다시 유세를 떠났다. 소진의 합종설(合從說)을 들은 조왕(趙王)은 크게 기뻐하면서 소진을 무안군(武安君)에 봉하고 재상의 인장, 수레 1백 대에 비단 1천 필, 구슬 1백 쌍, 황금 1만 일(鎰)을 주면서 다른 나라를 돌며 합종책을 유세하도록 해 주었다

마침내 여섯 나라의 재상을 겸한 소진의 당당한 위세는 이제 따를 자가 없게 되었다. 초왕(楚王)에게 유세하기 위해 가면서 고향 낙양을 지나는데 소진이 온다는 말을 들은 부모와 고향 사람들은 길을 쓸고 음악을 연주하고 음식을 장만하여 30리 밖에 나와 영접하였다. 그의 아내는 차마 똑바로 쳐다보지 못하고, 형수는 뱀처럼 엉금엉금 기면서 네 번이나 절을 하면서 지난번의 잘못을 빌었다. 이를 본 소진이 형수에게 물었다.

"형수님, 지난번에는 그리 거만하더니 지금은 어찌 이리 공손하십니까?[嫂何前倨而後卑]"

형수가 대답했다.

"시숙님의 지위가 높고 돈이 많기 때문입니다.[季子之位尊而多金]"

그 말을 들은 소진이 탄식했다.

"아, 빈궁할 때는 부모조차도 자식으로 여기지 않더니, 부귀하게 되자면 친척까지 다 두려워하는구나. 그러니 사람이 세상에 나서 권세와 부귀를 가볍게 여기겠는가?"

【출전】 《전국책(戰國策) 진책(秦策) 1》

前度劉郎

전도유랑

【뜻풀이】　전번에 왔던 유랑이 또다시 왔다는 뜻으로, 지난 일을 회상하며 감상(感想)에 젖음.

【고사】　당대(唐代)의 유명한 시인 유우석(劉禹錫)이 과거에 급제하여 감찰어사(監察御史)로 있을 때 정치 사건에 연루되어 낭주사마(朗州司馬)로 좌천되었다가 10년이 지나서야 서울로 돌아가게 되었다. 장안(長安) 부근에 이르러 현도관(玄都觀)을 유람하는데 때가 바야흐로 춘삼월이어서 복사꽃이 흐드러지게 피어 물결을 이룬 것이 장관이었다. 그런데 이는 모두 지난번 갈 때 못 보던 것으로 새로 재배한 것이었다. 지난 십년 동안의 일이 주마등(走馬燈)처럼 뇌리를 스쳐 자신도 모르게 시 한 수를 지었다.

붉은 티끌먼지 뒤집어쓰며 왔더니	(紫陌紅塵拂面來)
모두들 꽃구경하고 오라고 말하네	(無人不道看花回)
현도관의 천 그루 복사꽃 나무는	(玄都觀裏桃千樹)
모두 내가 지나간 후에 심은 걸세	(盡是劉郎去後栽)

유우석은 그 후 다시 권귀(權貴)들의 미움을 사서 이번에는 연주자사(連州刺史)로 좌천되어 갔다가 14년 후에야 서울로 올라가게 되었다. 그래서 다시 현도관 구경을 하게 되었는데 그때는 전에 있던 복사꽃나무

가 한 그루도 남아 있지 않고 보리와 채소꽃만이 바람에 나풀대며 지난 세월의 무상함을 말해 주고 있었다.

감개무량해진 유우석이 다시 시를 읊조렸다.

넓직한 뜰 반쪽은 이끼가 끼고　　　（百畝庭中半是苔）
복사꽃 사라지고 채소꽃이 피었네　（桃花淨盡菜花開）
복사꽃 심은 도사들 어디로 갔나　（種桃道士歸何處）
지난번 왔던 유랑이 지금 또 왔네　（前度劉郎今又來）

　백거이(白居易)는 이 시에 그의 얽매이지 않는 풍격(風格)과 예리한 기개가 잘 나타났다고 찬미했다.

【출전】《자치통감(資治通鑑) 당기(唐紀)》

全無心肝

전무심간

온전전 없을무 마음심 간간

【뜻풀이】 쓸개가 전혀 없는 사람이란 뜻으로, 양심이나 인격, 염치와 체면이 전혀 없는 사람을 가리킨다.

【고사】 남조(南朝) 진(陳)나라 마지막 황제 숙보(叔寶 : 後主)는 나라는 다스리지 않고 화려한 궁궐을 크게 지어 날마다 후궁들과 음란한 놀이를 일삼다가 마침내 수문제(隋文帝)에게 나라를 빼앗기고 포로 신세가 되었다.

진나라를 완전히 평정한 문제는 진숙보를 죽이지 않고 벼슬을 내리는 등 우대하면서 연회에도 참석시켜 행여 그가 옛날 생각을 하며 슬퍼할까 염려하여 강남 지방의 악곡은 연주하지 말라는 배려까지 했다.

문제의 이런 후대를 받은 숙보는 나라를 망친 임금이라는 자괴심(自愧心)을 갖기는커녕 전의 습성을 잊지 못하고 다시 날마다 주색(酒色)에 빠져 지내면서 심지어 봉작(封爵)을 청하기까지 했다. 보다 못한 문제가 신하들에게 한 마디 했다.

"진숙보는 참으로 쓸개가 없는 사람이다.[陳叔寶 全無心肝]"

그 후 진숙보는 낙양(洛陽)에서 병사했다.

【출전】《남사(南史) 진후왕기(陳後主紀)》

전 사 불 망
前 事 不 忘

앞전　일사　아닐불　잊을망

【뜻풀이】 앞의 일을 잊지 않는 것은 뒤에 오는 일의 스승이란 뜻으로, 과거의 경험이 후일의 귀감(龜鑑)이 됨.

【고사】 춘추시대 말기 진(晉)나라의 대부(大夫)들이 분파되어 조(趙)·한(韓)·위(魏)를 세웠다. 이들은 당시의 권신 지백(智伯)의 강요로 땅을 떼어주는 등 갖가지 괴로움을 당했는데 이때 조양자(趙襄子)를 도와 조나라의 기반을 굳게 다진 자는 장맹담(張孟談)이었다.

건국 후 조양자가 논공행상(論功行賞)을 하면서 장맹담에게 제일 높은 벼슬과 봉지(封地)를 내리자 장맹담이 사양하며 말했다.

"옛날 오패(五覇)가 천하를 복종시킬 수 있었던 것은 맹약(盟約)을 맺어 군주의 세력으로 신하들을 제압하여 신하가 군주의 권력을 넘보지 못하였기 때문입니다. 그러므로 귀족은 재상의 자리에 앉지 못하게 하고 장군 이상은 측근의 대부로 삼지 않았습니다. 그런데 저는 이름이 유명해지고 권세가 높아 대중들이 복종하고 있습니다. 그래서 공명을 사양하고 멀리 떠나겠습니다."

조양자가 유감스럽게 여기며 말했다.

"무슨 말이오? 임금을 보필하는 자는 이름이 드러나게 되고, 큰 공을 세운 자는 몸이 존귀해지며 나라를 다스리는 자는 권세가 무겁게 마련이라 하였소. 이는 옛 성인들이 나라를 안정시키는 방법인데 어찌 그런 말을 하오?"

장맹담이 대답했다.

"임금께서 지금 하신 말씀은 공명을 이루고 나서의 아름다움이요 제가 말한 것은 국가를 지속시켜 나가는 도리를 밝힌 것입니다. 옛날 말을 들어 보면 신하와 임금의 권세가 동등하면서 잘 되는 경우는 없었습니다. 옛일을 잊지 않는 것은 뒤에 올 일의 스승입니다.[前事之不忘 後事之師]"

이렇게 하여 장맹담은 봉토(封土)를 되돌려 주고 권세와 부귀를 버리고 부친산(負親山)으로 들어가 은거하여 밭을 갈았다.

【출전】《전국책(戰國策) 조책(趙策) 1》

절 영
絶 纓

끊어질절　　　갓끈영

【뜻풀이】 갓의 끈을 끊는다는 뜻으로, 남에게 너그러운 덕(德)을 베푸는 것을 비유한다.

【고사】 초장왕(楚莊王)이 밤에 신하들과 연회를 베풀며 놀다가 촛불이 꺼졌는데, 어떤 신하가 그 틈을 타 장공이 총애하는 미인을 끌어안고 희롱하였다.

　미인은 그 신하의 갓끈을 끊은 다음 왕에게 촛불을 밝혀 그 사람을 색출해 벌할 것을 청했다.

　그러나 장왕은 그 말을 듣지 않고 모든 신하들에게 갓끈을 끊게 한 후 불을 밝히라고 명해서 그 사람이 누구인지 모르도록 하였다.

　그런 일이 있은 지 3년 후 초나라가 진(晉)나라와 싸우게 되었는데 죽을 힘을 다해 싸운 장수가 있어 승리했는데, 물어보니 바로 3년 전 왕이 연회 중에 구해 준 바로 그 사람이었다.

【원문】 楚莊王賜群臣酒 日暮酒酣 燈燭滅 有人引美人之衣 美人援絶其冠纓 告王曰 今者燭滅 有引妾衣者 妾援得其冠纓 持之 趣火來上 視絶纓者 王曰 賜人酒使醉失禮 奈何欲顯婦人之節而辱士乎 乃命左右曰 今日與寡人飮 不絶冠纓者 不歡 君臣百有餘人 皆絶去其冠纓而上火 卒盡歡而罷 後三年 晉與楚戰 有一臣常在前 五合五獲首 却敵 卒得勝之 莊

王怪而問曰⋯⋯對曰　臣當死　往者醉失禮　王隱忍不暴而誅也　臣終不敢
以陰蔽之德　而不顯報王也⋯⋯

【출전】《설원(說苑) 복은(復恩)》

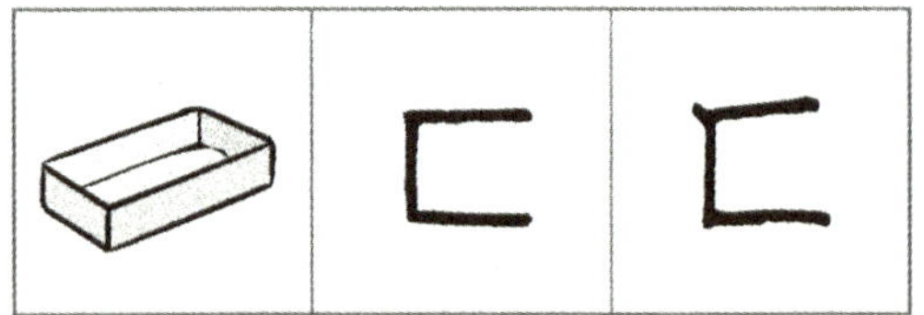

절 함
折 檻

> **【뜻풀이】** 임금께 간언(諫言)을 하면서 난간을 부러뜨린다는 뜻으로, 몹시 간곡하게 간하는 것을 표현한 말이다.

【고사】 한(漢)나라 성제(成帝) 때의 인물 주운(朱雲)은 뛰어난 유학자로서 바른말을 잘하기로 유명하였다.

당시 성제의 존경을 받는 장우(張禹)라는 정승이 있었는데, 그는 성제가 태자로 있을 때 스승이었다. 장우가 황제의 총애를 믿고 위세를 부리자 주운은 황제에게 거침없이 간언을 올렸다.

"지금 조정의 대신들은 위로는 폐하를 바르게 인도하지 못하고 아래로는 백성들에게 이로울 것이 없는 녹(祿)을 도둑질하는 자들뿐입니다. 제게 참마검(斬馬劍)을 하사하신다면 폐하의 간사한 신하 한 사람의 목을 베어 다른 대신들의 경계로 삼고자 합니다."

성제가 물었다.

"그 간사한 신하란 누구인가?"

"안창후(安昌侯) 장우입니다."

주운이 서슴없이 이름을 대자 성제는 고함을 쳤다.

"하급 관리가 윗사람을 비방하고 임금의 스승을 모욕하니, 그 죄는 사형에 처해도 시원치 않을 것이다. 당장 끌어내라."

무관이 달려들어 주운을 끌어내려 하자 그는 어전(御殿)의 난간을 붙잡고 하던 간언을 멈추지 않아 마침내 난간이 부러지고 말았다. 훗날 부러진 난간을 수리하려고 하자 성제는 이렇게 말렸다.

"새로 갈지는 말고, 부서진 조각을 모아서 붙이도록 하라. 곧은 말로 간한 신하의 충절을 나타내는 징표로 삼겠다."

【출전】《한서(漢書) 주운전(朱雲傳)》

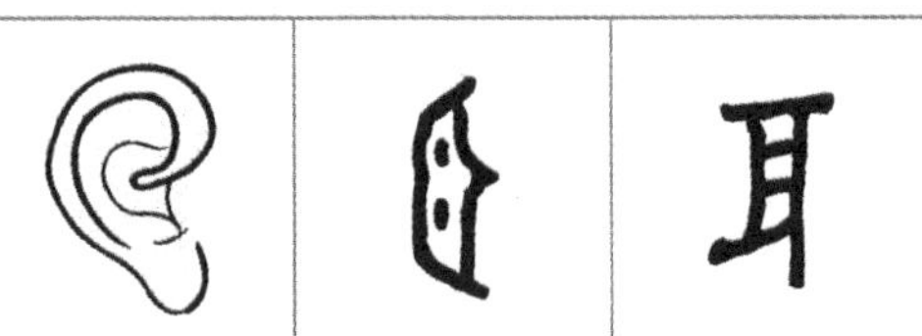

절 향
絶 響

끊어질절 소리향

【뜻풀이】 음악 가락이 끊어지게 되었다는 뜻으로, 학문이나 예술의 맥락이 단절됨을 비유한다.

【고사】 삼국 시대 때 유명한 문학가이며 사상가인 혜강(嵇康)은 죽림칠현(竹林七賢)의 한 사람으로도 유명하다. 그는 어려서부터 여러 방면에 재능이 뛰어났는데 특히 거문고를 잘 탔다. 한번은 낙서(洛西) 지방을 유람하다 날이 저물어 화양정(華陽亭)이란 정자에서 혼자 자게 되었다. 무료하여 행장에서 거문고를 꺼내 연주하다 밤이 깊어가는 줄도 몰랐는데 그때 어디선가 갑자기 낯선 사람 하나가 나타나서 음률(音律) 이야기를 나누다 의기투합(意氣投合)하게 되었다. 그 사람이 혜강의 거문고로 한 곡조를 타는데 성조(聲調)가 맑고 깨끗한 것이 지금껏 들어보지 못한 곡조였다.

"지금 타신 곡은 무슨 곡입니까?"

"광릉산조(廣陵散調)라는 곡입니다."

"저에게 전수(傳授)해 주실 수 없는지요?"

"가르쳐 주기는 하겠으나 절대 다른 사람에게 전수해서는 안 됩니다."

그날 밤 혜강은 그 곡조를 다 익혔는데 날이 밝자 그 사람은 시종 자신의 성명을 알려 주지 않고 사라졌다.

후일 혜강은 다른 사람의 모함을 받아 대장군 사마소(司馬昭)에게 죽

음을 당하게 되었다. 동쪽 저자에서 형을 받으면서 자기 거문고를 가져
다주기를 청해 마지막으로 한 곡을 연주했는데 그게 바로 광릉산조였
다. 타기를 마친 혜강이 한 마디 했다.

　“내가 죽는 것은 아까울 게 없지만 이 곡조가 끊어지게 된 것이 애석
하다. 다른 사람에게 전수하지 못한 게 한이로구나!”

　그러고는 조용히 형장의 이슬로 사라져 광릉산조는 전해지지 못하게
되었다.

【출전】《진서(晉書) 혜강전(嵇康傳)》

정위전해
精衛塡海

【뜻풀이】 정위라는 새가 바다를 메운다는 뜻으로, 뜻은 장하지만 실현하기 어려운 이상(理想)을 비유한다.

【고사】 발구산(發鳩山)에 산뽕나무가 많이 자라는데 거기에 정위(精衛)란 새가 살고 있다. 모습이 까마귀 비슷한데 머리에 청색과 흰색 꽃무늬가 있고, 부리는 희며 붉고 작은 발톱을 지닌 아름다운 새이다. 온종일 땅에 머물지 않고 '정위, 정위' 자기 이름을 외치며 날아다닌다고 한다.

전설에 의하면 이 정위조의 전신(前身)은 상고 시대 염제(炎帝)의 사랑스런 딸로 이름은 여와(女娃)라 한다. 소녀 시절 집을 떠나 동해(東海)로 놀러갔다가 불행히 바다에 빠져 죽어 그 원혼이 정위조가 되었는데 자신을 빠뜨려 죽게 한 동해에 복수를 하기 위해 날마다 서산(西山)에서 나뭇가지와 돌멩이를 물어다 바다를 메우기 시작했는데 아직도 다 메우지 못하고 있다는 것이다.

【출전】 《산해경(山海經) 북해경(北海經)》

정중지와
井中之蛙

【뜻풀이】 우물 안 개구리, 즉 견문이 좁아서 넓은 세상의 사정을
모름의 비유이다.

【고사】 황하(黃河)의 신(神)인 하백(河伯)이 흐르는 물을 따라 처음으로
바다에 나와 북해(北海)까지 가서 동해(東海)를 바라보면서, 그 끝이 없
는 넓음에 놀라 북해의 신(神)인 약(若)에게 말했다. 그러자 북해의 신
(神) 약이 이렇게 말했다.

"우물 안에서 살고 있는 개구리에게 바다를 얘기해도 알지 못하는 것
은, 그들이 좁은 장소에서 살고 있기 때문이며, 여름 벌레에게 얼음이
있다는 사실을 말해도 알지 못하는 것은, 그들이 여름만을 굳게 믿고 있
기 때문이다. 식견(識見)이 좁은 사람에게는 도(道)를 말해도 알지 못하
거니와, 그것은 그들이 상식의 가르침에 구속되어 있기 때문이다. 그러
나 당신은 지금 좁은 개울에서 나와 큰 바다를 바라보고, 자기의 작음을
알았기 때문에 이제 더불어 큰 진리에 대하여 말할 수 있을 것이다."

【원문】 北海若曰 井蛙不可以語於海者,拘於虛也. 夏蟲不可以語於氷者
篤於時也 曲士不可以語於道者 束於敎也 今爾出於崖涘 觀於大海 乃知
爾醜 爾將可與語大理矣

【출전】 《장자(莊子) 추수(秋水)》

제 인 교 처
齊 人 驕 妻

나라이름제 사람인 잘난체할교 아내처

【뜻풀이】 제나라의 어떤 사람이 자기 처첩(妻妾)에게 교만을 떨었다는 뜻으로, 사소한 권세나 부귀를 가지고 거드름을 피우는 사람을 비유한다.

【고사】 제(齊)나라에 어떤 사람이 아내와 첩을 데리고 살았는데 매일 외출을 했다가 돌아오면 술에 취해 돌아왔다. 아내가 오늘은 또 어디서 누구와 마셨느냐고 물으면 그는 잔뜩 뽐내며 매양 그 지방의 저명인사들의 이름을 대면서 그들과 함께 배불리 실컷 마셨다고 하였다. 그런 날이 오래 계속되자 부쩍 의심이 든 아내가 첩에게 말했다.

"서방님이 날마다 그처럼 저명한 분들과 사귀면서 술을 마신다면 가끔 우리 집에 찾아오는 손님도 있어야 할 것인데 찾아오는 사람이 전혀 없으니 아무래도 이상하지 않은가?"

그러고는 이튿날 남편 몰래 뒤를 밟으니, 남편이 재빨리 성안을 빠져나가는데 거리에서 만나 이야기를 나누거나 아는 척하는 사람이 하나도 없었다. 그런데 교외로 나간 남편이 찾은 곳은 바로 공동묘지였다. 종일 장사 지내는 곳을 찾아다니며 주식(酒食)을 얻어먹는 것이 그가 배불리 먹고 실컷 취하는 방법이었던 것이다.

집으로 돌아온 아내가 첩에게 말했다.

"우리가 남편을 섬기며 사는 것은 그분의 인격을 믿고 의지하려는 것인데 이제 이 모양이니 우리는 장차 어떻게 해야 좋겠는가?"

이렇게 한탄하면서 통곡하고 있는데 이런 사실을 모른 채 집으로 돌아온 남편은 의기양양했다고 한다.

【출전】 《맹자(孟子) 이루(離婁)》

糟糠之妻 不下堂

술지게미조 쌀겨강 어조사지 아내처 아닐불 아래하 집당

【뜻풀이】 조강지처는 집이 가난하여 술지게미와 쌀겨를 먹으며 함께 고생한 아내라는 뜻으로, 흔히 부귀(富貴)해져도 그런 아내는 버려서 안 된다는 뜻으로 쓰인다.

【고사】 후한(後漢) 광무제(光武帝) 때 송홍(宋弘)이라는 사람이 있었는데, 얼굴이 잘 생기고 성품이 온후하여 명망(名望)이 높았다. 광무제에게 갓 과부가 된 호양공주(湖陽公主)라는 누나가 있었는데, 광무제가 공주의 뜻을 떠보기 위해 조정 대신들의 인물평을 함께 해보고는 그녀가 송홍을 사모하고 있음을 알았다. 이에 광무제는 병풍 뒤에 호양공주를 숨겨 두고 조용히 대사공(大司空) 송홍을 불러 그의 뜻을 물었다.

"세상에서 말하기를 귀하게 되면 친구를 바꾸고, 부유해지면 아내를 바꾼다고 하는데, 경의 생각은 어떠하오?"

그 말에 송홍은 거침없이 이렇게 대답하였다.

"폐하, 듣건대 '빈천할 때 사귄 친구는 잊지 말아야 하고[貧賤之交不可忘], 조강지처는 내보내지 않는다[糟糠之妻不下堂]' 라고 하였습니다."

송홍이 나간 후 광무제는 호양공주에게 "우리의 계획은 다 틀렸습니다."하고 탄식하였다.

【원문】 時帝姉湖陽公主新寡 帝與共論朝臣 微觀其意 主曰 宋公威容德

器 群臣莫及 曰 方且圖之 後弘被引見 帝令主坐屏風後 因謂弘曰 諺言
貴易交 富易妻 人情乎 弘曰 臣聞貧賤之知不可忘 糟糠之妻不下堂 帝
顧謂主曰 不諧矣

【출전】《후한서(後漢書) 권 26 송홍전(宋弘傳)》

조삼모사 朝三暮四

아침조 석삼 저물모 넉사

【뜻풀이】 아침에는 도토리 세 개, 저녁에는 네 개라는 뜻으로, 얄팍한 꾀로 남을 속이는 것을 말한다. 또는 눈앞에 보이는 이익만 알고 결과는 같음을 모르는 비유이다.

【고사】 송(宋)나라에 저공(狙公)이라는 사람이 원숭이 여러 마리를 기르고 있었다. 워낙 많은 원숭이를 기르다 보니 먹이를 대기가 힘겨워 어느 날, 아침 저공이 원숭이들에게 물었다.

"지금부터는 너희들에게 주는 도토리를 줄여 아침에 세 개, 저녁에 네 개씩 주겠다."

그랬더니 우리 안의 원숭이들은 펄쩍 뛰었다. 그것만 먹고는 배가 고파서 못 산다고 아우성이었다. 그러자 저공이 말을 바꾸었다.

"좋다. 그러면 아침에 네 개, 저녁에 세 개씩 주면 되겠느냐?"

그랬더니 원숭이들은 모두 그렇게 하면 좋다고 고개를 끄덕거렸다.

【원문】 狙公賦芋 曰朝三而暮四 衆狙皆怒 曰然則朝四而暮三 衆狙皆悅

【출전】 《장자(莊子) 제물론(齊物論)》

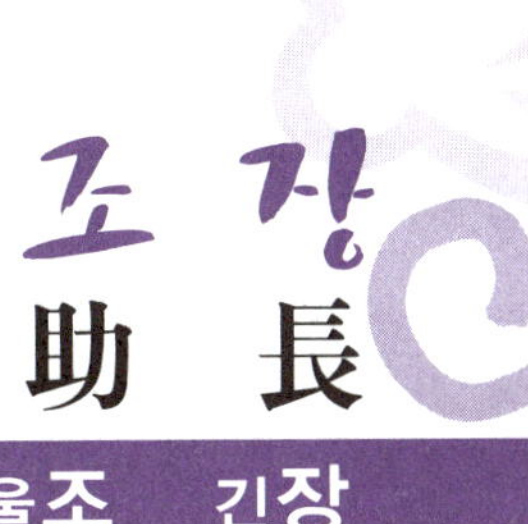

助 長
도울조　긴장

【뜻풀이】 성장을 돕는다, 억지로 자라게 한다는 뜻이다.

【고사】 제자 공손축(公孫丑)이 맹자(孟子)에게 '호연지기(浩然之氣)'에 대해 묻자 맹자는 설명하기가 지극히 어렵다면서 이렇게 대답했다.

"이 호연지기란 정직함으로써 잘 기르고 해침이 없으면 천지간에 꽉 차게 된다. 즉 의리를 많이 축적해서 생겨나는 것이지 하루아침에 갑자기 생겨나는 것은 아니다. 그러므로 마음에 잊지도 말고, 억지로 조장 (助長)하지도 말아서, 송(宋)나라 사람 같은 일은 하지 말아야 한다."

그러고는 다음과 같은 송나라 사람의 이야기를 들려주었다.

"송나라의 한 농부가 자신의 벼만 잘 자라지 않자 하루는 논에 가서 벼를 하나하나 손으로 뽑아 키를 늘려 놓았다 그러고는 집으로 돌아와 의기양양하게 '오늘 내가 벼를 자라도록 도와주고 왔더니 피곤하다. [今日病矣 子助苗長矣]' 라고 하기에 아들이 무슨 일인가 싶어 급히 논 으로 달려가 보니 벼 싹이 모두 말라죽어 있었다고 한다.

【출전】《맹자(孟子) 공손축(公孫丑) 상(上)》

413

좌단우단
左袒右袒

【뜻풀이】 왼쪽 어깨를 드러내는 것을 좌단이라 하는데 이는 의(義)를 위해 찬성한다는 표시요 오른쪽 어깨를 드러내는 것은 반대한다는 뜻을 표시한다.

【고사】 한고조(漢高祖)가 죽자 여태후(呂太后)가 집권하여 그 친정인 여씨 일족들이 발호하여 조정을 장악해 조정 대신들은 힘을 쓰지 못했다. 그러다 태후마저 죽자 승상 진평(陳平)과 태위(太尉) 주발(周勃)이 여씨 타도에 나섰는데 여록(呂祿)이 장악하고 있던 북군(北軍) 영문 안에 간신히 들어간 주발(周勃)이 군사들에게 선언했다.

"우리 고조(高祖)께서 유씨(劉氏)가 아닌 자는 왕을 삼을 수 없다고 하셨는데 지금 여씨 세 사람이 왕이 되어 나라의 권력을 마음대로 휘두르고 있다. 오늘 여씨들을 제거하기 위해 정의의 깃발을 들었으니 유씨를 위해 싸울 사람은 왼쪽 어깨를 벗고 나를 따르고 여씨를 위하겠다는 자는 오른쪽 어깨를 벗으라!"

그러자 군사들은 일제히 왼쪽 어깨를 벗고 주발을 따름으로써 마침내 여씨를 일망타진하였다.

【출전】 《한서(漢書) 고후기(高后紀)》

좌 회 불 란
坐 懷 不 亂

【뜻풀이】 여자를 품고 있으면서도 음란하지 않는다는 뜻으로, 남녀가 상종(相從)하면서 고상한 인품을 지킴의 비유이다.

【고사】 춘추시대 노(魯)나라 사람 유하혜(柳下惠)는 인품이 고상했다. 하루는 비가 내리는데 비에 흠뻑 젖은 한 부인이 유하혜의 처마 밑으로 들어와 비를 피했다.

추운 날씨에 부들부들 떠는 것이 불쌍해서 방안으로 들어오게 해 자기의 옷으로 갈아 입혀 품에 안고 체온으로 덥혀 주면서도 조금도 음란한 생각을 하지 않았는데 그런 말을 전해들은 사람들도 전혀 의심하지 않았다.

그 후 노나라에 또 한 홀아비가 혼자 살고 있었는데 하루는 이웃에 사는 과부가 찾아와 문을 두드리며 애절하게 호소했다.

"문 좀 열어 주세요. 소낙비에 집이 무너져 잠잘 곳이 없으니 하루 밤만 재워 주세요."

홀아비가 문을 열어 주지 않으면서 말했다.

"어서 돌아가시오. 남녀칠세부동석(男女七歲不同席)이란 말도 들어보지 못했소? 당신처럼 나이도 젊고 예쁜 여자가 어디를 들어와 재워 달라는 것이오?"

과부가 말했다.

"당신은 유하혜의 일도 들어 보지 못했소? 여자를 품고 밤을 보내면서 전혀 음심(淫心)을 품지 않았다고 하잖소?"

홀아비가 잘라 말했다.

"절대 안 되오. 나는 아직 유하혜를 배우지 못해 그렇게 할 자신이 없소. 어서 돌아가시오."

과부는 할 수 없이 문밖에서 쫓겨나고 말았다.

【출전】《순자(荀子) 대략(大略)·공자가어(孔子家語) 호생(好生)》

주지육림
酒池肉林

술주 못지 고기육 수풀림

【뜻풀이】 술로 못을 만들고 나뭇가지에 고기를 매달아 숲을 이루어 그 안에서 실컷 마시며 즐긴다는 뜻으로 극히 호화방탕한 생활을 비유한다.

【고사】 은(殷)나라 마지막 왕인 주(紂)는 성품이 민첩하고 재력(才力)이 남보다 월등하게 뛰어나 맨손으로 맹수를 때려잡았다. 지혜가 있어 자신의 잘못을 간하는 말을 물리치기에 충분하고, 말을 잘하여 비행을 변명하기에 충분했다.

신하들보다 자신이 잘났다고 자랑하기를 좋아하였으며 술과 음란한 음악을 좋아하고 달기(妲己)란 여자를 총애하여 그녀의 말이라면 무엇이든 들어 주었다.

그녀의 청을 들어 악사(樂師)로 하여금 새로 음탕한 음악과 춤을 만들게 해 즐기느라 세금을 무겁게 거두었으며, 궁궐을 넓혀 아름답게 꾸며 정원에 기화요초를 심고 이상한 새와 짐승을 기르며 술로 연못을 채우고 나뭇가지에 고기를 매달아 숲을 만들어 발가벗은 남녀로 하여금 뛰어놀면서 밤새 즐기도록 했다.

【출전】 《사기(史記) 은본기(殷本紀)》

죽마고우
竹馬故友

대나무죽　말마　예고　벗우

> **【뜻풀이】** 대나무로 만든 말을 함께 타고 놀던 어릴 때 친구. 죽마
> 지교(竹馬之交), 죽마지호(竹馬之好), 죽마구우(竹馬舊友)
> 도 같은 말이다.

【고사】 진(晉)나라 간문제(簡文帝) 때 은호(殷浩)는 온후박학(溫厚博學)한 인물로서 《노자(老子)》와 《역경(易經)》을 읽으며 은거하고 있었는데 그의 어릴 때 친구 환온(桓溫)이 촉(蜀) 땅을 평정하고 돌아와 권세가 날로 커지고 있었다.

이를 염려한 간문제는 환온을 견제하기 위해 마다하는 은호를 권하여 양주자사(揚州刺史)를 삼아 마침내 두 사람은 반목하는 처지가 되고 말았다. 왕희지(王羲之)가 두 사람을 화해시키려고 노력했으나 은호가 완강하게 거절하여 결국 뜻을 이루지 못했다.

이 무렵 후조(後趙)의 왕이 죽자 그 나라에 내분이 일어나 진나라에서는 이 기회에 중원을 회복하려고 은호를 오주군사(五州軍事)에 임명하여 출정시켰다. 그런데 출발에 앞서 은호가 낙마(落馬)하자 사람들은 상서롭지 못하다 하였다.

과연 은호가 참패하고 돌아오자 환온은 이 기회를 틈타 은호를 탄핵하여 서인(庶人)으로 강등시킨 후 신안현으로 귀양 보냈다. 그리고는 사람들에게 이렇게 말했다.

"나는 어려서 은호와 함께 죽마를 타고 놀았는데, 내가 싫증이 나서

죽마를 버리면 언제나 그가 주워서 가지고 놀았다. 그러니 그가 내 밑에 있어야 하는 것은 당연한 일이 아니겠는가!”

그 후 은호는 귀양지에서 평온한 마음으로 지내다 죽었다.

【원문】 浩少與溫齊名　而每心競　溫嘗問浩　君何如我　浩曰　我與君周旋久　寧作我也　溫旣以雄豪自許　每輕浩　浩不之憚也　至是　溫語人曰　少時吾與浩共騎竹馬　我棄去　浩輒取之　故當出我下也

【출전】《진서(晉書) 은호전(殷浩傳)》

증모투저
曾母投杼

성씨증 어미모 던질투 북저

> 【뜻풀이】 증자(曾子)의 어머니가 아들이 사람을 죽였다는 세 번째 전언(傳言)에 베를 짜다 북을 던지고 쳤다는 고사에서 잘못 전해진 말도 여러 번 거듭되면 믿게 됨의 비유이다.

【고사】 옛날 증자(曾子)가 비읍(費邑)에 살 때 증자와 동명이인(同名異人)인 사람이 살인을 하였는데 이를 잘못 전해들은 사람이 증자의 집으로 달려와 그 어머니에게 증자가 사람을 죽였다고 알려 주었다.

그러나 아들을 누구보다 잘 아는 어머니는 "내 아들은 사람을 죽일 사람이 아니다."라고 하면서 태연히 짜던 베를 계속 짰다.

조금 후 또 다른 사람이 달려와서 똑같은 말을 했으나 증자의 어머니는 이를 믿지 않았다. 그러나 세 번째 어떤 사람이 달려와 '증삼(曾參 : 曾子)이 사람을 죽였습니다.' 라고 하자 그제서야 믿고 베틀에서 내려와 담장을 넘어 도망했다고 한다.

【출전】 《전국책(戰國策) 진책(秦策) 2》

증 자 살 체
曾 子 殺 彘

【뜻풀이】 증자가 돼지를 잡아 아들에게 먹였다는 뜻으로, 신용을 굳게 지켜 식언(食言)을 하는 일이 없어야 함의 비유이다.

【고사】 증삼(曾參 : 曾子)은 부모에게 효성이 지극하기로 유명한 공자(孔子)의 제자 중 한 사람이다. 하루는 집에 있는데 아내가 시장을 가려고 하니 아들이 따라가겠다고 떼를 쓰며 울었다. 그러자 아내가 아이를 달래는 소리가 들렸다.

"집에서 울지 말고 기다리고 있으면 엄마가 장에 다녀와 돼지를 잡아주마."

그런데 아내가 집에 돌아와 보니 증자가 뒤뜰에서 돼지를 잡고 있지 않은가!

"당신 지금 뭐하시는 거예요?"

"당신이 아까 아이에게 돼지를 잡아준다고 하지 않았소? 그래서 돼지를 잡는 중이오."

"당신도 딱하시우. 그거야 내가 아이를 달래려고 그냥 한 말인데……"

아내의 말을 들은 증자가 정색을 하고 엄숙하게 말했다.

"어린 아이들은 모든 것을 부모에게 배우며 자라는데 거짓말을 가르칠 수는 없는 일 아니오? 지금 우리가 그 애에게 거짓말을 하면 그 아이가 커서 우리나 사회에 거짓말을 예사로 할 게 뻔하오."

증삼의 말에 아내는 할 말을 잃었다.

【출전】 《한비자(韓非子) 외저설(外儲說) 상(上)》

指鹿爲馬

【뜻풀이】 사슴을 가리켜 말이라고 한다는 뜻으로, 곧 사실이 아닌 것을 억지를 써 시비(是非)를 혼동시키는 것을 비유한다.

【고사】 진시황(秦始皇)이 죽은 후, 태자(太子) 부소(扶蘇)가 자리를 잇게 되었으나 승상 이사(李斯)와 환관(宦官) 조고(趙高)의 농락에 의해 동생인 어린 호해(胡亥)가 즉위하니, 이가 진이세(秦二世)이다.

이리하여 조고는 경쟁자 이사 및 선왕(先王) 때의 구신과 왕자, 장군 등을 죽이고 정승이 되었다.

그리고 자기에게 반대하는 신하들을 찾아내기 위해 계교를 부렸다. 어느 날, 그는 사슴 한 마리를 황제께 바치면서 이렇게 말했다.

"말 한 필을 헌상하옵니다."

그러자 이세가 웃으면서 말했다.

"승상은 무얼 착각하고 있는 모양이오. 이는 말이 아니라 사슴이오."

이세가 좌우를 둘러보며 동의를 구했으나 신하들은 묵묵히 있거나 혹은 말이라고 맞장구치면서 조고에게 아첨까지 하였다.

그 중 말이 아니라고 바른 말을 한 사람도 있었는데 조고는 그 사람을 눈 여겨 보아 두었다가 다른 구실을 붙여 모조리 죽여 버렸다.

마침내 이세까지 죽이고 부소의 아들 자영(子榮)을 세우지만 마침내 자영에 의해 죽고 만다.

【원문】 趙高欲爲亂 恐群臣不聽 乃先設驗 指鹿獻於二世 日馬也 二世
笑日 丞相誤耶 謂鹿爲馬 問左右 左右或默 或言馬以阿順趙高 或言鹿
高因陰中諸言鹿者以法

【출전】《사기(史記) 진시황본기(秦始皇本紀)》

지상담병 紙上談兵

종이지 위상 이야기담 군사병

【뜻풀이】 책상 머리에서 전쟁의 일을 논한다는 말로, 공리공론(空理空論), 또는 실현 가능성이 없는 일을 비유한다.

【고사】 전국(戰國) 말년에 진(秦)나라와 조(趙)나라의 군대가 장평(長平)이란 곳에서 대치하고 있었다. 이때 조나라에는 명장 조사(趙奢)가 이미 죽고 상국(相國) 인상여(藺相如)는 중병을 앓고 있어 노장(老將) 염파(廉頗)를 내보내 대항하게 하였다. 그러자 염파를 두려워한 진나라 군사들이 소문을 퍼뜨렸다.

"늙은 염파 장군이야 겁날 것이 없지만 우리가 참으로 겁내는 것은 젊은 조괄(趙括)이 대장이 되는 것이다."

이런 소문을 믿은 조나라 효성왕(孝成王)은 즉시 조괄을 보내 염파와 교대하게 하였다. 조괄은 명장 마복군(馬服君) 조사(趙奢)의 아들로 어려서부터 병법(兵法)을 배워 스스로 천하에 병법으로는 자신을 당할 자가 없다고 자부하는 인물이었다. 한번은 아버지 조사와 병법을 논하였는데 이론으로는 조사가 아들을 당하지 못했으나 아들이 잘한다고 여기지 않는 것을 이상하게 여긴 아내가 까닭을 묻자 이렇게 말했다.

"전쟁터는 사지(死地)인데 저 애가 저처럼 자신만만하여 쉽게 말하니 큰 일이오. 만일 나라에서 저 아이를 장수로 삼는다면 반드시 조나라 군사를 망치고 말 것이오."

그런 아들이 장수로 출전하게 되자 조괄의 어머니가 왕에게 아들을 장수로 삼지 말라는 글을 올렸다. 이상하게 여긴 왕이 연유를 물으니 어머니가 대답했다.

"그 아이의 아버지는 장수가 되어서 몸소 밥그릇을 들고 다니며 먹이는 군사가 십수 명이었고, 군사들로 친구를 삼은 자가 수 백 명이었으며 자신이 받은 상(賞)은 모두 부하들에게 나누어 주었으며 전쟁터로 떠나면서는 집안일을 묻지도 않으셨습니다. 그런데 지금 아들 괄은 한번 장수의 명을 받자 군사들이 감히 똑바로 쳐다보지 못하고 대왕께서 내린 상을 모두 집으로 가져와 보관하는가 하면 날마다 좋은 땅을 사들이기에 여념이 없습니다. 그러니 제발 장수를 삼아 보내지 마소서."

"그만 두시오. 내가 이미 결정한 일이오."

그러자 어머니가 다짐을 받았다.

"좋습니다. 기어이 보내시어 만일 잘못되는 일이 있어 죄를 내리시더라도 저나 가족을 연좌시키지는 마십시오."

전쟁터에 이른 조괄은 즉시 염파가 세운 약속과 규율을 모조리 바꾸고 부서를 재배치해 출격했다가 자신은 화살에 맞아 죽고, 크게 패해 장평 싸움에서 조나라는 40만 대군을 잃었다.

【출전】 《사기(史記) 염파인상여열전(廉頗藺相如列傳)》

지 어 지 앙
池 魚 之 殃

못지 물고기어 어조사지 재앙앙

【뜻풀이】 까닭 없이 연못 속 물고기가 뜻밖의 재앙을 당한다는 뜻으로, 화(禍)가 엉뚱한 곳에 미치거나 공연히 재난에 말려드는 것을 비유하는 말이다.

【고사】 춘추시대 송(宋)나라 때의 일이다. 사마(司馬) 환퇴(桓魋)가 귀한 보석을 가지고 있었는데 한번은 죄를 짓고 보석을 가지고 종적을 감추어 버렸다.

그 보석이 탐이 난 왕은 신하들에게 기어이 환퇴를 찾아내어 보석을 감춰둔 장소를 알아 다시 보내도록 했다.

환관이 간신히 환퇴를 찾아내어 묻자 환퇴는 그 보석을 궁궐 연못 속에 던져버렸다고 했다.

왕은 당장 그물로 연못 바닥을 훑어보게 했으나 허사였다. 그래서 이번에는 연못의 물을 다 퍼낸 다음 바닥을 샅샅이 뒤지게 했으나 보석은 발견되지 않았고, 애꿎은 물고기들만 말라죽고 말았다.

【출전】 《여씨춘추(呂氏春秋) 필기(必己)》

大

차 저 대 주
借 箸 代 籌

빌릴차 젓가락저 대신할대 헤아릴주

【뜻풀이】 상대방의 젓가락을 빌려 작전계획을 설명한다는 말로, 남을 대신하여 계획을 세움.

【고사】 한(漢)의 유방(劉邦)과 초(楚)의 항우(項羽)가 한참 각축(角逐)을 다툴 때 하루는 유방의 모신(謀臣) 역이기(酈食其)가 건의했다.

"폐하께서 항우를 제압하시려면 진(秦)나라에 의해 멸망한 육국(六國 : 晉·趙·韓·魏·燕·濟)을 회복시켜 제후(諸侯)로 봉해 주는 것보다 좋은 방법이 없습니다. 옛날 탕왕(湯王)이나 무왕(武王)께서도 걸(桀)이나 주(紂)를 멸망시킨 후 그 후손을 제후로 봉했습니다. 이제 대왕께서도 여섯 나라를 봉해 주면 그들이 대왕의 은혜에 감격하여 충성을 다하게 되어 항우의 형세가 점점 고단해져 우리의 상대가 되지 못할 것입니다.

그 말을 그럴 듯하게 여긴 유방이 말했다.

"좋은 계책이니 그대가 책임지고 즉시 여섯 나라 후예에게 인장(印章)을 새겨 보내 제후로 봉하시오!"

유방이 밥상을 대하고 있는데 얼마 후 참모(參謀) 장량(張良)이 들어왔다.

"방금 역이기가 여섯 나라를 제후로 봉하여 항우의 세력을 고립시키자고 하기에 허락했는데 그대의 생각은 어떻소?"

유방의 말을 들은 장량이 급히 물었다.

"누가 그런 계책을 올렸는지 모르지만 그렇게 하시면 폐하의 대사(大事)는 끝장입니다."

“왜 그렇다는 것인가?”

“잠시 들고 계시는 젓가락을 좀 빌려 주시면 왜 그런지 자세히 설명하겠습니다.”

젓가락을 받아든 장량이 젓가락 짝을 이리 저리 놓으면서 설명해 나갔다.

“은(殷)나라의 탕왕이나 주(周)나라 무왕이 걸왕과 주왕을 멸망시켰을 때는 각국 제후를 사지(死地)에 몰아넣었다가 다시 봉해 주었는데 지금 폐하께서는 항우를 사지로 몰아넣지 않으셨습니까?”

유방이 머리를 흔들었다.

“사지로 몰아넣기는커녕 내가 그에게 포위당해 하마터면 죽을 뻔하지 않았던가?”

“탕왕이나 무왕이 제후를 나누어 봉한 것은 적을 완전히 소멸시키고 무기를 거두어 녹이고 군사와 전마(戰馬)를 다 돌려보내 천하가 평화롭게 된 후의 일이었습니다. 그런데 지금 폐하 휘하의 장수와 군사들은 모두 전의 여섯 나라에서 처자와 생이별을 하고 달려와 피땀을 흘리며 폐하를 위해 싸우고 있는데 무엇을 위해 그 고생을 했겠습니까? 모두 나라를 얻게 되면 작은 땅이라도 얻을까 싶어 그런 것입니다. 그런데 지금 여섯 나라를 나누어 봉해 버리면 그들이 하루아침에 흩어질 것인데 폐하는 누구와 더불어 천하를 다투시겠습니까? 그래서 제가 폐하의 일이 끝장이라고 말씀드린 것입니다.”

장량의 말을 듣고 난 유방이 씹고 있던 입안의 밥알을 역이기에게 내뱉으며 버럭 고함을 질렀다.

“어리석은 서생놈이 하마터면 내 큰 일을 망칠 뻔했구나!”

【출전】 《사기(史記) 유후세가(留侯世家)》

착도대필 捉刀代筆

잡을착 칼도 대신할대 붓필

【뜻풀이】 착도는 칼을 들고 서 있는 위사(衛士)란 뜻으로, 남을 대신하여 문장(文章)을 짓는 것을 뜻한다.

【고사】 착도에 대해서는 다음과 같은 재미있는 일화가 전한다. 삼국(三國) 위(魏)의 조조(曹操)가 흉노(匈奴)의 사신을 접견하게 되었는데 아무리 생각해 보아도 자신의 위엄 없는 용모로는 흉노 사신을 위복(威服)시킬 수 없을 듯했다. 그래서 수하에 있는 용모가 준수한 무장(武將) 최계규(崔季珪)를 왕으로 변장시키고 자신은 칼을 든 위사로 변장하여 옆에 서 있었다. 접견이 끝나자 의심이 많은 조조인지라 흉노 사신에게 물었다. "그래, 당신이 보기에 우리 왕의 풍채가 어땠소?" 흉노 사신이 대답했다.

"위왕은 아량이 비상한 분이셨소. 그러나 내가 보기에 옆에 서 있는 위사야말로 진정한 영웅으로 보였소."

사신의 말을 들은 조조는 그의 뛰어난 안력(眼力)에 감탄했다.

"흉노에 저런 인물이 있다니! 살려 두면 후환이 되겠으니 죽여야겠다." 생각이 이에 미친 조조는 사람을 보내 그 사자를 죽이고 말았는데 이후 조조를 착도인(捉刀人)이라 하고, 남을 대신해 문장을 짓는 것을 착도대필이라 하게 되었다.

【출전】 《세설신어(世說新語) 용지(容止)》

채 미 지 지
采 薇 之 志

【뜻풀이】 고사리를 캐어 먹으면서 망한 나라에 대한 절의를 지킴.

【고사】 은(殷)나라 때 고죽국(孤竹國)에 백이(伯夷)와 숙제(叔齊) 두 왕자가 있었는데 부왕은 아우인 숙제에게 왕위를 물려주었다.

부왕이 죽자 숙제는 동생인 자기가 왕위를 이을 수 없다고 굳이 고집하여 두 사람은 마침내 지위를 버리고 주문왕(周文王)에게 가서 의탁하려고 나라를 떠났다.

그런데 가는 도중 은나라 주왕(紂王)을 치러 가는 주무왕(周武王)의 군대와 마주쳤다.

그 사이 문왕이 죽고 그 아들 발(發)이 왕위를 게승하였던 것이다. 백이와 숙제가 무왕의 말고삐를 잡고 간(諫)했다.

"아버지의 상(喪)을 마치기 전에 군사를 일으킨 것을 효(孝)라고 할 수 있습니까? 신하로서 임금을 치는 것을 인(仁)이라 할 수 있습니까?"

그러자 무왕의 호위병들이 두 사람을 자객으로 알고 붙잡아 죽이려 하니 강태공(姜太公)이 말렸다.

"그만두어라. 어진 자들이다."

급기야 은나라가 망하고 주나라 천하가 되자 두 사람은 이를 부끄럽게 여겨 주나라의 곡식을 먹지 않겠다며 수양산(首陽山)으로 들어가 고사리를 캐어 먹다 굶주려 죽었는데 이때에 지은 채미가(采薇歌)가 전한다.

저 서산에 올라가서	(登彼西山兮)
고사리를 캐고 캐네	(采其薇矣)
포악으로 포악을 치면서	(以暴易暴兮)
잘못인 줄 모르네	(不知其非矣)
신농과 순과 우임금이	(神農虞夏)
갑자기 돌아가심이여	(忽焉沒兮)
나는 어디로 돌아가야 하나	(我安適歸矣)
아무리 한탄해도	(千嗟徂兮)
천명이 쇠퇴했네	(命之衰矣)

【출전】 《사기(史記) 백이열전(伯夷列傳)》

채 수 전
債 帥 錢

【뜻풀이】 장수가 되기 위해 뇌물로 쓸 돈을 빌린 후 그 부채를 임관(任官)후 토색질해서 갚는 일을 말한다.

【고사】 당(唐)나라 대력(大曆) 이후 정치가 부패하여 금군(禁軍)의 장교 자리 하나를 얻으려 해도 많은 뇌물을 쓰지 않으면 안 되었다. 그리하여 집이 가난한 자는 부잣집에서 돈을 빌려 뇌물로 벼슬을 얻거나 승진한 후 백성들에게 토색질을 해 갚았는데 이를 채수전이라 하였다. 그러나 그 후 배도(裴度)와 고우(高瑀)가 그 폐해를 근절시켰다.

【출전】 《구당서(舊唐書) 고우전(高瑀傳)》

척 포 두 속
尺 布 斗 粟

자척　베포　말두　곡식속

【뜻풀이】 한 자의 베와 한 말의 곡식이라는 뜻으로 형제간에 서로 불화(不和)함을 비유한다.

【고사】 한문제(漢文帝)의 동생 회남여왕(淮南厲王)이 문제의 신임만 믿고 교만을 떨다가 죄를 짓자 문제는 사정(私情)을 돌보지 않고 수레에 가두어 봉지(封地)로 압송하게 했다. 그러자 원앙(袁盎)이란 신하가 문제에게 간(諫)했다.

"상께서 회남왕에게 평소 엄한 스승의 가르침을 베풀지 않았기 때문에 이런 지경에 이르렀습니다. 회남왕은 성품이 강직한데 갑자기 이처럼 냉정하게 대하시다가 가는 도중 죽기라도 하면 폐하께서 동생을 죽였다는 악명을 듣게 됩니다."

"나도 그 때문에 많이 고심했는데 아무래도 사면(赦免)해야겠다."

문제가 사면령을 내리려고 하는데 죄인을 실은 수레는 이미 멀리 가버렸다. 지나가는 각 고을에서 침식도 제대로 제공하지 않으며 푸대접을 하자 회남왕이 모시고 따르는 신하에게 이렇게 말했다.

"누가 나더러 용감하다고 말했느냐? 내가 용감한 게 아니라 교만을 떨어 허물을 말해 주는 충고를 듣지 않다가 이 지경이 된 것이다. 한 세상 사는 동안 어찌 이런 고통을 당해야 하느냐?"

그러고는 음식을 먹지 않다 죽고 말았다. 옹(雍) 땅에 이르러 그곳 수령이 조정에 보고하자 문제가 심히 애통해 하며 원앙에게 말했다.

"내가 경의 말을 듣지 않다가 마침내 동생을 죽게 만들었구려. 이제 어떻게 해야 나라 사람들에게 내 진정이 아니었음을 알리겠는가?"

원앙이 대답했다.

"우선 죄 주기를 고집한 승상(丞相)과 어사대부(御史大夫)를 죽이십시오."

문제는 승상 장창(張倉)을 비롯하여 그동안 동생을 죽이라고 주청한 신하들과 제대로 대하지 않은 각 고을 수령들을 모조리 죽였으며 회남왕의 어린 아들들을 모두 후(侯)에 봉했다. 그런데도 민간에 이런 노래가 유행했다.

"한 자의 베로도 옷을 만들 수 있고 한 말의 곡식도 찧을 수 있는데 형제 두 사람이 서로 용납하지 못했네.[一尺布尙可縫 一斗粟尙可舂兄弟二人 不能相容]"

이 노래를 들은 문제가 탄식하며 말했다.

"요임금과 순임금도 골육(骨肉)을 귀양 보냈고 주공(周公)도 형제인 관숙(管叔)과 채숙(蔡叔)을 죽였는데도 성인이라고 부른다. 내가 사정을 쓰지 않다가 이렇게 되었는데 백성들은 내가 그의 봉지(封地)를 탐내어 죽인 것으로 여기는구나!"

【출전】 《사기(史記) 회남형산열전(淮南衡山列傳)》

天高馬肥

천고마비

하늘천 높을고 말마 살찔비

【뜻풀이】 하늘이 높고 말이 살찐다는 뜻으로, 하늘이 맑고 오곡 백과(五穀百果)가 무르익는 가을이란 뜻과 중국을 괴롭히는 흉노족(匈奴族)이 활동하기 좋은 계절이라는 뜻이다.

【고사】 중국 은(殷)나라 초기에 중국 북방에서 일어난 흉노는 주(周), 진(秦), 한(漢)의 세 왕조(王朝)를 거쳐 육조(六朝)에 이르는 근 2000년 동안 북방 변경을 끊임없이 침범 약탈해 온 사나운 유목 민족이었다.

그래서 고대 중국의 군주들은 흉노의 침입을 막기 위해 늘 고심했는데 전국시대에는 연(燕), 조(趙), 진(秦)나라의 북방 변경에 성벽을 쌓았고, 천하를 통일한 진시황(秦始皇)은 기존의 성벽을 수축(修築)하는 한편, 증축해서 만리장성(萬里長城)을 완성하였지만 흉노의 침입은 끊이지 않았다.

북방의 초원에서 방목과 수렵으로 살아가는 흉노에게는 우선 초원이 얼어붙는 긴 겨울을 살아야 할 양식이 필요했기 때문이다.

흉노족이 사는 곳은 중국의 북쪽에 위치해 있고 광활한 초원에서 방목과 수렵을 업으로 하고 있다.

봄부터 여름까지 풀을 먹은 말은 가을에는 토실토실하게 살이 찌지만 겨울이 되면 그들은 식량을 찾아 살찐 말을 타고 중국 변방을 쳐들어와 곡식이며 가축을 노략질해 가므로 가을이 되면 병사들을 독려해 경계를 강화시켰다. 그래서 북방 변경의 중국인들은 '하늘이 높고 말이 살찌는

[天高馬肥]’ 가을만 되면 언제 흉노가 쳐들어올지 몰라 전전긍긍(戰戰兢兢)했다고 한다.

두보(杜甫)의 할아버지 두심언(杜審言)이 흉노족을 막기 위해 변방으로 떠나는 친구 소미도(蘇味道)에게 “맑은 눈발이 아름답게 별 떨어지듯 하고, 가을 하늘은 드높고 변방의 말은 살이 찌네.[雪淨妖星落 秋高塞馬肥]”라는 오언율시(五言律詩) 한 편을 지어 위로한 데서 비롯된 말이라고 한다.

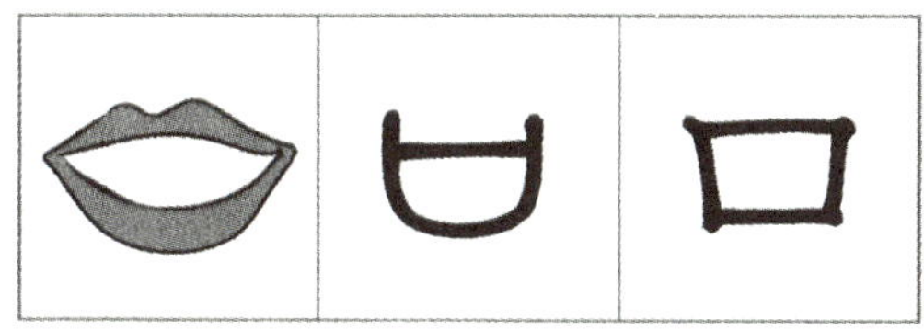

大 천금지자 불사어시

千金之子 不死於市

일천천 돈금 어조사지 아들자　아닐불　죽을사 어조사어 저자시

【뜻풀이】 부귀한 집 자제는 저자 거리에서 죽지 않음.

【고사】 도주공(陶朱公) 범려(范蠡)가 도(陶) 땅에서 이전의 신분을 숨기고 부자 행세를 하면서 만년을 보낼 때의 일이다. 하루는 둘째 아들이 초(楚)나라에서 살인을 하여 감옥에 갇혔다는 전갈이 오자 범려는 이렇게 말했다.

"사람을 죽였으면 죽는 것이 법이다. 그러나 들건대, '부잣집 아들은 저자에서 죽지 않는다.[千金之子 不死於市]' 라고 한다."

그러고는 막내아들에게 천금을 주어 초나라로 가 어떻게든 형을 구해내오라고 했다. 그러자 큰아들이 자신을 믿지 못해 동생을 보낸 것이라며 불평을 하고 부인도 큰아들 편을 들고 나섰다. 범려는 부득이 큰아들을 보내면서 평소 친분이 있는 초나라의 현인(賢人) 장생(莊生)에게 보내는 편지 한 통을 써 주면서 이렇게 일렀다.

"초나라에 도착하거든 이 편지를 천금의 돈과 함께 전하되 아무 말도 하지 말거라. 그러면 그 어른이 다 알아서 할 것이다."

큰아들이 초나라에 도착해 장생을 찾으니, 그는 변두리 허술한 집에서 가난하게 살고 있었다. 아버지의 말대로 편지와 천금을 전해주자 장생은 아무 말 없이 받고 나서 큰아들에게 말했다.

"동생이 풀려나 만나거든 얼른 초나라를 떠나게. 그리고 어떻게 석방되었는지에 대해서는 묻지도 말고 알려고도 하지 말게."

큰아들이 떠난 것을 본 장생은 그 길로 달려가 임금을 뵙고 말했다.

"지금 천문(天文)을 살펴보니, 별자리에 이상이 생겼는데 이는 우리 초나라에 해로울 징조입니다."

"그러면 과인이 어떻게 하면 좋겠소?"

초왕은 평소 장생을 존경하고 있던 터라 급히 물었다.

"덕정(德政)을 베푸는 것이 가장 좋은 방법입니다."

초왕은 이에 전국에 사면령(赦免令)을 내렸다. 그래서 갇혀 있던 동생도 자연 풀려나게 되었다. 이런 영문을 모른 큰아들은 장생에게 주고 온 천금의 돈이 아까워 다시 장생을 찾아갔다.

"마침 사면령이 내려 동생이 풀려나게 되었습니다. 그러니 아까 그 돈은 돌려주십시오"

"그랬던가? 자, 여기 있네."

장생은 두 말 없이 돈 자루를 꺼내 주었다. 그러고는 다시 궁궐로 들어가 초왕에게 말했다.

"왕께서 덕정을 베푸시느라 사면령을 내리셨으나 백성들은 이런 뜻을 모르고 도주공에게 뇌물을 받고 그 아들을 풀어주기 위해 내린 조치라고 수근거립니다."

이에 초왕은 크게 화를 내며 당장 그 아들을 죽인 다음 사면령을 시행하게 하였다. 그래서 큰아들은 동생의 시신을 싣고 돌아올 수밖에 없었다. 일이 이렇게 된 것을 본 범려가 쓴웃음을 지으면서 아내에게 말했다.

“나는 처음부터 이렇게 될 줄 알았소. 그래서 막내를 보내려 했던 것이오.”

“도대체 왜 일이 이렇게 되었지요?”

“큰애가 동생을 사랑하지 않아서 그런 것이 아니라, 그 아이는 나와 함께 갖은 고생을 하며 재산을 모았기 때문에 돈의 소중함을 너무나 잘 알고 있소. 그런데 비해 막내는 우리가 부유해진 뒤에 태어나 돈의 소중함을 모르기 때문에 장생에게 준 돈을 아까워하지 않았을 것이오.”

【출전】《사기(史記) 월왕구천세가(越王句踐世家)》

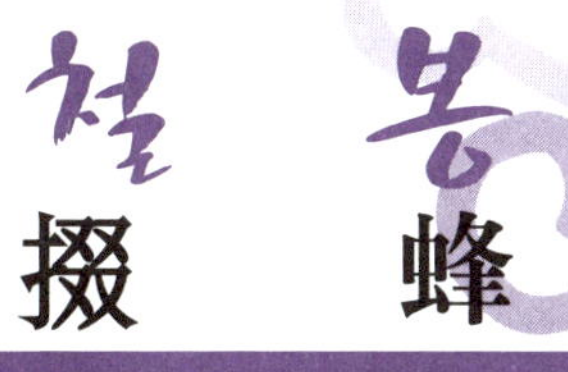

【뜻풀이】 치마에 붙은 벌을 떼어 주다 엉뚱한 오해를 받아 죽었다
는 고사에서 골육간(骨肉間)의 이간책을 뜻한다.

【고사】 주선왕(周宣王) 때의 중신(重臣) 윤길보(尹吉甫)는 북쪽으로 오
랑캐 험윤(玁狁)을 정벌해 중흥(中興)을 이룩한 사람이다.

그에게 백기(伯奇)라는 아들이 있었는데 계모와 사이가 원만하지 못했
으나 지극한 효성으로 섬겼다.

하루는 그 계모가 백기를 모함하기 위해 자기 치마에다 독침(毒針)을
뺀 벌을 붙여놓았는데 그걸 본 백기가 얼른 손을 뻗어 떼어 주려고 했
다.

그러자 계모는 갑자기 큰 소리로 외치기를 '얘가 나를 겁탈하려 한
다.' 라고 하니, 윤길보가 그 말을 믿고 백기를 의심하니, 백기는 자살하
고 말았다.

【출전】 《태평어람(太平御覽)》

청군입옹 請君入甕

청할청 임금군 들입 항아리옹

【뜻풀이】 그대는 독 속으로 들어가 형을 받으라는 뜻으로, 남을 해치던 방법으로 자신이 해를 당하게 됨을 이른다.

【고사】 당(唐)나라 측천무후(則天武后) 때의 가혹한 관리로 주흥(周興)과 내준신(來俊臣) 두 사람을 꼽는다.

이들은 자신의 뜻에 거슬리는 사람이 있으면 가혹한 형벌을 가해 죽이는 것을 예사로 삼아 사람들이 독사처럼 여겨 피했다.

그런데 조정에 주흥이 사람들과 반역을 모의한다는 밀고가 들어오자 측천무후는 내준신에게 주흥을 체포해서 신문하라는 밀명(密命)을 내렸다.

내준신은 이제까지 함께 악행을 저지른 주흥인지라 입장이 곤란했다. 그래서 주흥에게 사람을 보내 술이나 한 잔 하자며 청했다.

아무 영문을 모른 주흥이 오니 맞이하여 술이 몇 순배 돌자 내준신이 말했다.

"죄인 하나가 있는데 자백을 하지 않으니, 어떤 형벌을 가해야 좋은지 뭐 좋은 방법이 없을까?"

거나하게 취한 주흥이 뽐내듯이 일러주었다.

"내가 좋은 방법을 일러 주겠네. 큰 독 하나를 준비해 주위에 장작더미를 쌓고 불을 지펴 독이 빨갛게 단 후, 죄인을 그 안에 넣고 신문하면 그 누가 자백하지 않겠는가?"

내준신이 냉소(冷笑)를 흘리며 자초지종(自初至終)을 설명하고는 독을 준비해 불에 달군 다음 이렇게 말했다.

"그것 참으로 묘한 방법일세. 그러면 자네부터 그 독안으로 들어가 죽어 주어야겠네!"

【출전】《자치통감(資治通鑑) 당기(唐紀)》

청안백안 靑眼白眼

푸를청 눈안 흰백 눈안

【뜻풀이】 반가운 사람은 푸른 눈동자로, 달갑지 않은 사람은 흰눈동자로 대한다는 뜻이다.

【고사】 위진(魏晉) 때 죽림칠현(竹林七賢)의 한 사람인 완적(阮籍)은 많은 기행(奇行)을 남긴 인물이다.

성격이 소탈하고 자질구레한 예법에 구애받지 않았으며 더군다나 세상 사람들의 의논은 아랑곳하지 않았다.

한가한 날이면 하릴없이 수레를 타고 교외로 나가 말이 가는 대로 돌아다니다 길이 끝나 더 나아갈 수 없게 되면 수레에서 내려 한바탕 큰소리로 곡(哭)을 하고 집으로 돌아오니 사람들이 이를 두고 '완적이 막다른 길에서 곡한다.[阮籍哭窮道]'라고 하였다.

때로는 종일 문을 잠그고 책을 읽는데 이러기를 여러 달 계속하기도 하고, 하루 종일 산수 구경을 가서는 해가 저물도록 돌아오기를 잊기도 하였다.

경서(經書)를 두루 통하였는데 특히 노장(老莊)의 책에 밝았으며 술을 좋아하고 거문고를 잘 탔다.

본래는 세상을 경륜할 뜻을 두었으나 세상이 어지러워 명사(名士)들이 온전히 보전되는 자가 적은 것을 보고 마침내 술로 세월을 보낸 것이다.

위문제(魏文帝)가 아들 무제(武帝)를 위해 완적의 집에 혼인을 청했는데 완적이 두 달 동안이나 술에 취해 인사불성(人事不省)이 되자 중지하기도 했다.

이런 완적이지만 황제는 그를 끔찍이 아꼈다. 한번은 완적이 황제에게 청하기를 "제가 일찍이 동평(東平)에서 노닐며 그곳 산수를 좋아하게 되었습니다."라고 하자 황제는 그를 즉시 동평상(東平相)에 임명하여 부임하게 하였다. 그러나 완적은 나귀를 타고 부임했다가 며칠 만에 돌아왔다.

하루는 조회에서 법을 맡은 유사(有司)가 어미를 죽인 자가 있다고 보고하자 완적이 불쑥 한 마디 했다.

"아, 아비를 죽이는 것은 괜찮으나 어찌 어미를 죽인단 말인가?"

좌중 사람들이 모두 그의 망발에 놀라자 황제가 물었다.

"아비를 죽이는 것은 더없는 극악(極惡)인데 괜찮다니 무슨 말인가?"

"짐승은 어미만 알 뿐 아비는 모르니, 아비를 죽이는 자는 금수의 무리이지만 어미를 죽인 자는 금수만도 못하지 않습니까?"

그 말에 온 좌중이 머리를 끄덕였다. 완적은 비록 자질구레한 예절에 구애받지 않았으나 인물을 평하는 일이 없었으며 지극히 효성스러웠다.

친구와 내기 바둑을 두고 있던 완적은 어머니의 임종 소식을 듣고 친구가 그만두자고 하는데도 불구하고 내기를 마치고 나와 술 두 말을 마시고 입으로 몇 되의 피를 흘렸으며, 장사 지내는 날에도 두 말 술을 마시고 영결했는데 목이 메어 아무 말도 못 한 채 몇 되의 피를 토해 거의 죽게 되었다고 한다.

완적은 청안(靑眼)과 백안(白眼)을 잘 했다. 속된 사람을 만나면 백안시(白眼視)하고 반가운 사람을 만나면 청안으로 만났다.

어머니 상을 당했을 때 친구 혜강(嵇康)의 형 혜희(嵇喜)가 가서 조문하자 완적이 백안으로 대했다.

이를 불쾌하게 여긴 혜희가 돌아와 동생에게 그런 말을 하자 혜강이 술과 거문고를 들고 가 조문하니 그제야 청안으로 대했다.

예속(禮俗)을 따르는 선비들이 완적을 원수처럼 여겨 해치려 했으나 매양 황제가 두둔해 무사했다고 한다.

【출전】 《진서(晉書) 완적전(阮籍傳)》

【뜻풀이】 집에 전해 오는 오래된 글씨를 쓸 때 까는 청색 담요라는 뜻으로, 조상 때부터 전해 오는 오래된 가보(家寶)나 사업을 이른다.

【고사】 동진(東晉) 때 명필 왕희지(王羲之)에게는 일곱 아들이 있어 모두 아버지의 서법(書法)을 이어받아 글씨를 잘 썼는데 그 가운데서도 왕헌지(王獻之)가 특히 뛰어나 아버지와 함께 '이왕(二王)'으로 불리웠다.

한번은 그가 형인 휘지(徽之)·조지(操之)와 함께 당시 명사인 사안(謝安)을 찾아뵈었는데 두 형은 인사를 마치고 사안과 세상일을 담론하는데 헌지는 인사만 마치고 한 마디도 나누지 않았다.

그들 형제가 물러가자 자리에 있던 사람이 사안에게 왕씨 형제 가운데 누가 제일 나은가를 물으니 사안은 어린 헌지가 제일 낫다고 평했다.

"왜 그렇습니까?"

"길(吉)한 사람은 말이 적게 마련이기 때문에 그걸 보고 알았다."

하루는 형 휘지와 함께 있는데 밤중에 불이 났다. 휘지는 채 신발을 찾아 신을 사이도 없이 황급히 도망했는데 휘지는 조금도 안색이 변하지 않고 천천히 아는 사람을 불러 부축하게 했다.

한번은 밤중에 집에 도둑이 들어 값진 물건을 자루에 넣는 소리가 들리자 왕헌지가 도둑 쪽을 향해 천천히 말했다.

"다른 것은 다 가져가더라도 먹물 묻은 푸른 담요는 우리 집에 전해 오는 보물이니 가져가지 마시오![石染青氈 是我家舊物 可特置否]"

【출전】 《태평어람(太平御覽)》

청총 靑塚

푸를청 무덤총

【뜻풀이】 오랑캐 나라에 있는 한나라 왕소군(王昭君)의 무덤.

【고사】 한원제(漢元帝)는 많은 후궁(後宮)들을 자주 보지 못하는 것을 걱정하여 화공(畫工) 모연수(毛延壽)를 시켜 그들의 화상(畫像)을 그려 들이게 했다. 그러자 궁녀들은 다투어 자신의 모습을 예쁘게 그려 달라고 모연수에게 많은 뇌물을 바쳤는데, 궁녀 왕장(王嬙 : 昭君)만은 자신의 미모를 믿고 뇌물을 쓰지 않아 제일 밉상으로 그려지게 되었다. 그런데 후에 흉노(匈奴)의 왕인 호한야선우(呼韓耶單于)가 입조(入朝)하여 한나라의 미인을 부인으로 삼기를 청했다. 이에 원제는 궁녀들의 화상을 조사해서 제일 밉상으로 그려진 왕소군을 선우에게 시집보내라고 명했다. 그런데 왕소군이 선우와 함께 떠나는 날 보니, 여러 궁녀들 가운데 제일 아름답지 않은가! 이에 원제는 후회했으나 이미 엎질러진 물이어서 모연수를 참(斬)함으로써 분을 삭일 수밖에 없었다.

오랑캐 땅에서 소군의 삶은 행복하지 못하였다. 호한야선우와 사이에 아들 하나를 낳았는데 선우가 죽자 다시 아들 뻘인 다음 선우의 아내가 되어 딸 둘을 낳았으나 하루도 고국을 잊지 못하고 눈물로 보냈다.

야사(野史)에 의하면 호한야선우가 죽고 아들 달(達)이 즉위하자 소군은 평소 고국을 잊지 못하는 자신의 심정을 털어 놓으며, '너는 장차 어머니 나라 한(漢)을 위하겠는가, 아니면 호(胡)를 위하겠는가?' 하고 물었더니, 호를 위하겠다고 하므로 분해서 독약을 마시고 죽었다. 백초(白草)가 나는 다른 무덤과 달리 그녀의 무덤에는 청초가 나서 청총이라고 하였는데 그 무덤은 지금의 내몽고 호화호특시(呼和浩特市) 남쪽에 있다.

【출전】 《한서(漢書) 흉노전(匈奴傳)》

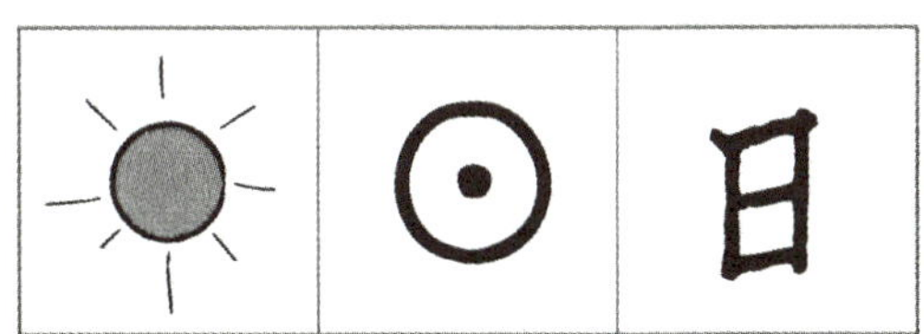

청출어람 靑出於藍

푸를청 날출 어조사어 쪽람

【뜻풀이】 쪽[藍]에서 나온 푸른 물감이 쪽빛보다 더 푸르다는 뜻으로, 제자가 스승보다 더 나음을 이르는 말이다.

【고사】 이 말은 전국 시대의 유학자(儒學)로서 성악설(性惡說)을 창시한 순자(荀子)의 글에 나오는 한 구절이다.

"학문을 그만 두어서는 안 되니, 푸른색은 쪽에서 취하였지만 쪽빛보다 더 푸르고 얼음은 물로 이루어지지만 물보다도 더 차다. [學不可以已 靑取之於藍 而靑於藍 氷水爲之 而寒於水]"

학문(學問)이란 끊임없이 계속되는 것이므로 중지(中止)해서는 안 되며 청색이 쪽빛보다 푸르고, 얼음이 물보다 차듯이 스승을 능가하는 제자도 나타날 수 있다는 말이다.

【출전】 《순자(荀子) 권학(勸學)》

맑을청 바람풍 두양 소매수

【뜻풀이】 양쪽 소매에 맑은 바람이 가득하다는 뜻으로, 청렴한 관리나 청빈(淸貧)한 문인(文人)을 비유한다.

【고사】 명(明)나라 사람 우겸(于謙)은 뛰어난 시인(詩人)으로 선종(宣宗)·영종(英宗)·경종(景宗)을 섬겼는데 청렴하여 지방관을 역임하면서도 백성들에게 폐를 끼치지 않아 신망을 받았다.

그가 병부시랑(兵部侍郎)으로 있을 때 칙명을 받고 하남순무(河南巡撫)로 나가게 되었다.

다른 사람들 같으면 한 살림 챙길 수 있는 좋은 직책이었으나 임기를 마치고 돌아온 우겸의 행탁이 텅 빈 것을 본 사람들이 시를 지어 칭송했다.

> 비단이나 버섯, 선향(線香)을 　　　　　(絹帕蘑菇與線香)
> 민간에서 취하다 재앙을 받는데 　　　(本資民用反爲殃)
> 두 소매에 청풍만 담고 황제 뵈러가니 　(淸風兩袖朝天去)
> 백성들 이러쿵저러쿵 시비하지 않네 　(免得閭閻話長短)

【출전】 《우겸(于謙) 입경시(入京詩)》

초순건설

焦脣乾舌

탈초 입술순 마를건 허설

【뜻풀이】 입술이 타고 혀가 마른다는 뜻으로 매우 고심함을 비유한다.

【고사】 제(齊)나라가 노(魯)나라를 치려 하자, 공자께서는 제자들 가운데 변설이 제일 뛰어난 자공(子貢)으로 하여금 노나라를 구하게 했다. 자공은 먼저 제나라를 설득하여 노나라 치는 일을 중지하게 한 후, 오왕(吳王)을 만나 제나라를 치도록 했다.

그러고는 다시 월(越)나라로 가서 월왕에게 오왕을 돕는 척하다가 오나라가 피폐해지기를 기다려 복수하기를 권하니 월왕이 이렇게 말했다.

"옛날 오왕은 그 군대를 나누어 우리 월나라를 짓밟아 월나라 백성을 죽이고 피폐하게 했으며, 우리 백성을 업신여겼습니다. 우리 월나라의 종묘를 허물고 사직을 폐허로 만들어 저 자신은 물고기 밥이나 주는 신세가 되어야 했습니다. 오나라에 대한 저의 원한은 뼈 속까지 깊이 스며 있습니다. 저는 오나라 섬기기를 마치 아들이 아버지를 두려워하는 것처럼 하고 있으며 동생이 형을 존경함과 같이 했습니다. 그 동안 저는 편안한 자리에 앉지 않고, 맛난 음식을 먹지 않았으며, 눈으로 아리따운 미인을 바라보지 않았으며 아름다운 음악도 듣지 않기를 3년을 하루같이 해 왔습니다. 입술은 마르고 혀는 고통스러웠으며[焦脣乾舌] 몸은 괴로움을 겪으며 위로는 여러 신하들을 섬기고 아래로는 백성들을 기르기 힘쓴 것은 오직 오나라와 더불어 천하를 놓고 평원의 들판에서 한번 싸우고자 해서였습니다. 이제 선생의 가르침은 망해 가는 나라를 구하고, 죽어 가는 사람을 붙들어 일으키시는 말씀이니. 감히 가르침을 받들지 않겠습니까?”

　이에 월왕은 3천 명의 군사와 무기를 보내 오왕을 따르는 척하여 오왕을 안심시킨 후 제나라를 치게 했다. 이때부터 오나라는 연이은 전쟁으로 국력을 소모하기 시작하여 오왕 부차 23년 오나라는 월나라에게 망하고 오왕도 죽음을 당했다.

【출전】 《오월춘추(吳越春秋) 부차내전(夫差內傳)》

축 록
逐 鹿

【뜻풀이】 진(秦)나라가 사슴을 잃자 천하 사람들이 모두 잡으려고 나선다는 뜻. 사슴은 정권(政權)이나 제위(帝位)를 비유하며 그걸 얻기 위해 모든 영웅(英雄)들이 쟁탈한다는 뜻이다.

【고사】 한(漢)나라 고조(高祖)가 천하를 차지한 후 회음후(淮陰侯) 한신(韓信)을 부추겨서 반란을 일으키게 했던 장본인 괴통(蒯通)이 죽게 되었을 때 고조에게 항변한 말 가운데 나오는 말이다.

"진(秦)나라가 그 사슴을 잃었으므로 천하 사람이 모두 이를 잡으려 쫓는데 그 중 폐하께서 그 사슴을 잡으신 것입니다. 도척(盜蹠)의 개가 요(堯)임금을 보고 짖었다고 해서 요임금이 나쁜 것이 아닙니다. 왜냐하면 개는 주인 외에는 누구나 보면 짖는 법이기 때문입니다. 당시 나는 오직 한신만을 알고 있었기에 그의 편을 들어 폐하를 보고 짖은 것일 뿐입니다."

그의 변명을 듣고 난 고조는 괴통을 용서해 주었다.

【원문】 蒯通曰 秦之綱絶而維弛 山東大擾 異姓竝起 英俊烏集 秦失其鹿 天下共逐之

【출전】 《사기(史記) 회음후열전(淮陰侯列傳)》

춘추필법
春秋筆法

【뜻풀이】 역사적 사건이나 인물에 대해 형식적이고 간결한 문장을 통해 엄격하게 포폄(褒貶)을 가한 《춘추(春秋)》의 독특한 필법을 가리키는 말이다.

【고사】 《춘추》는 춘추시대 노(魯)나라 은공(隱) 원년부터 애공(哀公) 14년에 이르는 12공(公) 242년간의 기록을 담고 있는 역사책이다. 원래 노나라의 사관(史官)이 기록한 노나라 역사를 공자(孔子)가 엄격한 역사의식과 가치관으로 필삭(筆削)하였는데 이를 가리켜 춘추필법이라고 한다.

그 대표적인 예가 선공(宣公) 2년조에 '진나라 조순이 그 임금 이고를 시해했다[晉趙盾弑其君夷皐]'라는 기사이다.

원래 임금을 죽인 자는 조순이 아니라 조천(趙穿)이었다. 그럼에도 불구하고 조순이 죽였다고 한 것은 조순이 정경(正卿)으로 있으면서 난을 피해 도망하다가 국경을 넘지 않았고, 돌아와서는 조천을 토벌하지도 않았기 때문에 조순의 책임이므로 그렇게 적었다는 것이다.

【출전】 《춘추좌씨전(春秋左氏傳) 선공(宣公) 2년》

충신불사이군
忠臣不事二君

충성충 신하신 아닐불 섬길사 두이 임금군

【뜻풀이】 충신은 두 임금[王朝]를 섬기지 않는다.

【고사】 연소왕(燕昭王)이 악의(樂毅)를 상장군으로 삼아 제(齊)나라를 대대적으로 정벌하여 수도 임치(臨淄)에 들어가 보물과 제기(祭器)를 탈취하여 연나라로 수송해 보내니, 소왕은 그를 창국군(昌國君)에 봉하였다. 악의가 제나라 화읍(畫邑) 사람 왕촉(王蠋)이 어질다는 말을 듣고 군중에 명하여 화읍 30리를 에워싸되 안으로 들어가지 못하도록 명령하고 왕촉을 초청하였다. 왕촉이 따르려 하지 않자 심부름 간 사람이 협박하며 말했다.

"지금 가시지 않으면 온 고을을 도륙(屠戮)하고 말겠습니다."

왕촉이 꼼짝도 하지 않으면서 말했다.

"충신은 두 임금을 섬기지 않고 열녀는 두 지아비를 섬기지 않는다.[忠臣不事二君 烈女不更二夫] 제나라 왕이 내 충고를 듣지 않기에 은퇴하여 농사를 짓고 있는데 나라가 격파당하고 임금이 죽었다. 그대들이 이처럼 위협하니 의롭지 못하게 사느니보다는 죽는 것이 낫겠다."

그러고는 목을 매어 죽었다.

【출전】 《자치통감(資治通鑑) 난왕(赧王) 30년》

치 인 설 몽
痴 人 說 夢

> **【뜻풀이】** 바보에게 꿈 이야기를 해줌. 곧 상대가 이해할 수 없는 말을 부질없이 해 주는 어리석음을 말한다.

【고사】 당나라 때 서역(西域)의 고승(高僧)인 승가(僧伽)가 양자강과 회하(淮河) 유역을 돌며 수행하고 있었다. 한 마을에 이르자 어떤 사람이 그에게 물었다.

"당신은 성이 무엇이오?[汝何姓]" "성은 하가요.[姓何哥]"

"어느 나라 사람이오?[何國人]" "하나라 사람이오.[何國人]"

원래 승가는 농담으로 '너는 성이 무엇이냐?' 는 물음에 대해 '어떤 성이다', '어느 나라 사람이냐?' 는 물음에 대해 '어떤 나라 사람이다' 라고 대답한 것인데 그 후 이옹(李邕)이 승가의 비문을 쓰면서 이를 사실로 여겨 성은 하씨(何氏)이고 하나라 사람[何國人]'이라고 썼다. 남송(南宋) 때 사람 석혜홍(釋惠洪)은 이 이야기를 소개하고는 이렇게 말했다.

"이는 이른바 바보에게 꿈 이야기를 하는 것이다."

【원문】 此正所謂對痴人說夢

【출전】 《냉제야화(冷齋夜話)》

七步之才
칠보지재

일곱칠 걸음보 어조사지 재주재

【뜻풀이】 일곱 걸음을 떼는 사이에 시(詩) 한 수를 지을 수 있는 재주라는 뜻으로, 아주 뛰어난 글재주를 일컫는 말이다. 칠보재(七步才), 칠보시(七步詩)도 같은 말이다.

【고사】 삼국시대 위왕(魏王) 조조(曹操)는 문학을 매우 좋아하였으며 맏아들 비(조)와 셋째아들 식(植)도 글재주가 뛰어났다. 식은 시를 짓는 재주가 뛰어나 더욱 총애를 받아 조조는 한때 식을 후사로 삼을 생각까지 했다. 그래서 두 형제는 사이가 원만하지 못했다.

조조가 죽자 비가 헌제(獻帝)를 폐하고 스스로 제위(帝位)에 오르니, 이가 위문제(魏文帝)이다. 어느 날 문제가 동아왕(東阿王)이 된 동생 식을 불렀다.

"네가 시를 잘 짓는 재주가 있다고 하니 일곱 걸음을 걷는 사이에 시 한 수를 짓도록 하라. 만약 짓지 못하면 중벌을 면치 못할 것이다."

문제의 명을 받은 조식은 천천히 걸음을 옮기며 읊었다.

콩대를 태워 국을 만들고	(煮豆持作羹)
콩잎을 짜서 즙을 내네	(漉菽以爲汁)
콩대는 가마솥 아래서 타고	(其在釜下燃)
콩은 가마솥 안에서 우네	(豆在釜中泣)
본디 같은 뿌리에서 태어났건만	(本自同根生)
어찌 이다지 급히 삶아대는가	(相煎何太急)

이는 친형제 간에 서로 해치는 것을 콩대를 태워 콩을 삶는 것에 비유한 내용인데, 문제는 얼굴을 붉히며 몹시 부끄러워했다.

【출전】 《세설신어(世說新語) 문학(文學)》

칠 신 탄 탄
漆 身 呑 炭

【뜻풀이】 몸에 옷칠을 하고 불 붙은 숯을 삼킨다는 뜻으로, 복수를 위하여 몸을 괴롭힘을 비유한다.

【고사】 진(晉)나라 말기 나라가 어지러워지면서 공경(公卿)들의 세력 다툼이 벌어졌다. 그 중 강력하던 지백(智伯)은 한(韓)과 위(魏) 두 집안과 손잡고 조씨(趙氏)를 멸망시키려 하였다. 그러나 조의 임금 양자(襄子)가 끝까지 항복하지 않고 버티는 바람에 지백이 진양성(晉陽城)을 쳐서 함락시키려다 오히려 한과 위가 모반하는 바람에 죽임을 당하였다.

이때 지백의 신하 가운데 예양(豫讓)이란 자가 있어, 조양자를 죽여 주군(主君)의 원수를 갚으려고 하였다. 예양은 미장이로 변장하고 조양자의 궁중으로 들어가 양자가 변소에 들어가는 것을 보고 몰래 찔러 죽이려다가 붙잡혔다.

조양자는 그를 충신이라 하여 방면하였으나, 예양은 포기하지 않았다. 이번에는 몸에 옷칠을 하여 문둥이처럼 하고 이글거리는 숯을 삼키어 벙어리가 되어 걸식을 하니 그의 아내조차도 알아보지 못하였는데 친구가 알아보고는 울면서 말했다.

"자네 같이 높은 재주를 가지고 있는 사람이, 조양자의 신하가 되어 섬기는 체하다가 복수를 하는 것이 쉽지 않겠는가? 어찌하여 이처럼 고생을 하는가?"

그러자 예양이 말했다.

"그렇게 해서는 안 된다. 내가 몸을 바쳐 신하가 되었다가 그를 죽인 다면 이는 신하로서 두 마음을 품은 것이다. 내가 이렇게 하는 것은 매 우 어려운 일이기는 하나 이렇게 하는 것은 천하 후세로 하여금 남의 신 하가 되어 두 마음을 품는 자들로 하여금 부끄럽게 하기 위해서이다." 다시 기회를 엿보다 어느 날 다리 밑에 숨어서 그곳을 지나는 양자를 죽 이려 하였다. 그런데 양자가 탄 말이 다리에 못 미쳐서 가지 않고 버티 는 바람에 또 발각되어 죽음을 당하고 말았다.

【원문】 及智伯伐趙襄子　趙襄子與韓魏合滅智伯　滅智伯之後而三分其 地　趙襄子最怨智　漆其頭以爲飮器　謀豫讓遁逃山中　曰嗟乎　士爲知己者 死　女爲說己者容　今智伯知我　我必爲報讎而死　以報智伯　則吾魂魄不愧 矣　乃變名姓爲刑人　入宮塗厠　中挾匕首　欲以刺襄子　襄子如厠　心動　執 問塗厠之刑人　則豫襄　內持刀兵　曰欲爲智伯報仇　左右欲誅之　襄子曰 彼義人也　吾謹避之耳　……居頃之　豫讓又漆身爲厲　吞炭爲啞　使形狀不 可知　行之於市　其妻不識也　行見其友　其友識之曰　汝非豫讓耶　曰我是 也　其友爲泣曰　以子之才　委質而臣事襄子　襄子必近幸子　乃爲所欲　顧 不易耶　何乃殘身苦形　欲以求報襄子　不亦難乎　豫襄曰　旣已委質臣事人 而求殺之　是懷二心以事其君也　且吾所爲者　極難耳　然所以爲此者　將以 愧天下後世之爲人臣懷二心以事其君者也

【출전】 《사기(史記) 자객열전(刺客列傳)》

E

토사구팽 兎死狗烹

토끼토 죽을사 개구 삶을팽

【뜻풀이】 날랜 토끼를 잡고 나면 사냥개를 잡아 삶아먹는다는 뜻으로, 임금이 천하를 얻은 후에는 이제까지 부려먹던 양장(良將)이나 모사(謀士)를 죽이게 된다는 것을 비유한다.

【고사】 한(漢) 고조(高祖) 유방(劉邦)을 도와 항우(項羽)를 물리치는 데 결정적인 공을 세운 이는 한신(韓信)이다.

그는 '배수진(背水陣)'의 고사로도 잘 알려져 있는데 그가 초왕(楚王)으로 있을 때였다.

한 고조는 그가 모반을 꾀하지나 않을까 염려한 나머지 죽이기 위해 계략을 꾸며 운몽(雲夢)을 순시한다는 명분으로 모든 제후들을 그곳에 모이게 했다.

한신은 의심이 전혀 없었던 것은 아니지만 죄를 지은 게 없었으므로 참석했다가 고조의 지시를 받은 무사들에게 결박당하고 말았다.

"과연 사람들의 말과 같구나. 교활한 토끼가 죽고 나면 훌륭한 사냥개를 삶아 죽이고, 높이 나는 새가 없어지면 훌륭한 활을 치워 버리고, 적국을 깨뜨리고 나면 지모(智謀) 있는 신하를 죽인다고 하였으니, 천하가 이미 평정된 뒤에 내가 이렇게 삶아지는 것은 당연하다"

그러자 한고조가 말하였다.

"공이 모반하였다고 어떤 사람이 고하였소!"

그런 뒤 한신에게 차꼬와 수갑을 채우고 낙양에 도착한 뒤에야 한신의

죄를 용서하고 회음후(淮陰侯)로 삼았는데 그 뒤 한신은 늘 고조를 원망
하다 결국은 여후(呂后)에게 죽음을 당했다.

【원문】 果若人言 狡兎死 良狗烹 高鳥盡 良弓藏 敵國破 謀臣亡 天下
已定 我固當亨

【출전】 《사기(史記) 회음후열전(淮陰侯列傳)》

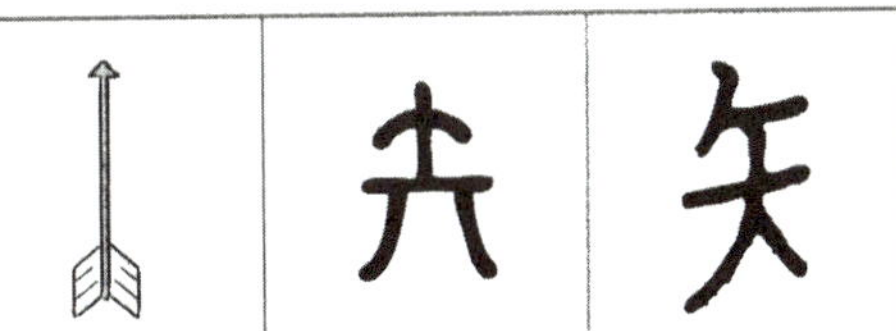

토 포 악 발
吐 哺 握 髮

토할토 먹을포 쥘악 머리털발

【뜻풀이】 주공(周公)이 조카 성왕(成王)을 보좌할 때, 머리를 한 번 감는 사이 세 번이나 머리를 감싸 쥐고 나와 손님을 맞았으며, 음식 한 번 먹을 때 세 번이나 입 속에 든 것을 뱉고 나와 손님을 맞았다는 고사에서 유래했다. 현인(賢人)을 얻기에 정성을 다함을 비유한다.

【고사】 주(周) 왕조를 세운 무왕(武王)이 죽고, 어린 태자 송(誦)이 즉위하니, 이가 성왕(成王)이다.

이에 삼촌인 주공(周公)이 국사를 보필하게 되었는데, 본래 자기의 봉지(封地)인 노(魯)나라로 떠나는 아들 백금(伯禽)에게 이렇게 훈계하였다.

"나는 한 번 목욕할 때 세 번 머리를 거머쥐고, 한 번 먹을 때 세 번 음식을 뱉어내면서까지 천하의 현인을 만나보았다[一沐三握髮 一飯三吐哺]"

【출전】 《한시외전(韓詩外傳) 3권》

推 敲
퇴 고

밀퇴 두드릴고

【뜻풀이】 시문(詩文)을 지을 때 자구(字句)를 여러 번 고치는 것을 이르는 말이다.

【고사】 당송팔대가(唐宋八大家)의 한 사람인 한유(韓愈)가 경조윤(京兆尹) 벼슬을 할 때 일이다.

시인 가도(賈島)가 말을 타고 거리를 지나다 시상(詩想)이 떠올라 시를 지었는데, '새는 연못가의 나무에서 잠자고, 중은 달 아래 문을 두드리네[鳥宿池中樹 僧敲月下門]'란 구절에서 '중은 달 아래에서 문을 민다'의 밀다라는 글자를 '敲' 자와 '推' 자 중 어느 글자가 더 좋은지 결정하지 못해 골똘히 생각하다가 그만 한유의 행차를 범하고 말았다.

한유 앞에 끌려온 가도가 길을 비키지 못한 사유를 아뢰자 한유는 한참 생각하다가 이렇게 말했다.

"민다는 '推' 보다는 두드린다는 '敲' 가 낫겠네."

그래서 '敲' 자로 했다고 한다.

【출전】 《감계록(鑑戒錄) 가오지(賈忤旨)》

퇴 피 삼 사
退 避 三 舍

【뜻풀이】 1사(舍)는 30리를 말하고 3사는 90리이다. 전쟁에서 90리를 퇴각하는 것으로 은혜를 갚겠다는 뜻.

【고사】 춘추 진(晉)나라 문공(文公)의 공자(公子) 시절 이름은 중이(重耳)인데 갖은 고생을 하다 임금 자리에 올라 나중에는 춘추오패(春秋五覇)의 한 사람이 된 걸출한 인물이다.

그가 계모(繼母) 여희(驪姬)의 음모에 걸려 포성(蒲城)으로 쫓겨나 그곳을 지키고 있는데 진나라 사람들이 포성을 공격해 왔다. 포성 사람들이 대항하려고 하자 중이가 말리면서 말했다.

"임금인 아버지의 명을 받고 이곳을 지키면서 그 군사와 싸운다면 그보다 더 큰 죄가 없다."

그러고는 가까운 몇 사람만 데리고 적(狄)나라로 갔다. 적나라에서 장가를 들어 아들 둘을 낳았는데 다시 제(齊)나라로 떠나야 할 사정이 생겨 아내 계외(季隗)에게 이렇게 말했다.

"나를 25년만 기다렸다가 돌아오지 않으면 개가(改嫁)해도 좋소."

"제가 지금 스무 다섯 살인데 25년을 기다리면 죽을 때가 될 것이니 차라리 끝까지 당신을 기다리는 것이 낫겠습니다."

중이는 그녀의 정에 이끌려 바로 떠나지 못하다 12년을 더 머문 후에야 제나라로 향했다. 가는 도중 위(魏)나라의 오록(五鹿)에서 양식이 떨어져 한 농부에게 양식을 청했더니, 농부는 양식 대신 흙덩이를 주었다.

중이가 화를 내며 농부를 때리려 하자 함께 있던 외삼촌 구범(舅犯)이 하늘이 주는 것이라며 말리므로 중이는 머리를 땅에 대고 조아려 할 수 없이 흙덩이를 집어 수레에 실었다.

제나라에 도착하자 제환공(齊桓公)이 딸을 주어 사위를 삼고 말 80필을 주었다. 중이가 그곳 생활에 만족하여 안주(安住)하려고 하자 따르던 자들이 뽕나무 밑에 모여 의논했다.

"공자께서 귀국하여 대권을 이어 천하를 호령할 생각은 하지 않고 이처럼 허송세월만 하고 있으니 어떻게 해야 하겠소?"

"어서 이곳을 떠나도록 권해야 합니다."

그런데 이런 이야기를 아내 강씨(姜氏)의 몸종이 뽕을 따다 듣고 와서 고하니, 강씨는 그 몸종을 죽인 후 중이에게 말했다.

"당신은 천하에 웅비(雄飛)할 꿈을 지닌 분이니 어서 이곳을 떠나 꿈을 펼치십시오."

"아니오, 나는 지금 생활에 만족하오."

"아닙니다. 어서 빨리 떠나셔야 합니다. 사정(私情)에 끌려 이곳 생활에 만족하시면 공명을 이루지 못합니다."

중이가 끝까지 떠나려 하지 않자 강씨는 술을 먹여 따르던 자들을 불러 제나라를 떠나도록 했다. 중이가 조(曹)나라에 이르자 그곳 임금 공공(共公)은 중이의 갈비뼈가 한 개뿐이라는 소문을 믿고 목욕하는 사이 발 사이로 훔쳐보는 일도 있었다.

그런데 대부 희부기(僖負羈)의 아내가 중이 일행이 모두 비범함을 알아보고 남편에게 말했다.

“저들 일행이 후일 반드시 제후 가운데 패자(覇者)가 될 것이니 잘 사귀어 두세요.”

희부기는 그날 저녁 밥 그릇 속에다 값비싼 구슬을 넣어 올렸으나 중이는 밥만 먹고 구슬은 손대지 않고 떠났다. 정나라를 거쳐 일행이 초(楚)나라에 이르자 성왕(成王)이 후대(厚待)하고는 물었다.

“그대가 만약 진(晉)나라로 귀국하여 즉위하게 되면 나에게 무슨 보답을 하겠소?”

중이가 대답했다.

“미녀나 비단, 구슬 같은 것은 귀국에도 흔할 것이니 무엇으로 이 은혜를 갚아야 할지 모르겠습니다.”

“그래도 무엇이거나 보답하기 바라오.”

“알겠습니다. 제가 만약 귀국의 도움을 받아 진나라 왕위를 잇게 되어 혹시라도 대왕과 싸움터에서 마주치면 삼사(三舍 : 90리)를 후퇴해 피하겠습니다.”

“그래도 싸움이 끝나지 않으면?”

“그때는 활을 잡고 끝까지 싸울 것입니다.”

그 말을 들은 성득신(成得臣)이란 신하가 성왕에게 중이를 죽이라고 권하자 성왕은 이렇게 말했다.

“하늘이 중이를 도와 진나라를 회복시키려 하는데 누가 그것을 말리겠느냐? 그랬다가는 도리어 재앙을 받을 것이다.”

후에 중이가 즉위하니 이가 바로 진문공이다. 5년 후 과연 진나라와 초나가 싸우게 되어 성복(城濮)이란 곳에서 대치하였는데 이때 초나라

장수는 바로 성득신이었다. 문공은 부하 장수들의 반대를 무릅쓰고 약
속대로 군사를 90리 후퇴시켰다.

【출전】 《좌전(左傳) 희공(僖公) 32년》

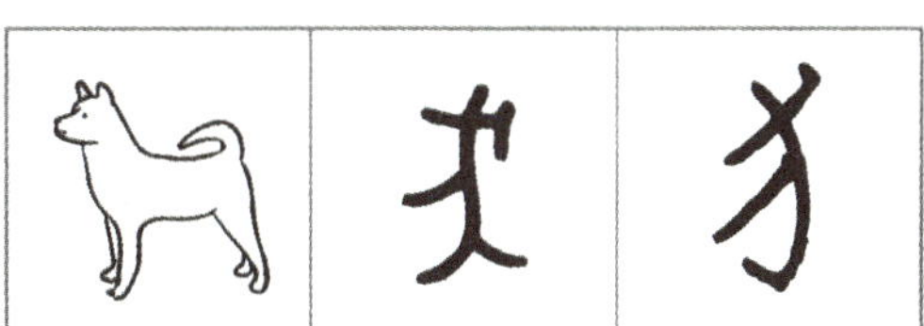

투서기기
投鼠忌器
던질투 쥐서 꺼릴기 그릇기

【뜻풀이】 쥐를 잡으려고 하지만 옆의 그릇을 깨뜨릴까 염려하여 못 함.

【고사】 후한(後漢) 헌제(獻帝) 때 조조(曹操)가 동탁(董卓)을 몰아내고 권력을 손에 쥐게 되자 여러 신하들의 동태를 살피려 억지로 황제를 모시고 사냥을 나갔다. 여러 번 활을 쏘았으나 맞히지 못한 황제가 활을 조조에게 건네주며 쏘아 보라고 했다. 조조가 활을 쏘자 화살은 금빛 광채처럼 날아가 사슴을 맞혀 쓰러뜨렸다. 여러 신하들과 군사들은 황제가 쏜 것인 줄 알고, 환호성을 지르니 조조가 앞으로 나서서 백관의 하례에 답했다. 뒤에 있던 관운장이 조조를 참수하고자 하니 유비는 가만히 눈짓하여 관운장을 말렸다. 집으로 돌아온 후 관운장이 볼멘 소리로 불평하니 유비가 타일렀다.

"쥐를 잡으려다 독을 깨뜨리면 큰일일세. 황제 폐하와 조조는 말머리 하나를 사이에 두고 나란히 서 계실 뿐 아니라 앞뒤에는 모두 조조의 심복이 둘러싸고 있지 않았는가? 만약 일이 성공하지 못하면 천자께서도 상하시게 되고 우리는 큰 죄를 모두 뒤집어쓰게 되었을 것일세."

【출전】 《삼국지연의(三國志演義)》

II

<h1 style="text-align:center">破 鏡 重 圓</h1>

파 경 중 원

깨질파 거울경 거듭중 둥글원

【뜻풀이】 깨어진 거울이 다시 온전하게 되었다는 뜻으로 한번 헤어졌던 부부가 다시 합치게 됨을 비유한다.

【고사】 남북조(南北朝) 때 주(周)의 승상 양견(楊堅)이 황제를 죽이고 스스로 즉위하니 이가 수양제(隋煬帝)이다. 나라를 차지한 양제가 남하하여 남진(南陳)을 멸망시키고 천하를 통일 할 때의 이야기이다.

남진의 황제 진숙보(陳叔寶 : 陳後主)에게 낙창공주(樂昌公主)라는 누이가 있었는데 태자사인(太子舍人) 서덕언(徐德言)과 혼인해 있었다. 수양제가 남진을 핍박해 오자 서덕언이 공주에게 말했다.

"당신 같은 미인은 나라가 망하면 반드시 남의 아내가 될 것이오. 그러니 아직 화를 당하지 않았을 때 신표(信標)를 나누어 가져야만 후일 혹시라도 만나게 되면 알아볼 것 아니요!"

"그렇게 해요."

그래서 거울 하나를 쪼개어 각각 한쪽씩을 나누어 가지면서 다음 정월 보름날 도성 저자에 나와 서로의 거울을 팔자고 약속했다. 얼마 후 예상했던 대로 진나라가 망하고 공주는 수나라 권신인 양소(楊素)의 아내가 되어 총애를 받는 처지가 되었다. 한편 남편 서덕언은 갖은 고생을 다하며 정월 보름날 간신히 도성에 도착하여 저자를 헤매며 거울을 팔러 나온 사람이 있는지 살폈다. 한참 돌아다니다 보니 사람들이 모여 수근거리는 소리가 들렸다.

"미쳐도 단단히 미쳤구만. 온전하지도 못한 반쪽 거울을 누가 그 값을 주고 사나?"

다가가 보니 한 노인이 반쪽 거울을 가지고 나와 터무니없는 값을 부르고 있는 게 아닌가? 서덕언이 품속에서 자신의 거울을 꺼내어 맞춰 보니 꼭 들어맞았다. 너무 감격한 나머지 서덕언이 거울 뒷면에다 시 한 수를 썼다.

거울이 갈 때에는 사람도 함께 갔었는데　(鏡去人俱去)
거울은 돌아왔는데 임은 어이 못 오나　　(鏡歸人未歸)
항아(姮娥) 같은 그대 모습 어디 가고　　（無不嫦娥影）
공연히 밝은 달만 휘영청 밝게 비추네　　（空留明月輝）

그 늙은 하인이 거울을 가지고 돌아가 공주에게 올리자 시를 읽고 난 공주가 대성통곡하였다. 이런 사정을 알게 된 양소가 그 하인을 불러 명했다.

"어서 저자에 가서 그 사람을 집으로 데려오너라."

한참 후 서덕언이 오자 양소는 공주를 나오게 하여 두 사람을 나란히 세우고는 이렇게 말했다.

"이제부터 다시 부부가 되어 행복하게 살아가시오."

【출전】《태평광기(太平廣記)》

포사불소
襃姒不笑

【뜻풀이】 주유왕(周幽王)의 후(后) 포사가 웃지 않다가 거짓으로 올린 봉화(烽火)를 보고 제후들이 달려와 허탕을 치자 웃었다는 고사에서 유래된 말.

【고사】 포사는 본래 포국(襃國) 임금의 딸인데 주나라 유왕의 애희(愛姬)가 되었다. 그런데 어쩐 일인지 평소 웃는 일이 없어 유왕의 속을 태웠다.

그러던 어느 날 포사와 유희를 즐기던 유왕이 심심풀이로 비상시에만 올리기로 약속한 봉화를 들었더니 제후들이 군사를 이끌고 달려와 허탕을 치고 돌아가는 것을 본 포사가 크게 웃는 것이 아닌가! 이에 재미를 붙인 유왕이 몇 차례 더 거짓 봉화를 들었는데 나중에 진짜로 견융(犬戎)이 침범해 와 왕성(王城)을 포위할 때에는 아무리 봉화를 들어도 제후의 군사가 달려오지 않아 유왕은 여산(驪山) 아래에서 시해당하고 말았다.

이 포사에 대해서는 재미있고 황당한 이야기가 또 한 가지 전한다. 하(夏)나라 때 용 두 마리가 궁궐 뜰에 내려와 자기들은 포(襃)나라의 두 임금이라고 했다.

그 징조를 점쳐 용의 침을 담아 깊숙이 보관해 하(夏)·은(殷)을 거치면서 개봉하지 않다가 주나라 때에 개봉했더니 거기에 들었던 침이 큰 자라가 되었다.

　한 소녀 궁인이 그 자라와 교감(交感)하여 딸을 낳았는데 남편 없이 낳
은 아이라 하여 들판에다 버렸다. 그 후 주선왕(周宣王)이 지방을 순회
하다 호경(鎬京) 가까이 이르니 거리의 아이들이 떼를 지어 부르는 동요
(童謠)가 귀에 거슬렸다.

<blockquote>

달은 떠오르려 하고　　　　　　　　　　（月將升）
해는 곧 지려 하네　　　　　　　　　　　（日將沒）
산뽕나무 활과 대나무 화살통이니　　　　（檿弧箕箙）
실로 주나라가 망하게 되었네　　　　　　（實亡周國）

</blockquote>

　그때 한 부부가 그 그릇을 팔러 다니는 게 보여 선왕이 붙잡아 죽이려
했더니 그들이 그 길로 도망쳤다. 도망치던 그 부부가 길에 버려진 어린
계집 아이를 불쌍하게 여겨 주워 포나라로 도망쳐 기르니, 바로 용의 침
이 변해 된 자라와 교감해 낳은 그 아이였던 것이다. 여자 아이는 자라
면서 얼굴이 몹시 아름다워졌는데 어떤 포나라 사람이 죄를 짓고 죄를
용서받기 위해 왕에게 바치니 그가 바로 포사였던 것이다.

【출전】《십팔사략(十八史略)》

抱薪救火

안을포 땔감신 구할구 불화

【뜻풀이】 섶나무를 지고 불을 끄려고 한다는 뜻으로, 틀린 방법으로 화란(禍亂)을 없애려고 하면 목적을 달성할 수 없을 뿐만 아니라 일이 더 커지게 됨을 비유한다.

【고사】 전국시대(戰國時代) 때 서쪽의 강성한 진(秦)나라를 견제하기 위해 나머지 여섯 나라가 연합하여 대항해야 한다는 합종책(合縱策)을 주장을 주장한 사람은 소진(蘇秦)인데 그가 죽고 그 아우 소대(蘇代)가 형을 대신해 유세(遊說)할 때였다.

이때 진나라로부터 가장 시달림을 받는 나라는 위(魏)였다. 해마다 진나라가 쳐들어와 성을 함락시키면 위나라 안리왕(安釐王)은 그때마다 몇 개의 성을 떼 주고 화의를 맺곤 했다.

진나라와의 네 번째 싸움은 한(韓)나라와 연합해 싸웠는데 역시 양국의 군사가 크게 패하여 15만 명의 사상자를 내었다.

이때도 위나라 장수 단자건(段子建)이 왕에게 남양(南陽) 땅을 떼어 주고 화의하기를 청하니 안리왕은 이에 따를 수밖에 없었다. 소대가 안리왕에게 유세했다.

"한정 없는 욕심을 가진 침략자의 욕심을 채워 주면 안 됩니다. 그렇게 하면 진나라는 위나라의 땅을 다 차지하기 전에는 침략을 그만두지 않을 것입니다. 매번 땅을 떼어 주면서 진나라를 섬기는 것은 비유하자면 섶나무를 끌어안고 불을 끄려는 것과 같아서 섶나무가 다 타지 않으

면 불이 꺼지지 않을 것입니다.[且夫以地事秦 譬猶抱薪救火 薪不盡 火
不滅]”

　안리왕은 이미 약속한 일이어서 변경할 수 없다고 대답했는데 결국은
진나라에 의해 망하고 말았다.

【출전】 《사기(史記) 위세가(魏世家)》

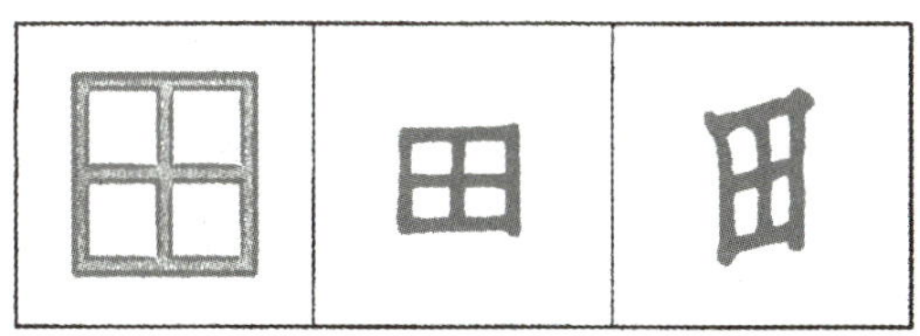

포정해우

庖丁解牛

푸줏간포 남자정 풀해 소우

【뜻풀이】 기술이 뛰어난 요리사가 소를 능숙하게 잡듯이 어떤 기술이 매우 뛰어난 것을 비유하는 말이다.

【고사】 전국시대 때 양(梁)나라 문혜군(文惠君)에게 훌륭한 포정(庖丁 : 백정)이 있었는데 소를 잡는 기술이 뛰어났다. 그가 칼을 대기만 해도 뼈와 살이 나뉘어져 척척 갈라져 나가는 것이 마치 가락에 맞추어 춤을 추는 것 같았다. 문혜군이 이를 보고 감탄하여 물었다.

"참으로 훌륭하구나! 어찌 이처럼 기술이 좋단 말이냐?"

포정은 칼을 내려놓고는 대답했다.

"제가 처음에 소를 잡을 때에는 보이는 것마다 모두 소처럼 보이더니, 한 삼 년을 지나자 소의 형체 같은 것은 마음에 두지 않게 되었으며 지금은 눈으로 보지 않아도 소가 환히 마음속에 그려지게 되었습니다. 그래서 칼 하나를 19년 동안이나 쓰면서 수천 마리의 소를 잡았으나 칼이 전혀 무뎌지지 않았습니다. 이는 소 몸속의 틈 사이로 칼을 집어넣어 뼈나 힘줄에 날이 닿지 않게 발라내어서 그렇습니다."

포정의 말을 듣고 난 문혜군은 다시 이렇게 감탄하였다.

"아! 훌륭하다. 나는 지금 그 말을 듣고서 양생(養生)의 길을 알게 되었다."

【출전】 《장자(莊子) 양생주(養生主)》

風樹之嘆
바람풍 나무수 어조사지 한탄할탄

【뜻풀이】 나무가 고요하고자 해도 바람이 끊임없이 불듯, 자식이 어버이를 봉양하려고 생각할 때 어버이는 이미 이 세상에 계시지 않는다는 뜻이다.

【고사】 어떤 사람이 공자(孔子)에게 이런 말을 하였다. "저는 구오자(丘吾子)라는 사람인데 평생 동안 세 가지 잘못을 저질렀기 때문에 이제 자살하려고 합니다."

"그 세 가지 잘못이 무엇인지 들려주실 수 있겠습니까?"

"첫째, 나는 젊어서 학문을 한다고 객지로 돌아다니다 고향에 돌아와 보니, 부모님께서 이미 돌아가셨습니다.

그래서 모시지 못한 이것이 첫 번째 과실입니다. 벼슬하면서 임금에게 사치와 교만스러움을 간(諫)하였지만 성공하지 못했으니, 이것이 두 번째 과실이며, 그러는 사이 친한 친구들과 끊어지게 되었으니, 이것이 세 번째 과실입니다."

그러고는 이런 시(詩)를 남기고 목을 베어 자결하였다.

나무가 고요하고자 하나 바람 멈추지 않고 　　(樹欲靜而風不止)

부모님 봉양하려니 어버이 기다려 주지 않네 　(子欲養而親不待)

책에 따라 위의 한시(漢詩)는

'樹欲靜乎風不止 子欲養乎親不待' 등 조금씩 다르다.

【출전】 《설원(說苑) 경신(敬愼)》

풍마우불상급

風 馬 牛 不 相 及

바람풍 말마 소우 아닐불 서로상 미칠급

【뜻풀이】 발정(發情)한 말이나 소가 서로 유인하는 소리가 미치지 못하는 먼 곳이라는 뜻으로 아무 상관이 없는 처지를 말한다.

【고사】 춘추시대 패자(覇者) 제환공(齊桓公)이 제후들을 이끌고 채(蔡)나라를 쳐서 이긴 다음 곧바로 초(楚)나라를 침공했다. 초나라가 생각하니 제환공의 공격을 받아야 할 까닭이 전혀 없으므로 사신을 보내 제환공에게 이렇게 따져 물었다.

"제나라는 북해(北海)에 처해 있고 우리 초나라는 남해에 처해 있어 발정한 마소가 서로를 유인해도 들리지 않는 먼 곳인데 무엇 때문에 이처럼 침공해 오셨소?"

변명할 말이 없는 제환공이 둘러댔다.

"초나라가 바치는 공물(貢物)이 변변찮은데다가 전에 우리 소왕(昭王)이 남쪽을 정벌하다 초나라에서 물에 빠져 돌아가시지 않았는가?"

이렇게 이유를 대며 군사를 휘몰아 진공을 계속했다. 초나라에서 다시 굴완(屈完)을 보내 물러가기를 청하자 제환공이 뽐내며 말했다.

"우리의 강대한 군대를 누가 감히 당할 수 있겠는가? 어서 항복하라."

굴완이 조금도 꺾이지 않으며 말했다.

"대왕께서 인의(仁義)로 제후를 어루만지시면 그 누가 복종하지 않겠습니까? 그렇지 않고 무력으로 굴복시키려 하시면 우리나라는 끝까지 항전할 것이니 제후의 군대가 아무리 많더라도 아무 소용이 없을 것입니다."

굴완의 조리 있는 말에 제환공은 맹약(盟約)을 맺고 군사를 물리고 말았다.

【출전】 《좌전(左傳) 희공(僖公) 4년》

풍 성 학 려
風 聲 鶴 唳

바람풍 소리성 새학 울려

【뜻풀이】 바람 소리와 새 울음소리만 들어도 추격병으로 여긴다는
뜻으로 매우 두려워함을 형용한다.

【고사】 부견(符堅)의 백만 군대가 비수(淝水) 가에 진을 치고 있었는데
사현(謝玄)의 8천 대군이 강을 건너가 공격하자 부견의 군대가 궤멸하
였다.
 부견의 군사들이 무기를 버리고 도망하면서 바람 소리와 학의 울음소
리만 듣고도 모두 관군인 줄 알고 놀라 도망쳤다고 한다.

【출전】 《진서(晉書) 사현전(謝玄傳)》

풍훤탄협
馮諼彈鋏

성씨풍 속일훤 탄환탄 장검협

【뜻풀이】 풍훤이란 사람이 장검(長劍)을 어루만진다는 뜻으로 재능 있는 사람이 중용(重用)되지 못해 마음속으로 불평함을 비유한다.

【고사】 전국시대 제나라에 풍훤이란 아주 가난한 선비가 살고 있었다. 맹상군(孟嘗君)이 식객(食客)을 잘 대접한다는 말을 듣고 가서 거두어 주기를 청하자 맹상군이 물었다.

"그래, 무슨 특기(特技)가 있는가?"

"아무런 특기가 없습니다."

"좋소. 우선 머물러 있으시오."

아래 사람들이 얕잡아 보며 날마다 나쁜 음식만 주며 냉대하자 풍훤이 기둥에 기대어 자기의 장검을 두드리며 노래를 불렀다.

"장검아, 돌아가자. 밥상에 생선 한 가지 없구나!"

맹상군에게 그런 사실을 알리자 맹상군이 말했다.

"밥상에 생선을 올리고 다른 사람과 같이 대접하거라."

생선을 올려 주었는데도 며칠 후 풍훤이 다시 불평을 늘어놓았다.

"장검아, 돌아가자. 타고 다닐 수레가 없구나!"

그래서 다시 수레를 주었는데 며칠 후 다시 불평하는 노래를 불렀다.

"장검아, 돌아가자. 가족을 보살필 녹봉이 없구나!"

그에게 노모가 있다는 말을 들은 맹상군이 생필품을 넉넉하게 대주자 풍훤은 더 이상 돌아가겠다는 노래를 부르지 않았다. 한번은 맹상군이 자기의 봉지(封地)인 설(薛)땅에 빚을 받기 위해 사람을 보내려고 식객들에게 물었다.

"누가 설에 가서 빚을 받아오겠는가?"

"제가 가겠습니다."

맹산군이 보니 바로 풍훤이었다.

"좋소. 빠짐없이 다 받아오기 바라오."

"빚을 다 받으면 무슨 물건을 사와야 합니까?"

"무슨 물건이거나 우리 집에 필요한 것을 사오시오."

"알겠습니다."

설땅에 도착한 풍훤이 채무자들을 한 자리에 모았다.

"맹상군께서 나를 보내 여러 분의 빚 문서를 모조리 불태워 탕감해 주라고 하셨소."

풍훤이 빚 증서를 모조리 태우자 채무자들이 맹상군 만세를 불렀다. 너무 일찍 돌아온 풍훤을 보고 맹상군이 의아해 하며 물었다.

"그래, 빚은 다 받아 왔소?"

"예. 모두 받았습니다."

"무얼 사오셨소?"

"공께서 집안에 부족한 걸 사오라기에 '의(義)'를 사 가지고 왔습니다. 제가 보기에 금은보화 등 진기한 보물은 너무 많아 필요가 없고 공께는 오직 의가 부족해 보였습니다."

그러고는 빚을 모조리 탕감해 준 사실을 고하자 맹상군이 그다지 기쁘지 않은 얼굴로 말했다.

“알겠소. 들어가 쉬시오.”

1년 후 제민왕(齊湣王)이 맹상군의 벼슬을 거두고 봉지인 설땅으로 내보냈다. 맹상군 일행이 설땅에 이르자 그곳 백성들이 노약자까지 모두 거리로 나와 열열히 환영하는 것을 본 맹상군이 풍훤을 돌아보며 말했다.

“선생이 지난번 사왔다는 의를 오늘에야 보는구려!”

【출전】《전국책(戰國策) 제책(齊策) 4》

학 철 부 어
涸 轍 鮒 魚

【뜻풀이】 수레바퀴 자국에 괸 물 속에 있는 붕어란 뜻으로, 매우 위급한 경우에 처함을 비유하는 말이다.

【고사】 장자(莊子)는 무위자연(無爲自然)을 주장하는 도가사상(道家思想)의 선구자인데 몹시 가난했다. 하루는 친구 감하후(監河侯)를 찾아가 돈을 꾸어달라고 하자, 그는 이런 핑계를 댔다.

"빌려 주지! 2, 3일 있으면 식읍(食邑)에서 세(稅)가 올라오니 그때 300금(金)을 빌려 주겠네."

장자는 친구가 괘씸하여 이런 이야기를 해 주었다.

"고맙지만 그때에는 소용이 없네. 내가 여기 오는데 나를 부르는 소리가 들리기에 보니, 수레바퀴 자국에 괸 물 속에 붕어가 한 마리 있었네. 왜 부르느냐고 묻자 붕어는 '내가 말라 죽을 지경이니 물 몇 잔만 떠다가 살려 달라' 고 애원하였네. 나는 귀찮아서 '내가 이삼 일 안에 오나라와 월나라로 유세를 떠나는데 가는 길에 서강(西江)의 맑은 물을 듬뿍 길어다 줄 테니 그때까지 기다리거라.' 라고 했네. 그랬더니 붕어는 화가 나서 '안 되겠소. 나중에 건어물 가게로 내 시체나 찾으러 오시오.' 라고 하더니 그만 죽고 말았네."

【출전】 《장자(莊子) 외물(外物)》

한단지몽
邯鄲之夢

【뜻풀이】 한단에서의 꿈이란 뜻으로, 인생의 부귀영화가 일장춘몽(一場春夢)처럼 덧없음을 비유하는 말이다. 一炊之夢(일취지몽), 黃粱之夢(황량지몽), 邯鄲枕(한단침), 南柯一夢(남가일몽) 도 같은 뜻이다.

【고사】 당현종(唐玄宗) 때 산동(山東)에 사는 노생(盧生)이 한단의 어떤 주막에 들러 거기서 여옹(呂翁)이란 늙은이를 만나 신세 타령을 하였더니 노인은 구멍이 뚫린 도자기 베개 하나를 주었다.

노생이 그 베개를 베고 잠이 들었는데 꿈에 베개 양쪽 구멍이 차츰 커지므로 들어가 보았더니 훌륭한 집이 있었다.

노생은 거기에서 명문 집안 청하최씨(淸河崔氏)에게 장가를 들었고 얼마 후에는 진사 시험에 급제하여 경조윤(京兆尹)을 거쳐 어사대부(御史大夫), 이부시랑(吏部侍郎)까지 올라갔다.

한때 모함으로 좌천되었으나 다시 재상으로 등용되어 천자를 보필하다가 모반 사건에 연루되었다 하여 포박되었다. 그는 끌려가며 처자에게 이렇게 말하였다.

"고향 산동에서 농사나 지었더라면 좋았을 것을! 어찌하여 벼슬을 하다가 이 지경이 되었는지 모르겠소."

후회의 말을 하고는 칼로 자결하려 하였으나 아내가 말려서 미수에 그쳤다.

수년 후, 그의 무죄가 판명되어 다시 벼슬에 나아가 조국공(趙國公)에 봉해져 천자의 은총을 듬뿍 받았다. 다섯 아들에 10여 명의 손자를 두고 행복한 나날을 보내다가 나이가 80세가 되어 노환으로 죽고 말았는데 깨어 보니 꿈이었다. 주막 주인이 잠들기 전에 짓기 시작하던 기장밥이 아직 채 다 되지 않은 짧은 시간 동안이었으며, 옆에는 아직도 여옹(呂翁)이 앉아 있었다.

"모든 것이 꿈이었던가?"

중얼거리는 노생에게 여옹은 이렇게 말해 주었다.

"인생이란 다 그런 것이라네."

【원문】 道者呂翁于邯鄲邸舍中　値少年盧生　自歎其困　翁操囊中枕授之曰　枕此　當令子榮適如意　生于寢中　娶淸下崔氏女　擧進士登甲科……封趙國公　三十餘年出入中外　崇盛無比　老乞骸骨　不許　卒于官　欠伸而寤初主人蒸黃粱爲饌　時尙未熟也　呂笑謂曰　人世之事　亦猶是矣

【출전】《침중기(枕中記)》

한 단 지 보
邯 鄲 之 步

【뜻풀이】 연(燕)나라의 한 청년이 번화한 조(趙)나라 서울 한단(邯鄲)에 가서 그곳 사람들의 걸음걸이를 배워 돌아와 흉내를 냈는데 나중에는 본래의 걸음걸이마저 잊어 버렸다는 데서, 자기 분수를 잊고 무턱대고 남의 흉내를 내는 일을 비유한다.

【고사】 연(燕)나라 서울 수릉(壽陵)에 사는 한 젊은이가 한번은 평소 동경하던 조(趙)나라의 수도 한단(邯鄲)에 가게 되었다.

그런데 그곳 사람들의 걸음걸이를 보니 자기 고장 사람들의 걸음걸이와 달리 무척 매력이 있었다. 그래서 열심히 배우는데 그 걸음걸이를 다 배우기도 전에 옛날의 걸음걸이마저 잊어버려 기어서 고향으로 돌아왔다.

【출전】 《장자(莊子) 추수(秋水)》

해시지와
亥豕之譌

【뜻풀이】 한자(漢字)의 '亥'자와 '豕'자는 자체(字體)가 비슷하여 혼동하기가 쉬워, 서적을 베끼거나 책을 간행할 때 비슷한 글자는 잘못 쓰기 쉽다는 뜻이다. 魯魚亥豕(노어해시)도 비슷한 말이다.

【고사】 공자(孔子)의 제자 자하(子夏)가 진(晉)나라에 가는 길에 위(衛)를 지나가는데, 어떤 사람이 역사책 읽기를 '진나라의 군사가 삼시(三豕)에 강을 건넜다[晉師三豕涉河]'라고 읽고 있기에 자하가 이렇게 바로잡아 주었다.

"삼시(三豕)가 아니고 기해(己亥)라고 읽어야 옳다. 대저 '三'은 '己'자와 비슷하고, '豕'는 '亥'자와 비슷해서 혼동하기 쉽다."

【원문】 子夏之晉 過衛 有讀史記者曰 晉師三豕涉河 子夏曰 非也 是己亥也 夫己與三相近 豕與亥相似 至於晉而問之 則曰晉師己亥涉河也

【출전】 《여씨춘추(呂氏春秋) 찰전(察傳)》

해 어 화
解 語 花

【뜻풀이】 말을 할 줄 아는 꽃이라는 뜻으로, 미인(美人)을 가리키는 말이다.

【고사】 당현종(唐玄宗)과 양귀비(楊貴妃)의 사랑에 얽힌 이야기다. 하루는 현종이 양귀비와 함께 궁녀들을 데리고 태액지(太液池)에서 연꽃을 구경하게 되었다.

아침 이슬을 듬뿍 머금고 피어난 연꽃의 아름다움을 정신없이 감상하던 현종이 궁녀들에게 양귀비를 가리키며 말했다.

"이 연꽃이 아름답기는 하다만, 말을 할 줄 아는 이 꽃[解語花]에는 미치지 못하구나."

말을 할 줄 아는 꽃이란 바로 옆에서 요염한 웃음을 웃으며 재잘대며 따르는 양귀비를 두고 한 말이었다.

당현종 치세(治世) 전반 20여 년은 훌륭한 치적을 올렸으나 그 후반에는 양귀비와 분별없는 사랑에 빠져 정사가 어지러워졌다.

그러다 마침내 안록산(安祿山)의 난이 일어나 양귀비는 현종을 따라 촉(蜀)으로 피난 가던 도중 군사들의 강요로 마외(馬隗)란 곳에서 목매 죽임을 당하였다.

【원문】 明皇秋八月 太液池有千葉白蓮數枝盛開 帝與貴戚宴賞焉 左右皆歎羨久之 帝指貴妃示於 左右曰 爭如我解語花

【출전】 《개원천보유사(開元天寶遺事)》

行如流水

행여유수

다닐행 같을여 흐를유 물수

【뜻풀이】　행군하면서 물밀듯이 앞으로 전진한다는 말로, 군대의 기율이 엄명(嚴明)함을 비유한다.

【고사】　춘추시대 오패(五覇)의 한 사람인 진문공(晉文公)이 갖은 고난 끝에 어렵게 즉위하였으나 신하들이 잘 복종하지 않았다.

"신하들이 따르지 않으면 백성들을 어떻게 다스리겠는가? 우선 대신들부터 기강을 바로잡아야겠다."

그래서 이튿날 이른 시각에 대신들을 소집했다.

"내일 아침 조회(朝會)에 늦은 사람은 지위 고하를 막론하고 처벌하겠다."

그런데 이튿날 조회에 문공이 가장 신임하는 늙은 신하 전힐(顚頡)이 늦었다.

"왜 늦으셨소?"

"별로 중요한 일도 없을 듯하기에 그만……."

"임금이 시각을 정해 회의를 소집했으면 중요한 일이 있거나 없거나 제 시간에 모여야 하는 것이 신하의 도리요."

그러고는 법관(法官)을 불러 물었다.

"임금이 명한 조회에 늦으면 무슨 벌을 주어야 하는가?"

"국법으로 보면 참형(斬刑)에 처해야 한다고 되어 있습니다."

"그러면 어서 집행하도록 하라."

노신이 참형을 받는 것을 본 조정 신하들은 그제서야 정신이 바짝 들어 문공이 명령하는 일이면 복종하지 않는 사람이 없었고, 특히 군사들에게 정지 명령을 내리면 두 발을 벤 듯 꿈쩍하지 않고 전진 명령을 내리면 물밀 듯이 앞으로 달렸다고 한다.[三軍之士 止之如斬足 行之如流水]

【출전】《상군서(商君書) 상형(賞刑)》

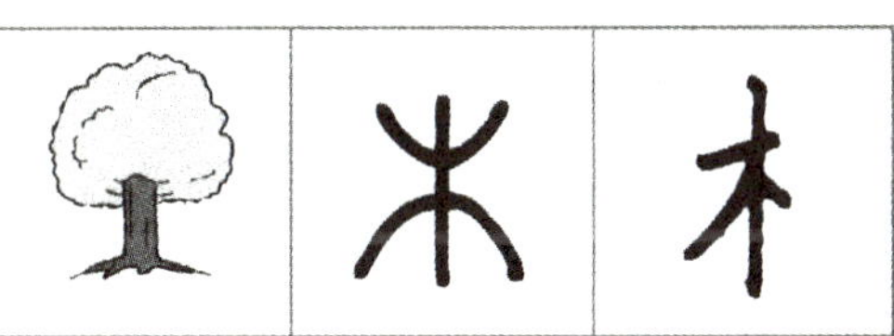

許由洗耳

성씨허 말미암을유 씻을세 귀이

【뜻풀이】 허유란 고결한 사람이 더러운 말을 들었다며 귀를 씻었다는 뜻으로, 세속의 명예나 부귀에 뜻을 두지 않은 고상한 인품을 비유한다.

【고사】 요(堯)임금이 허유에게 고결한 덕이 있다는 말을 듣고 불러서 천하를 양여(讓與)하려고 하자 중악(中岳) 영수(潁水) 남쪽 기산(岐山) 아래에 은거하여 농사를 지으며 천하를 차지할 뜻이 없음을 알렸다.

　요임금이 다시 구주(九州)의 장(長)을 삼으려 하자 허유가 더러운 소리를 들었다며 영수에서 귀를 씻었더니 하류에서 소를 먹이던 소부(巢父)가 소에게 더러운 물이라며 물을 먹지 못하게 했다고 한다.

【출전】 《고사전(高士傳)》

형설지공
螢雪之功
반딧불형 눈설 어조사지 공로공

> **【뜻풀이】** 반딧불 빛과 눈의 빛을 이용해 열심히 공부하여 얻은 보람이란 뜻으로, 가난을 무릅쓰고 어렵게 학업을 성취한 것을 이른다.

【고사】 진(晉)나라 효무제(孝武帝) 때 차윤(車胤)이라는 선비가 있었다. 그는 어려서부터 태도가 공손하고 부지런하였으며 온갖 책을 많이 읽었다.

그러나 집안이 가난하여 독서할 때 밝힐 등불의 기름을 구하지 못하는 형편이어서 여름이 되면 깨끗한 비단 주머니를 만들어 그 속에다 수십 마리의 개똥벌레[螢]를 잡아넣고 거기서 나오는 빛으로 책을 읽으며 밤을 새웠는데 나중에 이부상서(吏部尙書) 벼슬까지 올랐다.

또 같은 시대에 손강(孫康)이라는 사람이 있었다. 그 역시 집안 형편이 가난하여 등불을 밝힐 기름이 없었다. 할 수 없이 겨울이면 눈빛을 이용하여 책을 부지런히 읽은 결과 뒤에 벼슬이 어사대부(御史大夫)에 이르렀다.

이 두 사람의 고사에서 서재(書齋)의 창을 형창(螢窓)이라 하고 책상을 설안(雪案)이라 하게 되었다.

【원문】 胤恭勤不倦 博學多通 家貧不常得由 夏月則練囊盛數十螢火以照書 以夜繼日焉《晉書 車胤傳》孫康家貧 常映雪讀書《初學記》

孫氏世錄曰 康家貧無油 常映雪讀書 少小淸介 交遊不雜 後至御史大夫

【출전】 《몽구(蒙求) 손강영설(孫康映雪)》

호가호위
狐假虎威

【뜻풀이】 여우가 호랑이의 위엄을 빌려 다른 짐승에게 위세를 부린다는 뜻으로, 남의 권세에 의지하여 위세를 부리는 비유이다.

【고사】 전국시대 초선왕(楚宣王)의 신하 중에 아첨만 일삼는 강을(江乙)이란 간신이 있었다. 하루는 왕이 그에게 소해휼(昭奚恤)이란 신하에 대해 물었는데 소해휼은 백성들로부터 신망을 받는 현신(賢臣)이었다.

"위나라를 비롯한 북방의 여러 나라들이 소해휼을 두려워한다는데 그게 사실인가?"

평소 소해휼을 시기하고 있던 강을은 이렇게 대답했다.

"아닙니다. 북방 나라들이 일개 재상에 불과한 소해휼을 왜 두려워하겠습니까? 이런 이야기가 있습니다. 호랑이는 백수(百獸)의 왕으로 다른 짐승을 보면 당장 잡아먹습니다. 어느 날, 호랑이가 여우를 잡아먹으려고 하자 여우가 말하기를 '천제(天帝)가 나를 백수의 어른으로 정하셨으니 만일 나를 잡아먹으면 천제의 명을 어기는 것이다. 내 말을 믿지 못하겠다면 잠깐 내 뒤를 따라와 보라. 나를 보고 도망치지 않는 짐승이 한 마리도 없을 것이니 그걸 보면 너도 깨닫게 될 것이다.' 이에 호랑이는 여우의 뒤를 따라 나섰지요. 앞장 선 여우를 어슬렁어슬렁 뒤따라가면서 보니 과연 여우의 말대로 만나는 짐승마다 놀라 달아나는 것이었습니다. 이를 보고 호랑이는 여우의 말이 맞나 보다 싶어 그냥 도망치고

말았답니다. 이는 사실 여우가 무서워서가 아니라 그 뒤에 있는 호랑이
가 무서워 도망친 것인데 호랑이는 그런 사실을 몰랐던 것입니다. 마찬
가지로 지금 다른 나라들이 무서워하는 것은 소해휼이 아니라 그 배후
에 있는 우리 초나라의 군세(軍勢), 곧 임금님의 강한 군사 때문인 것입
니다."

【원문】 虎求百獸而食之 得狐 狐曰 子無敢食我也 天帝使我長百獸 今
子食我 是逆天帝命也 子以我爲不信 吾爲子先行 子隨我後 觀百獸之見
我而敢不走乎 虎以爲然 故遂與之行 獸見之皆走 虎不知獸畏己而走也
以爲畏狐也

【출전】《전국책(戰國策) 초책(楚策) 1》

호 구 삼 십 년
狐 裘 三 十 年

【뜻풀이】 여우가죽 갖옷 한 벌을 30년이나 입었다는 뜻으로 매우 검소함을 비유하는 말이다.

【고사】 춘추시대 제(齊)나라 정승 안영(晏嬰)은 검소하기로 유명하였다. 안영은 아버지가 돌아가시자 자신이 나라의 대부(大夫)임에도 불구하고 수레 한 대로 운구(運柩)하여 장례를 마치고 돌아왔다. 증자가 말했다.

"안자(晏子)는 예(禮)를 안다고 할 수 있다."

유약(有若)이 말했다.

"안자는 여우가죽 갖옷 한 벌을 30년이나 입었고 어버이의 장례에 수레 한 대로 운구하여 매장하고 곧장 돌아오는 등 나라의 법을 제대로 갖추지 않았으니 어찌 예를 안다고 하겠는가?"

증자가 다시 말하였다.

"나라에 사치함이 넘쳐 도(道)가 행해지지 않으니 안자는 검소함을 보여 사치한 풍습을 고치고자 한 것이다. 나라에 사치함이 넘치면 군자는 검소함으로 본을 보이고 나라에 지나치게 검소한 풍습이 유행하면 군자는 정해진 예법대로 행하여 위의(威儀)를 보이는 것이다."

【출전】 《예기(禮記) 단궁(檀弓)》

호접몽
胡蝶夢

되호 나비접 꿈몽

【뜻풀이】 장자(莊子)가 자신이 나비가 된 꿈을 꾸었다는 데서, 인생은 꿈과 같아서 변화를 헤아리기 어려움을 비유한다.

【고사】 장주(莊周 : 莊子)가 한번은 꿈에 나비가 되어 펄럭펄럭 거침없이 날아다니다, 놀라 깨어 보니 다시 장주가 되어 있었다. 이에 장자는 이렇게 탄식했다.

"알지 못하겠다. 장주의 꿈에 장주가 나비가 되었던가, 아니면 나비의 꿈에 나비가 장주가 된 것인가? 세속의 입장에서 보면 장주와 나비는 분명한 구별이 있으니 이처럼 장주가 나비가 되고 나비가 장주가 되는 이것을 물(物)의 변화라고 한다."

【출전】 《장자(莊子) 제물론(齊物論)》

홍 문 연
鴻 門 宴

기러기홍 문문 잔치연

【뜻풀이】 장군 번쾌(樊噲)가 홍문에서 열린 잔치에서 한고조(漢高祖) 유방(劉邦)의 목숨을 구한 고사에서 유래한 말이다.

【고사】 진시황제(秦始皇帝)가 죽자 항우(項羽)와 유방은 천하를 차지하기 위해 각축전을 벌였다.

유방이 진나라의 수도인 함양(咸陽)에 먼저 입성하자 항우는 있는 힘을 기울여 유방을 치려고 했다.

이에 유방은 군대를 패상(覇上)으로 퇴각시켜 주둔시키고 항우를 달래려고 장량(張良)과 번쾌 등 1백여 명의 군사를 데리고 홍문(鴻門)에 주둔하고 있는 항우의 진영(陣營)을 찾아갔다.

유방이 몸소 찾아와 지난 일을 사죄하자 항우는 마음이 누그러져 잔치를 벌였다. 그때 항우의 장수 범증(范增)이 이 기회에 유방을 아예 죽여 버리자며 항우에게 자주 눈짓을 보냈으나 항우는 결단하지 못하고 있었다.

이런 낌새를 눈치 챈 장량이 번쾌를 들여보내 유방을 호위하게 하니, 번쾌는 유방의 곁을 잠시도 떠나지 않으면서 험상궂은 얼굴로 항우를 쏘아보고 있었다.

이런 번쾌를 보고 항우가 누구냐고 물은 다음 술과 안주를 주게 했다. 번쾌는 선 채로 술 한 말을 단숨에 들이키고 안주로 나온 돼지다리를 날

고기로 순식간에 먹어 치웠다. 이런 광경을 보고 있던 항우가 물었다.

"대단한 장사로군! 더 마실 수 있겠는가?"

"죽음도 사양하지 않은데 술을 어찌 사양하겠습니까? 우리 군주께서는 함양을 먼저 평정하고 아무 것도 손대지 않은 채 군사를 패상으로 물려 장군을 기다리고 계셨습니다. 그런데 장군께서는 공로 있는 사람을 죽이려 하시니 이는 장군께서 취할 바가 아닙니다."

번쾌가 유방 옆에서 떨어지지 않으니 항우로서도 어쩔 수가 없었다. 이에 유방은 위험을 느끼고 변소에 가는 척하고 진영으로 돌아와 위태로운 순간을 면할 수 있었다.

【출전】 《사기(史記) 항우본기(項羽本紀)》

화룡점정

畫龍點睛

그림화 용룡 점점 눈동자정

【뜻풀이】 용을 그리다가 마지막으로 눈동자를 그려 넣음으로써 완성한다는 뜻. 가장 중요한 부분을 마치는 일, 또는 대화나 문장 등에서 중요한 부분을 언급해 생동감(生動感)을 불어넣는 비유이다.

【고사】 남북조(南北朝) 시대 때 당(唐)의 무제(武帝)가 불사(佛寺) 꾸미기를 좋아하여 화가 장승요(張僧繇)를 시켜 벽화를 많이 그리게 했다. 장승요는 금릉(金陵)의 안락사(安樂寺) 벽에다 네 마리의 용을 그렸는데 그 눈동자가 그려져 있지 않았다. 사람들이 까닭을 물으면 장승요는 눈동자를 그려 넣으면 용이 날아가 버릴 것이라고 했다.

사람들이 이를 허망한 말로 여겨 굳이 그려 넣어보라고 권하자 장승요가 부득이 눈동자를 그려 넣자마자 뇌성벽력이 치면서 벽이 부서지더니 용이 구름을 타고 하늘로 날아가 버렸는데 미처 눈동자를 그려 넣지 않은 두 마리는 그대로 남아 있었다.

【원문】 武帝崇飾佛寺　多命僧繇畫之……金陵安樂寺四白龍　不點眼睛　每云　點睛卽飛去　人以爲妄誕　固請點之　須臾　雷電破壁　兩龍乘雲騰去上天　二龍未點眼者見在

【출전】 《역대명화기(歷代名畵記) 장승요(張僧繇)》

화 리 찬 핵
貨 李 鑽 核

【뜻풀이】 오얏을 팔면서 씨를 파 버린다는 뜻으로 수단 방법을 가리지 않고 재물을 모으는 인색한 사람을 비유한다.

【고사】 진(晉)나라 죽림칠현(竹林七賢)의 한 사람인 왕융(王戎)은 사람이 소탈하고 검소했으나 지나치게 인색한 것으로 유명했다. 벼슬이 사도(司徒)에 이르렀으나 업무를 아랫사람에게 위임하고 자신은 작은 말을 타고 유람하기를 좋아했는데 사람들은 그가 재상인 줄을 몰랐다.

재물 모으기를 좋아하여 사방에 전답과 산장이 있고 창고에 곡식과 재화가 가득했는데도 항상 부족하게 여겼다. 시집 간 딸이 빌려간 돈을 갚지 않는다고 의절(義絶)했다가 다 갚은 후에야 받아들였으며 가난한 조카가 장가 들 때 입을 옷이 없다고 하자 홑옷 한 벌을 보냈다가 돌아오자 다시 찾아왔다.

그의 집 뜰에 품종이 좋은 오얏나무가 있었는데 왕융은 오얏이 익어 저자에 내어 팔면서 남들이 행여 그 오얏 씨를 심을까 염려하여 씨를 도려낸 다음 팔았다고 한다.

【출전】 《진서(晉書) 왕융전(王戎傳)》

화복무문 禍福無門

재앙화 복복 없을무 문문

【뜻풀이】 화(禍)와 복(福)은 일정하게 들어오는 문이 없고 오직 사람이 불러들이는 것이라는 뜻이다.

【고사】 노(魯)나라 대부인 계손숙(季孫宿)은 정부인(正夫人)에게서 아들을 얻지 못했다. 서자(庶子) 중에서는 공미(公彌)의 나이가 제일 위였는데 계손숙은 나이가 어린 도자(悼子)를 사랑하여 후계자로 세우고 공미는 집안의 병마(兵馬)를 맡아 보게 했으나 아우에게 후계 자리를 빼앗긴 것이 분해 아버지의 분부를 따르지 않았다. 그러자 어떤 사람이 이렇게 충고하였다.

"그렇게 해서는 안 된다. 화와 복은 들어오는 문이 따로 있는 것이 아니고 오직 사람이 불러들이는 것이다. 자식 된 사람은 부모에게 불효하지 않을까 걱정할 뿐 지위가 있고 없는 것을 걱정하지 않는다. [子無然 禍福無門 唯人所召 爲人子者患不孝 不患無所]

만약 네가 효도로써 아버지를 공경하면 너는 계씨 가문을 잇는 후계자보다 두 배 부자가 될 수도 있을 것이나 네가 옳지 않은 짓을 해서 법도를 따르지 않는다면 그 화는 백성들이 받는 것보다 배나 더할 것이다."

공미는 이 훈계를 옳게 여겨 아버지를 공경하고 성심껏 집안일을 돌보니 계손숙은 매우 기뻐하며 공미의 집에서 술을 마실 때는 필요한 그릇들을 가지고 가서 술을 마신 후 그릇을 그대로 공미의 집에 두고 왔으므로 공미는 점차 부자가 되었고 조정에서는 좌재(左宰)의 벼슬에 올랐다.

【출전】 《춘추좌씨전(春秋左氏傳) 양공(襄公) 23년》

화 사 첨 족
畵 蛇 添 足

> **【뜻풀이】** 뱀을 잘 그리려다가 없는 다리까지 그린다는 뜻으로, 쓸데없는 일을 하여 도리어 해(害)만 있고 이익은 없음을 일컫는 말이다. 사족(蛇足).

【고사】 초(楚)나라에 어떤 사람이 제사를 지내고 나서 남은 제삿술을 집안 일꾼들에게 내려 주었다. 그런데 술의 양이 여러 사람이 먹기에는 부족하고 한 사람이 먹기에는 많았다. 그래서 일꾼들은 서로 의논하였다.

"술이 나누어 먹기에는 양이 부족하니, 지금부터 각자 땅바닥에 뱀을 그려 빨리 먼저 그리는 사람이 술을 마시기로 하자."

이에 어떤 한 사람이 뱀을 먼저 그리고는 술잔을 끌어다 마시면서 왼손에는 술잔을 든 채 오른손으로 뱀의 다리를 그리고는 말했다.

"자, 보거라! 나는 이렇게 뱀의 다리까지 다 그렸다."

그러자 뱀을 다 그리지 못한 한 사람이 그 술잔을 빼앗아 마시면서 이렇게 말했다.

"뱀에는 본래 다리가 없는데, 어찌 다리까지 그렸는가?"

그가 다 마셔 버리는 바람에 발까지 그린 사람은 결국 술을 마시지 못했다.

【원문】 楚有祠者 賜其舍人巵酒 舍人相謂曰 數人飮之不足 一人飮之有餘 請畫地爲蛇 先成者飮酒 一人蛇先成 引酒且飮之 乃左手持巵 右手畫蛇曰 吾能爲之足 未成 一人之蛇成 奪其巵曰 蛇固無足 子安能爲之足

【출전】 《전국책(戰國策) 제책(齊策) 2》

화 서 지 몽
華 胥 之 夢

【뜻풀이】 황제(黃帝)가 꿈에 평화롭고 안락한 이상적인 화서국(華胥國)에서 노닐었다는 뜻으로, 낮잠 또는 낮잠을 자다 꾼 꿈을 말한다.

【고사】 황제가 제위에 올라 15년 동안 마음을 다하여 나라를 다스린 나머지 심신(心身)이 지쳐 석 달 동안 정사를 돌보지 않고 궁전 깊숙한 곳에 거처하면서 재계(齋戒)와 수양(修養)으로 나날을 보내고 있었다.

하루는 낮잠을 자다가 꿈에 화서국이란 나라에 가게 되었는데, 그 나라는 중국에서 몇 만 리나 떨어져 있어 배나 수레로 갈 수 없고 정신으로만 여행이 가능한 곳이었다.

그 나라에는 임금도 없고, 백성들은 아무런 욕심이 없어 심지어 삶에 대한 애착(愛着)이나 죽음에 대한 두려움도 없었으며, 서로 사랑하거나 미워하는 일도 없었다.

또한 두려워하거나 꺼리는 일이 없고 물에 빠져도 죽지 않고 불 속에 들어가도 뜨거워하지 않았으며 공중으로 날아다니기를 땅 위를 걷듯 자유로이 하는가 하면 허공에서 잠을 자는 것이었다. 황제는 꿈을 깨고 나서 마음이 가뿐하고 기뻤다. 그래서 신하들을 불러 놓고 말했다.

"나는 석 달 동안 마음을 재계하고 몸을 보양하면서 도(道)를 터득하려고 노력했으나 되지 않았소. 그러다 꿈속에서 화서국의 이런 경지를 보고서야 지극한 도는 마음으로 구할 수 없는 것임을 깨달았소."

황제는 28년 동안 천하를 크게 다스리어 거의 화서국 같은 경지를 만들었는데, 그의 다스림을 '무위이치(無爲而治)'라고 한다.

【출전】 《열자(列子) 황제(黃帝)》

화 씨 지 벽
和 氏 之 璧

【뜻풀이】 화씨(和氏)의 구슬이란 뜻으로서 천하 제일의 명옥(名玉)을 가리킴. 유의어로는 화벽(和璧), 변화지벽(卞和之璧)이 있다.

【고사】 전국시대 때 초(楚)나라 사람 변화(卞和)가 산 속에서 옥돌을 발견하여 곧 여왕(厲王)에게 바쳤다. 여왕이 공인(工人)에게 감정시켜 보니 그저 보통의 돌멩이라고 했다. 화가 난 여왕은 변화의 발뒤꿈치를 자르는 형벌에 처했다.

여왕이 죽자 변화는 그 옥돌을 무왕(武王)에게 바쳤다. 무왕 역시 공인에게 감정시켜 보았는데 같은 대답이어서 나머지 한쪽 발뒤꿈치마저 잘리고 말았다.

무왕에 이어 문왕(文王)이 즉위하자, 변화는 그 옥돌을 품에 안고 궁궐로 가서 사흘 낮 사흘 밤을 꼬박 울었다. 문왕이 그 까닭을 묻자 변화는 자신이 겪었던 지난 일을 고했다. 문왕이 공인에게 그 옥돌을 다듬어 보게 했더니, 천하에 귀한 옥이 모습을 드러냈다. 문왕은 변화에게 많은 상을 내리고 그의 이름을 따서 그 옥의 이름을 '화씨의 구슬[和氏之璧]'이라 했다.

【출전】 《한비자(韓非子) 변화(卞和)》

황량몽
黃粱夢
누를황 기장량 꿈몽

【뜻풀이】 기장밥을 짓는 동안의 짧은 꿈이란 뜻으로, 허망한 일이어서 실현될 수 없는 욕망이나 인생의 영고성쇠(榮枯盛衰)는 덧없어서 한바탕 꿈이라는 비유이다. 한단지몽(邯鄲之夢), 일취지몽(一炊之夢), 한단몽침(邯鄲夢枕)도 같은 말이다.

【고사】 당나라 현종(玄宗) 때 노생(盧生)이란 사람이 한단(邯鄲)의 한 주막에서 여옹(呂翁)이란 도사(道士)를 만났다. 노생이 자신의 곤궁한 처지를 탄식하자 여옹은 보따리 속에서 옆모서리에 구멍이 뚫려 있는 도자기로 된 베개 하나를 꺼내 주면서 말했다.

"이걸 베고 자면 자네의 뜻대로 부귀영화를 누리게 될 것이네."

노생이 꿈을 꾸는데 그 구멍이 갑자기 커지면서 구멍 안으로 빨려 들어가니 한 부잣집이 나왔다. 그 부잣집 딸과 결혼한 후 과거에 급제하여 벼슬길에 나아가게 되었다. 차츰 벼슬이 올라 경조윤(京兆尹), 어사대부 겸이부시랑(御史大夫兼吏部侍郎)까지 올랐다. 한때 시기를 받아 좌천되는 불운을 겪기도 했으나 다시 재상의 지위에 올랐다. 이후 10여 년 동안 선정(善政)을 베풀어 명성을 얻었으나 역모(逆謀)를 꾀했다는 누명을 쓰고 포박을 당하게 되었다. 그제야 노생은 후회가 되었다.

"고향에서 농사를 지으면서 추위와 굶주림에 시달림이나 면했으면 좋을 것을……. 아, 남루한 옷을 걸치고 한단 거리를 활보하던 그때가 그립구나."

　후에 그는 무죄임이 밝혀져 복직되어 다섯 아들과 열 명의 손자를 두고 행복한 여생을 보내다 80세에 죽었다. 잠에서 깨어 보니 자신은 주막집에 누워 있고, 아까 주막집 주인이 짓기 시작하던 기장밥이 채 다 되기 전이었다.

【출전】《침중기(枕中記)》

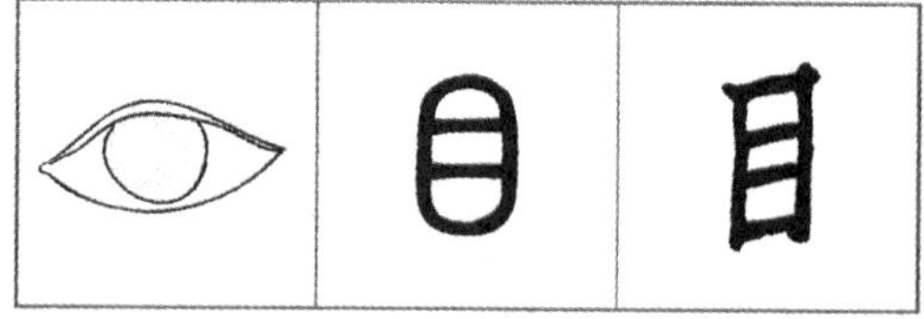

劃 地 爲 牢

그을획 땅지 할위 감옥뢰

【뜻풀이】 인심이 순박하고 형벌이 느슨하여 감옥 대신 땅에다 금을 그어놓고 죄인을 그 안에 가두어도 도망하지 않는다는 뜻으로, 태평한 시대를 상징하거나 행동을 어떤 범위 안으로 한정하더라도 어기지 않고 지킨다는 비유이다.

【고사】 주문왕(周文王)의 정사가 훌륭하여 땅에 금을 그어 감옥을 삼고, 나무로 옥리(獄吏)의 형상을 깎아 세우더라도 죄수가 도망하지 않았으며 감옥이 언제나 텅 비어 있었다.

【원문】 〈姬昌〉劃地爲牢 刻木爲吏 洽政恤民 囹圄皆空

【출전】 《무왕벌주평화(武王伐紂平話) 중권(中卷)》

趙洙翼 編著者

■ **譯解者 略歷**
- 全北 南原出生
- 民族文化 推進會 國譯研究 部長
- 民族文化文庫 主幹
- 教學社 辭典編纂 室長
- 도서출판 솔 編輯委員
- 傳統文化研究會 常任 編輯委員

■ **譯著書**
- 明心寶鑑 365日, 採根譯, 牧民心書
- 梅泉野錄, 名山紀行, 선인의 名言逸話
- 朝鮮王朝實錄, 承政院日記
- 備邊司 謄錄 外 多數

삶의 智慧와 話頭의 至尊

新 故事成語

發 行 日 : 2009년 9월 20일
發 行 者 : 南 溶
編 著 者 : 趙洙翼
發 行 處 : 一信書籍出版社

주 소 : 121-855
　　　　서울 마포구 신수동 177-3
등 록 : 1969. 9. 12 No. 10-70
전 화 : 영업부 / 703-3001~5
　　　　편집부 / 703-3006~8
　　　　FAX / 703-3009

ISBN 978-89-366-1541-3
Copyright©by ILSIN 1995

값 20,000원

*잘못 만들어진 책은 교환해드립니다.